# 沟通与交流

主　编　赖伟珍　杨华军　梁丽丽
副主编　龙国艳　唐　静　张文娇　叶　琳

合肥工业大学出版社

图书在版编目（CIP）数据

沟通与交流/赖伟珍，杨华军，梁丽丽主编.—合肥：合肥工业大学出版社，2024.5
ISBN 978-7-5650-6434-0

Ⅰ.①沟…　Ⅱ.①赖…　②杨…　③梁…　Ⅲ.①人际关系学—中等专业学校—教材
Ⅳ.①C912.11

中国国家版本馆CIP数据核字（2023）第177681号

**沟通与交流**

赖伟珍　杨华军　梁丽丽　主编　　　　　　责任编辑　毕光跃

| | | | |
|---|---|---|---|
| 出　　版 | 合肥工业大学出版社 | 版　次 | 2024年5月第1版 |
| 地　　址 | 合肥市屯溪路193号 | 印　次 | 2024年5月第1次印刷 |
| 邮　　编 | 230009 | 开　本 | 787毫米×1092毫米　1/16 |
| 电　　话 | 理工图书出版中心：0551－62903204 | 印　张 | 14.25 |
| | 营销与储运管理中心：0551－62903198 | 字　数 | 338千字 |
| 网　　址 | press.hfut.edu.cn | 印　刷 | 安徽联众印刷有限公司 |
| E-mail | hfutpress@163.com | 发　行 | 全国新华书店 |

ISBN 978-7-5650-6434-0　　　　　　　　　　　定价：43.50元
如果有影响阅读的印装质量问题，请与出版社营销与储运管理中心联系调换。

# 前　言

　　沟通与交流是人生的必修课。良好的沟通与交流，有助于学习进步、家庭和谐、工作顺畅。针对中职学生的特点和实际需要，编者结合十几年的中职一线教学经验和学生工作经验，编写了本书，同时开发了在线课程。

　　本书作为职业院校创新课程的特色教材，严格按照"加强职业教育，突出实践技能培养"的要求，针对职业教育培养目标和中职学生的教育要求及学习特点编写而成，既注重系统理论知识介绍，又突出实际训练和实践能力的培养提高，力求做到"理论讲练结合案例分析，重在掌握；课后学以致用，注重应用实效"，对帮助学生适应日常生活、走上社会就业、寻求职业岗位工作发展具有一定的意义。

　　本书与同类教材相比具有以下特点：

　　实用性。本书以通俗易懂的语言介绍沟通与交流的方法和技巧，详细介绍沟通中应该注意的各种各样的问题，使读者能够学以致用。特别是增加了家庭沟通与交流的内容，让读者认识到家庭沟通与交流对人生发展的重要性。

　　趣味性。本书在讲解沟通与交流的理论方法、技巧技能的过程中，结合古今中外的大量案例，使内容生动有趣，易于理解和掌握。

　　拓展性。本书内容配套30多个微课视频，扫描即可观看，同时开发了在线精品课程，读者可以通过这些资源，扩展学习内容。

　　全书共5个模块，以培养学习者应用能力为主线，根据沟通与交流活动的基本过程和规律，用案例导入的方式，以技能训练方式结合知识要点循序渐进地进行讲解。本书主要内容包含沟通与交流的基本知识、影响因素、渠道、功能、基本原则、意义，沟通与交流的步骤（准确表达、积极倾听、有效反馈），人际关系与沟通交流（包括与家人、上司、同事、客户的沟通与交流），以及服务沟通交流语言培养和个人沟通能力提升等知识；结合案例分析问题，融入理论知识，强化实践能力的培养。

本书由赖伟珍筹划并组织具体编写，赖伟珍、杨华军、梁丽丽担任主编，龙国艳、唐静、张文娇、叶琳担任副主编；参与编写的人员有伍维（中教乘务公司）、李莉（中教乘务公司）、刘甜甜（中教乘务公司）、郑惠文、李宝珠、邓佩茵。具体分工如下：模块一由梁丽丽编写，模块二由龙国艳编写，模块三由张文娇编写，模块四由唐静编写，模块五由赖伟珍编写，全书由杨华军统稿；微课资源由伍维、李莉、刘甜甜、郑惠文、李宝珠、邓佩茵参与制作，教学课件由唐静和张文娇制作。

在本书编写的过程中，编者参阅和借鉴了大量国内外有关沟通与交流的最新书刊和网站资料，并得到有关专家、教授及企业家的具体指导，在此一并致谢。为配合本书发行，编者提供配套电子课件，读者可以联系合肥工业大学出版社网站（hfut.edu.cn）免费下载使用。

由于编者水平有限，书中难免存在疏漏和不足，恳请同行和读者予以批评、指正。

赖伟珍

2023年9月

# 目　录

# 模块五　个人沟通能力提升

# 微课二维码索引页

# 模块一 认识沟通与交流

## 模块导读

在我们生活、工作中的每一天都会涉及沟通问题：当我们与他人面谈时，当我们接打电话时，当我们与他人网上聊天时，当我们与他人来往邮件时……良好的沟通与交流，意味着要用对家人、对同事、对合作伙伴、对客户有利的方式来共享信息。面对现代日益复杂的社会关系，每个人都希望在良好的社会环境中生活、工作，获取和谐、融洽、真诚的人际关系；每个家庭成员都希望彼此之间相处融洽，夫妻互爱，长幼互亲；每个组织成员都希望自己是一支上下齐心、精诚团结的团队中的一员；每个企业都希望自己在客户、股东、社区、政府、媒体的心目中，塑造良好的形象。这种理想的状态由一系列要素构成，其中沟通与交流是重要的基础条件之一。

## 学习目标

1. 能够陈述沟通与交流的含义。
2. 理解影响沟通与交流效果的影响因素。
3. 能够全面阐述影响沟通与交流效果的影响因素。
4. 掌握沟通与交流渠道的形成机制。
5. 掌握不同沟通与交流渠道的区别。
6. 能够阐述沟通与交流的基本原则。
7. 掌握平行沟通的含义与注意事项。
8. 掌握上行沟通的含义与注意事项。
9. 掌握下行沟通的含义与注意事项。
10. 能够理解人际沟通对个人基本素质的要求。
11. 能够阅读完3本提升沟通能力的图书。
12. 能够树立良好的沟通意识，培养沟通与交流的职业素养。

# 沟通与交流概述

## 任务一　沟通与交流的基本知识

与人交谈一次，往往比多年闭门劳作更能启发心智。

——列夫·托尔斯泰

**案例导入**

### 沟通与交流的重要性

在一个企业中，有一位项目经理和一位设计师。项目经理负责整个项目的规划和执行，而设计师则负责产品的视觉设计。设计伊始，项目经理希望设计师能够按照他的要求进行设计，而设计师则更注重产品的美观性和创意性，因此久久无法设计出完美的产品。为了解决这个问题，总经理要求他们进行更多的沟通，项目经理需要了解设计师的设计理念和想法，而设计师则需要了解项目经理的项目需求和目标。他们开始进行更多的交流和讨论，通过多种方式阐述彼此的想法和需求，最终达成一致意见，共同设计并制定了一个完美的设计方案。

【分析】这个案例说明了沟通与交流的重要性。如果两个人之间没有进行充分的沟通与交流，他们可能就会误解彼此的想法和需求，从而导致工作出现偏差甚至失败。因此，在任何工作场合中，良好的沟通与交流都是至关重要的。

**相关知识**

沟通与交流是日常生活中常见的社会现象之一，沟通与交流会影响企业发展，也会影响现代职业人士职场的成败。

### 一、沟通与交流的内涵

沟通与交流是人们相互之间传递、交流各种观念、思想、情感，以建立和巩固人际关系的过程，是一种信息的传递和交流。

要准确理解信息沟通的含义，需注意以下几点。

（1）信息沟通首先是信息的传递，如果信息没有被传递，信息沟通就没有发生。

（2）成功的信息沟通，信息不仅需要被传递，还需要被理解。

（3）信息沟通的主体是人，即信息沟通主要发生在人与人之间。

（4）由于管理过程中各种信息沟通相互关联、交错，所以管理者把各种信息沟通过程看成是一个整体，即管理信息系统。

## 二、沟通与交流的要素

一个完整的沟通与交流过程主要包括主体、客体、渠道、环境四个要素。

### (一)沟通与交流主体

沟通与交流主体是沟通与交流活动的发起者,指发起沟通与交流且有意图进行沟通与交流,并决定沟通与交流目的的人。

### (二)沟通与交流客体

沟通与交流客体是沟通活动的接受者,通过接收主体信息后进行转化,从接收的信息中了解主体所要表达的观念、思想、情感等,向沟通与交流主体反馈并反传递信息给发送者,进而完成沟通与交流过程。

### (三)沟通与交流渠道

企业内部沟通与交流的渠道有正式和非正式之分。

1. 正式渠道

正式渠道是严格遵循等级制度的垂直形渠道,限定于上下级之间的沟通与交流,往往具有传递速度快、约束力强、保密性强等特点。

2. 非正式渠道

员工之间一般采取非正式渠道沟通与交流,非正式渠道不受等级制度的限制,沟通与交流自由化。

### (四)沟通与交流环境

在沟通与交流的过程中,受企业文化、背景、噪声等社会环境、自然环境因素的影响,沟通与交流效果受到极大影响。

1. 企业文化

企业文化是企业在长期经营过程中积累并形成的独具特色的精神财富和物质形态,是企业全体员工认同并遵循的价值观和经营理念,主要包括价值观念、企业精神、企业制度、企业传统等。其中,精神财富决定着员工的精神面貌、工作状态,而物质形态约束着员工的日常行为方式,规定着企业内部信息传递的方式、信息的披露程度。因此,企业文化全方位影响着包括沟通与交流主体、沟通与交流客体、沟通与交流渠道、沟通与交流环境等整个沟通与交流过程。

企业文化就是企业仪式、信念、符号等要素组成的文化形象,企业文化是否规范、能否被员工认可将直接影响内部沟通与交流效果,为此企业需要做好如下工作:其一,建立简明的组织结构,通过扁平化管理模式最大程度压缩层级,由此实现部门之间的横向沟通与交流,提升工作效率;其二,建立开放性的企业文化,倡导员工之间相互交流与协作。

2. 背景

沟通与交流总是在一定的背景下发生的,员工之间的交谈内容、方式、语气等,在有无领导在场的两种情况下,都会不自主地发生变化。沟通与交流背景主要有四种:一是心理背景,即沟通双方的情绪和态度。在沟通一方(信息发送者或信息接收者)的不同情绪下,其沟通与交流意愿、沟通与交流行为是截然不同的。此外，沟通双方的关系及对对方的态度也对沟通与交流效果产生很大的影响。二是物理背景，即沟通与交流发生的场所。在会议室汇报工作与在领导办公室汇报工作，其沟通与交流方式、沟通与交流过程和沟通与交流结果大相径庭。三是社会背景，即沟通者之间不同的身份关系。上下级之间可以下达命令，同事之间可以平等对话，朋友之间则可以交流心情。不同的社会背景决定着不同的沟通与交流渠道和沟通方式。四是文化背景。沟通者的文化积累、生活素养都在无形中影响着沟通与交流过程。

3. 噪声

所有妨碍沟通与交流的因素都可称为噪声。它存在于沟通与交流的各个环节，而且会造成信息失真，导致沟通与交流无效。噪声在信息传递的过程中逐渐增加并随着信息一起传递，噪声按照所处阶段的不同，分为信息发送阶段噪声、信息传递阶段噪声及信息接收和理解阶段噪声。其中，信息发送者的表达能力不足或思维混乱，沟通双方知识经验的差距、双方在彼此心中的印象不佳等都属于信息发送阶段的噪声。在信息传递阶段，选取的沟通与交流渠道不恰当或采用的沟通与交流方式不正确会造成信息遗失，沟通与交流时的外界干扰或硬件条件不足，也会产生对沟通与交流不利的噪声。在信息接收和理解阶段，则涉及由于信息过量或信息传递不及时导致沟通双方发生理解偏差的噪声、信息接收者反馈不迅速的噪声，以及由于不同部门利益不同而导致的信息接收不完整噪声。

# 三、沟通与交流的步骤

沟通与交流是人们实现人际交往、适应社会的基本能力，有助于人在社会群体中被接纳、获得友谊、享受幸福。在学习和生活中积极有效沟通，能够营造良好的人际关系，特别是在工作中顺畅有效沟通，能够促进企业发展。

良好的沟通与交流要遵循以下步骤：一是准确表达；二是用心倾听；三是思考确定；四是认真执行。

## 拓展与提高

### 换位思考

人们考虑问题时习惯以自我为出发点，但由于每个人的世界观、人生观、价值观及所学的知识、生活经历等不尽相同，对同一件事情的看法可能会有很大的差异，因此，人与人在沟通与交流过程中，难免会存在意见分歧。为了更好地进行沟通，必须学会换位思考。换位思考是尊重人、理解人、关心人的重要技巧，学会换位思考的沟通与交流方法，可以使沟通与交流取得更好的效果，同时也能给对方留下良好的印象。换位思考技巧举例见表1-1-1所列。

表1-1-1　换位思考技巧举例

| 换位技巧 | 换位方式 | 非换位方式 |
| --- | --- | --- |
| 不要强调为对方做了什么，而要强调对方能获得什么或能做什么 | 你们需要的东西正在整理中，预计今天下午能完成，届时将准时送达 | 今天下午我们会把你们所需要的东西准备好 |

（续表）

| 换位技巧 | 换位方式 | 非换位方式 |
|---|---|---|
| 参考对方的具体要求或指令 | 你需要的关于沟通方面的书籍…… | 你的要求…… |
| 除非你有把握对方会感兴趣,否则尽量少谈自己的感觉 | 通过你的努力,你获得了今年的"优秀班干部"称号 | 我们很高兴授予你"优秀班干部"的称号 |
| 不要告诉对方他们将会如何感受或反应 | 你通过了公司的全部考核,你被录用了 | 你会很高兴听到你被公司录用的消息 |
| 涉及贬义内容时,避免使用"你"为主语,以保护对方的自我意识 | 本机构的工作人员在发表以在这里的工作经历为背景的文章时,必须得到主任的同意 | 你在发表任何以在该机构的工作经历为背景的文章时,必须得到主任的同意 |
| 涉及褒奖内容时,多用"你"而少用"我" | 作为班集体中的一员,你会享受到免费餐具 | 我们为所有的班级成员提供免费餐具 |

## 完成任务

请根据自己的情况,分析自己在学习、生活中遇到的影响自己与他人沟通与交流的三种要素,并分析这三种要素产生的原因,把相关内容填入表1-1-2。

表1-1-2 影响沟通与交流的要素

| 序号 | 影响沟通与交流的要素 | 原因分析 | 解决办法 |
|---|---|---|---|
| 1 | | | |
| 2 | | | |
| 3 | | | |

请分析相同职业（教师）,不同专业背景、不同性别的差异点,并填入表1-1-3。

表1-1-3 不同专业背景、不同性别教师的性格特点

| 专业背景 | 男教师性格特点 | 女教师性格特点 |
|---|---|---|
| 语文教师 | | |
| 英语教师 | | |
| 数学教师 | | |
| 政治教师 | | |
| 专业课教师 | | |

## 自我评价

请根据自己掌握的知识,对自我进行评价,并填入表1-1-4。

表1-1-4 "沟通与交流的基本知识"能力达标自我评价

| 评价内容 | 自我评价等级（在符合的情况下面画"√"） | | | |
|---|---|---|---|---|
| | 全都做到了 | 大部分做到了 | 基本做到了 | 没做到 |
| 能分析不同沟通与交流主体的性格特点 | | | | |
| 能主动了解不同企业文化对沟通与交流的影响 | | | | |

（续表）

| 评价内容 | 自我评价等级（在符合的情况下面画"√"） | | | |
|---|---|---|---|---|
| | 全都做到了 | 大部分做到了 | 基本做到了 | 没做到 |
| 能主动阅读书籍，提升文化素养 | | | | |
| 在不同场合运用不同语言的技巧 | | | | |
| 能使用不同的技巧与不同对象进行沟通与交流 | | | | |
| 自我评价 我的优势 | | | | |
| 我的不足 | | | | |
| 我的努力目标 | | | | |
| 我的具体措施 | | | | |

## 思考与练习

1. 什么是沟通与交流？沟通与交流的要素有哪些？
2. 沟通与交流的步骤有哪些？

提升交流与沟通的能力

# 任务二　影响沟通与交流的因素

很多雇员自愿离职的原因并非激励机制的不妥或个人发展的机会有限，大多数员工离开公司是因为另外一个原因：和老板不能保持满意的关系。

——比尔·盖茨

**案例导入**

### 与人沟通交流的重要性

李华是一位内向的餐厅服务员，他喜欢独自工作，不善于与人交流。由于工作需要，他必须与其他团队成员进行合作，这让他感到很不安。在团队会议上，李华很少发言，也很少表达自己的观点。他总是担心自己的想法不正确，或者被其他人批评。这导致他在团队中显得很被动，也让其他成员对他的能力产生了怀疑。后来，李华的领导安排了一位有经验的同事与他一起工作，帮助他更好地融入团队。这位同事非常友善，他经常与李华交流，询问他的看法，并鼓励他提出自己的建议。在同事的帮助下，李华开始慢慢地变得更加自信，他开始意识到自己的价值，并且开始主动地与团队成员进行交流。他的工作表现也逐渐得到了改善，他还帮助团队解决了一些重要的问题。

【分析】这个案例表明了沟通与交流对个人影响的重要性。良好的沟通与交流可以帮助个人建立更好的人际关系，增强自信心，并获得更好的职业发展。

**相关知识**

沟通与交流作为人类最基本、最重要的活动方式和交往过程之一，在人类行为中扮演着十分重要的、不可或缺的关键角色，而如何进行有效的沟通与交流成为企业提升管理效率的核心问题。

## 一、沟通与交流的影响因素

### （一）个人因素

无论是在工作中，还是在生活中，人们都少不了沟通与交流，有些人习惯沟通与交流，有些人不善于沟通与交流。沟通与交流的主体、客体会受教育程度、理解力、语言表达力、社会阅历等影响。

### （二）企业文化因素

良好的企业文化能够实现各部门之间及部门内部的和谐沟通与交流，因此企业文化成为影响沟通管理的重要因素，尤其是企业独特的文化会在一定程度上影响员工的沟通与交流方式。企业文化主要包括精神文化与物质文化，其中精神文化主要影响沟通与交流效果，物质文化将决定沟通与交流效率，因此企业要想促进内部沟通与交流就要打造良好的企业文化。

### （三）领导因素

企业内部沟通与交流中领导因素也是主要的影响因素，领导在向下级员工传递信息的过程中通过有效的沟通可以让员工乐于接受和执行。企业领导要掌握沟通与交流的尺度，避免过于专制或者宽松，在决策制定的过程中，如果管理层以自我为中心，没有兼顾员工的意见和建议，就可能导致员工出现抵触情绪，影响工作效率。

### （四）沟通与交流渠道机制因素

在促进内部沟通与交流的过程中，减少信息传递环节是保证信息传递效率的关键。如果企业层级之间出现沟通失真情况，各部门人员就可能对传递的信息理解错误。因此，企业需要建立和完善沟通与交流机制，打造顺畅的沟通与交流方式，建立专门的沟通与交流机构、沟通与交流程序，由此实现信息的快速准确传递。例如，比较重要的沟通与交流最好采用比较正式、清晰、准确的书面文件进行，避免在沟通与交流过程中信息流失或者歪曲。企业还需要改善沟通渠道，鼓励双向交流，积极推动上行沟通与交流。

## 二、提升沟通与交流效率的途径

沟通与交流在我们的日常生活中扮演着至关重要的角色：良好的沟通与交流技巧可以帮助我们在工作和生活中理解别人的想法和表达自己的意见；高效率的沟通与交流能够提高工作效率和生活质量；有效的沟通与交流能够增强个体自信和能力，增强企业效率，提升企业社会影响度。

## （一）提高个人积极主动意识

个人要培养积极的沟通与交流、耐心和理解的态度，要遵循基本的礼节和尊重他人，在试图向他人传达信息时，确保使用简单、直接和明确的语言。要在工作中树立爱岗敬业形象、提高个人整体素质，积极主动表达自己的观点和意见。

## （二）营造良好的企业文化氛围

沟通与交流是企业内部和外部联系中不可或缺的一环，高效的沟通与交流能够提高团队合作效率，减少误解和冲突，促进企业发展。通过企业文化建设，要树立全员沟通理念，创造人人能沟通、时时能沟通、事事能沟通的良好氛围。管理沟通的有效性与企业文化直接相连，要完善企业沟通机制，鼓励工作中员工之间的相互交流、协作。

营造良好的沟通与交流氛围十分重要，企业在管理沟通过程中可以设立意见箱，让员工通过不记名的形式提出看法，如对企业管理制度的看法，或者指出企业管理层不作为的问题等。该方式能够帮助企业管理层了解实际情况，在保护员工个人隐私和利益的同时可以对管理人员进行约束，最终化解企业内部矛盾。

## （三）做善于倾听的管理者

提升企业管理沟通与交流氛围，需要企业管理层和基层员工加强工作交流，使员工了解企业文化，管理层也能够掌握员工的真实想法，由此营造平等、真诚、尊重的交流氛围，使员工更加具有安全感，也更能激发员工工作热情。

管理者应该具有尽可能和每位员工沟通的耐心，保持开放、合作、包容的心态，鼓励员工敞开心扉、直言真实想法，营造健康、具有激励性的沟通与交流氛围，营造整个企业团队高参与度的沟通与交流氛围，让每位成员都主动紧跟企业的指令，进一步思考和研究企业决策，为企业发展献言献策，促进企业顺利发展。

## （四）丰富沟通与交流渠道

通常来说，现代企业管理层倾向于采取正式渠道进行沟通。除了采取正式渠道，还需要合理应用聚会、联谊、交友等非正式渠道。相较于正式面谈沟通，员工更喜欢非正式沟通与交流，这会让管理层和员工之间沟通与交流的氛围更加融洽，可以消除员工紧张情绪，让他们敢于表达自己的真实想法；并且在非正式沟通与交流过程中，管理层能够放下身段，真正融入员工群体，用更多的时间听取员工意见。

## （五）建立有效的沟通与交流制度

企业要建立与完善沟通与交流制度，建立高效的内部沟通与交流机制。要想达到企业管理方面沟通与交流的目标需要建立领导管理机构，因此现代企业需结合自身情况建立沟通管理委员会，其中企业领导为决策层，各部门负责人作为主要成员，进而负责沟通战略的实施。沟通管理委员会的主要责任包括开展沟通管理工作，制定相关政策和沟通与交流制度，明确沟通与交流方式、信息发布、验收及回复等流程，推动各部门间深入交流，同时评价信息沟通效果，实现各部门人员之间畅通的沟通与交流，以提高各部门运行效率，实现企业生产发展目标。

## 拓展与提高

### 人际交往的功能

人际交往是人类社会活动中不可或缺的一环。人际交往具有4种功能：表达情感、获得信息、获得认同和实现目的。

第一，表达情感。表达情感是人际交往中非常重要的一种功能。人类是有情感的动物，需要通过表达情感来满足自己的情感需求。在人际交往中，我们可以通过语言、表情、姿态等方式来表达自己的情感。例如，当我们感到高兴、悲伤、愤怒等情绪时，我们可以通过语言或者表情表达出来，这样可以帮助我们缓解情绪，同时也可以让对方更好地了解我们的想法和感受，从而建立更好的关系。

第二，获得信息。获得信息是人际交往中非常重要的一种功能。在人际交往中，我们需要通过信息的获得来了解对方的想法、意图、态度等，从而更好地理解对方，建立更好的关系。获得信息的方式有很多种，如询问、倾听、观察等。通过这些方式，我们可以了解对方的情况，从而能更好地应对人际交往中可能出现的问题。

第三，获得认同。获得认同也是人际交往中非常重要的一种功能。人类是社交性动物，需要与他人建立联系，获得认同。在人际交往中，我们需要通过与他人的交往来获得认同，从而满足自己的社交需求。获得认同的方式有很多种，如表扬、赞美、支持等。通过这些方式，我们可以让对方感到被理解和被接受，从而建立更好的关系。

第四，实现目的。实现目的也是人际交往中非常重要的一种功能。在人际交往中，我们不仅需要表达自己的情感，获得信息和获得认同，还需要通过交往来实现自己的目的。例如，在商业交往中，我们需要通过交往来获取商业机会，从而实现自己的商业目的；在政治交往中，我们需要通过交往来获取政治资源，从而实现自己的政治目的。通过交往实现自己的目的，需要我们具备一定的交际能力和交往技巧，从而达到最终的目的。

通过这些功能，我们可以建立更好的关系，满足自己的社交需求，同时也可实现自己的各种目的。

## 完成任务

请根据自己的情况，分析自己在学习、生活中遇到的影响自己与他人沟通与交流效率的5种因素，并分析这5种因素产生的原因，把相关内容填入表1-1-5。

表1-1-5 沟通与交流效率的影响因素

| 序号 | 沟通与交流效率的影响因素 | 原因分析 | 解决办法 |
| --- | --- | --- | --- |
| 1 | | | |
| 2 | | | |
| 3 | | | |
| 4 | | | |
| 5 | | | |

## 自我评价

请根据自己掌握的知识，对自我进行评价，并填入表1-1-6。

表1-1-6　"影响沟通与交流效率的因素"能力达标自我评价

| 评价内容 | | 自我评价等级（在符合的情况下面画"√"） | | | |
|---|---|---|---|---|---|
| | | 全都做到了 | 大部分做到了 | 基本做到了 | 没做到 |
| 拥有积极主动的性格特点 | | | | | |
| 能主动融入企业集体，营造良好的企业文化氛围 | | | | | |
| 能耐心倾听他人的沟通与交流 | | | | | |
| 敢于表达自己的真实想法 | | | | | |
| 自我评价 | 我的优势 | | | | |
| | 我的不足 | | | | |
| | 我的努力目标 | | | | |
| | 我的具体措施 | | | | |

## 思考与练习

1. 沟通与交流效率的影响因素有哪些？
2. 如何提高个人沟通与交流能力？

# 任务三　沟通与交流的渠道

管理者的最基本功能是发展与维系一个畅通的沟通管道。

——巴纳德

**案例导入**

### 正式渠道沟通与交流的重要性

某公司员工对福利政策感到不满，认为公司的福利政策不够人性化，员工的需求得不到满足。员工们的不满情绪逐渐升级，甚至在同事中散布公司制度不合理的言论，散布不利于公司团结奋斗的消息，导致许多员工的工作积极性受到了影响，公司经营也受到影响。因此，公司高层成立专门的工作组与员工代表进行了一场正式的沟通会议。在会议上，公司高层向员工代表介绍了公司福利政策的制定过程和考虑因素，并认真听取了员工代表的意见和建议。员工代表也积极发言，表达了员工对福利政策的期望和需求。通过正式的沟通，公司高层了解了员工的需求和意见，并制定了相应的改进措施。员工的满意度得到了提高，工作积极性和生产效率也得到了提升。同时，公司也避免了因员工的不满情绪而引发的群体性事件的发生。

【分析】这个例子表明了正式渠道沟通与交流的重要性。通过正式的沟通，公司能够更好地了解员工的需求和意见，制定更加合理和人性化的政策，以提高员工的满意度和工作效率。

## ■ 相关知识

沟通与交流渠道是企业得以传递信息的载体，可以分为正式渠道和非正式渠道。正式渠道一般由组织确定，传递与工作相关的活动信息；非正式渠道是不受组织监督，个体自由选择沟通的渠道。

# 一、正式渠道沟通与交流 ————————————

正式渠道沟通与交流是指在组织内部，依据一定的原则所进行的信息传递与交流，如传达文件、召开会议、上下级之间的定期的情报交换等。另外，团体所组织的参观访问、技术交流、市场调查等也在此列。正式渠道沟通与交流效果好，较严肃，约束力强，易于保密，可以使信息沟通保持权威性。重要信息的传达一般采取这种方式。其缺点是：由于依靠组织系统层层传递，所以较刻板，沟通与交流速度慢。

组织内部重要的决策信息一般通过正式渠道传递，其主要形式包括链式、Y式、轮式、环式和全通道式，如图1-1-1所示。

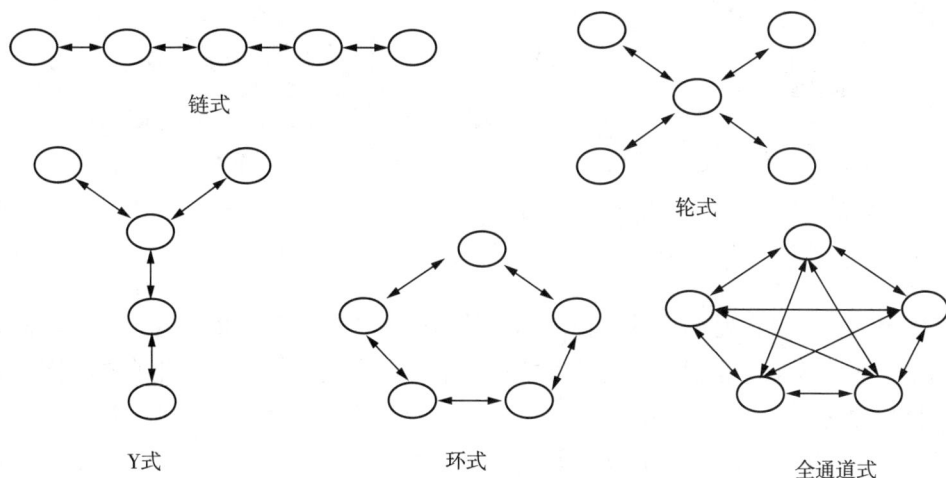

图1-1-1 正式渠道沟通与交流的五种形式

链式：属控制型结构，信息容易失真，平均满意度有较大差异，可用来表示组织中主管人员与下级部属之间存在若干中间管理者。

Y式：大致相当于从参谋机构到组织领导再到下级之间的纵向关系，容易导致信息曲解或失真，影响组织成员的士气，阻碍组织提高工作效率。

轮式：属控制型网络，大致相当于一个主管领导直接管理几个部门的权威控制系统。该形式集中化程度高，解决问题速度快，但沟通与交流渠道少，组织成员满意度低，士气低落。轮式网络是加强组织控制、提升组织效率和速度的一种有效的沟通与交流形式。如果组织接受攻关任务，要求进行严密控制，则可采用轮式。

环式：沟通与交流渠道不多，组织成员士气高昂，具有比较一致的满意度。如果在组织中需要创造出一种高昂的士气来实现组织目标，那么环式是一种行之有效的方式。

全通道式：开放式的网络系统，沟通渠道多，平均满意度高且差异小，士气高昂，合作气氛浓。该形式对于解决复杂问题，增强组织合作精神，提高士气有很大的作用；但是容易造成混乱，且费时，影响工作效率。

## 二、非正式渠道沟通与交流

非正式渠道沟通与交流，是指正式沟通渠道以外的信息交流和传递及相互之间的回馈，以达成双方利益和目的一种方式，它不受组织监督，自由选择沟通与交流渠道。例如，团体成员私下交换看法、朋友聚会、传播谣言等都属于非正式渠道沟通与交流。非正式渠道沟通与交流是正式渠道沟通与交流的有机补充。

员工之间采用非正式渠道易于交流彼此的真实想法与情感，其主要形式包括：群体式、单线式和随机式，如图1-1-2所示。

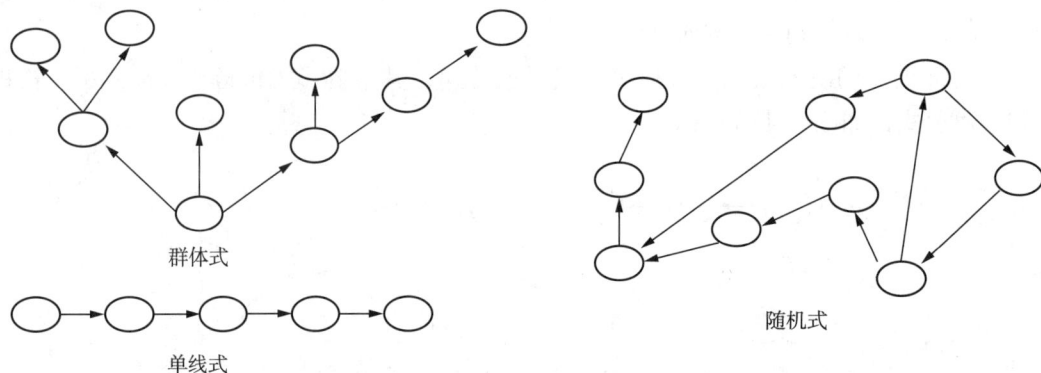

群体式

单线式

随机式

图1-1-2 非正式渠道沟通与交流的三种形式

在许多组织中，决策时利用的情报大部分是由非正式信息系统传递的。同正式渠道沟通与交流相比，非正式渠道沟通与交流往往能更灵活迅速地适应事态的变化，省略许多烦琐的程序；并且常常能提供大量的通过正式渠道难以获得的信息，真实地反映了员工的思想、态度和动机。其缺点是：非正式渠道沟通与交流难以控制，传递的信息不确切，易于失真、曲解，而且它可能导致小集团、小圈子的产生，影响人心稳定和团体的凝聚力。

## 拓展与提高

### 人际沟通的个人要求

**1. 不自私、不自我、不自大**

"你的事情与我无关!""我都说得这么明白了,你怎么还问?""我都说了要这么做,你还啰唆什么?"这些话表露出一种自私、自我、自大,每个人听到都会反感,但在生活中我们经常会听到这样的话。如果以这样的态度和别人沟通,沟通的效果当然不会很理想。因此,在沟通之前,要调整好心态,做到不自私、不自我、不自大。

(1)多为别人着想

在沟通之前,除了要确定自己的沟通目的,还要站在对方的角度进行思考,考虑他是否乐于与自己沟通,考虑他通过此次沟通会得到什么等。多为对方着想,让他感受到自己的真诚,将有助于双方之间的有效沟通。

(2)肯定别人,欣赏别人

以欣赏的眼光看待别人,了解并肯定别人的价值,这样才能接纳对方的思想、建议或意见,从而让沟通更有效。

**2. 主动关心对方**

(1)了解对方的背景

在沟通之前,要提前了解对方的背景信息,如民族、宗教信仰、籍贯、生活习惯等。这样不仅可以依据这些背景信息向对方表示真诚的关心,而且能够确保在沟通中不会冒犯对方,避免误会。

(2)关注对方的情绪

人的情绪有高涨,也有低落。在沟通之前,只有捕捉到了对方的情绪变化,进而洞察他的内心所想,才能给予他真正需要的关心,接下来的沟通才会有效;相反,如果忽视对方的情绪,则可能会造成对方的不满,甚至引发冲突。

(3)关注对方的困难

在沟通之前,要了解对方的困难、问题、痛苦、需求与不便。这样就能有的放矢地关心对方,尽力帮助对方解决困难,让对方感到诚意,那么沟通也就水到渠成了。

**3. 积极响应对方**

除了自己主动与别人沟通的情况,有时候也会有人主动来和自己沟通。这种情况下,应该以积极主动的态度去响应对方,切忌态度冷淡、消极、推诿、逃避甚至敌对。积极响应通常表现为表情亲切,言语温和,肢体语言恰当、得体,态度友好等。

## 完成任务

请根据自己的认识情况,分析正式渠道沟通与交流的5种形式及其优缺点,把相关内容填入表1-1-7。

表1-1-7　正式渠道沟通与交流的形式及其优缺点

| 序号 | 正式渠道沟通与交流的形式 | 优点 | 缺点 |
|---|---|---|---|
| 1 | | | |
| 2 | | | |
| 3 | | | |
| 4 | | | |
| 5 | | | |

## 自我评价

请根据自己掌握的知识，对自我进行评价，并填入表1-1-8。

表1-1-8　"沟通与交流的渠道"能力达标自我评价

| 评价内容 | 自我评价等级（在符合的情况下面画"√"） | | | |
|---|---|---|---|---|
| | 全都做到了 | 大部分做到了 | 基本做到了 | 没做到 |
| 能分析正式渠道沟通与交流的形式 | | | | |
| 能主动运用正式渠道沟通与交流的形式进行沟通 | | | | |
| 能在不同场合运用合适的沟通与交流渠道进行有效沟通 | | | | |
| 灵活掌握针对不同对象的非正式渠道沟通与交流的形式 | | | | |
| 自我评价 | 我的优势 | | | |
| | 我的不足 | | | |
| | 我的努力目标 | | | |
| | 我的具体措施 | | | |

## 思考与练习

1. 正式渠道沟通与交流的形式有哪些？
2. 举例说明每种正式渠道沟通与交流形式的利与弊。

沟通你用对方式了吗

# 任务四　沟通与交流的功能

一个人必须知道该说什么，一个人必须知道什么时候说，一个人必须知道对谁说，一个人必须知道怎么说。

——德鲁克

## 不会沟通与交流，从同事到冤家

小贾是公司销售部的一名员工，为人比较随和，不喜争执，和同事的关系都比较好。但是，前一段时间，不知道为什么，同一部门的小李老是处处和他过不去，有时候还故意在别人面前指桑骂槐，对跟他合作的工作任务也有意让小贾做得多，甚至还抢了小贾的好几个老客户。

起初，小贾觉得都是同事，忍一忍就行。但是，看到小李如此嚣张，小贾一赌气，告到了经理处。经理把小李批评了一通，从此，小贾和小李成了冤家。

【分析】这个案例说明了沟通与交流的重要功能。小贾所遇到的事情在工作中常常发生，同事小李对他的态度大有改变，小贾有所察觉，他应该思考是不是哪里出了问题，应该注意积极沟通与交流并解除误会。例如，询问小李是不是自己什么地方做得不对，让他感到难堪等。但是，小贾只是一味地忍让，还告到了经理处。任何人都不喜欢与人结怨，假如他们能够及早展开坦诚的沟通与交流，可能他们之间的误会和矛盾在比较浅的时候就会通过及时的沟通与交流而消失。但结果是，小贾到了忍不下去的时候，他选择了告状。而经理做事也过于草率，没有起到应有的调节作用，他的一番批评反而加剧了二人之间的矛盾。

因此，我们每个人都应该学会主动地沟通与交流、真诚地沟通与交流、策略地沟通与交流，这样才可以避免工作与生活中的一些误会和矛盾。

## 相关知识

沟通与交流一般指人与人之间的信息交流过程，即人们采用言语、书信、网络等方式彼此进行的事实、思想、意见、情感等方面的交流，以达到人与人之间对信息的共同理解和认识，取得相互之间的了解、信任，形成良好的人际关系，从而实现对行为、行动的调节。沟通与交流具有以下功能。

## 一、促进个体发展

### （一）传递和获得信息

沟通与交流具有心理上、社会性和决策功能，和我们的生活、工作息息相关。在心理上，人们为了满足社会性需求和维持自我感觉而沟通；社会中，人们为了发展和维持关系而沟通；在决策中，人们为了分享资讯和获得信息而沟通。

掌握低成本的沟通技巧，了解如何有效地传递信息来提高个人办事效率，如何积极获取有用的信息来提高个人竞争优势，如何通过沟通找出重要信息，提高工作效率的方法，从而能使自己取得更高的工作业绩。

### （二）改善人际关系、获得社会资源

社会是由人们互相沟通与交流所维持的关系组成的网，人们相互沟通与交流是因为需要同周围社会环境相联系。有效的沟通与交流可以赢得和谐的人际关系，而人际关系又使沟通更加顺畅，促进个人获得更多社会资源，取得更多成功机会。

## 二、促进企业发展

### （一）激励员工工作

沟通与交流可以使员工获得感情，建立稳定和融洽的关系，达成合作、协作目的，促进各项工作顺利开展。在企业的经营管理过程中，如果能做好员工的沟通与交流工作，就会对促进企业绩效目标的实现起到事半功倍的作用。畅通而有效的沟通与交流，有利于信息在组织内部的充分流动和共享，有利于提高组织工作效率，有利于增强民主管理，有利于促进组织决策的科学性与合理性。

当企业遭受不利的市场环境威胁甚至面临危机时，会造成员工士气普遍低落和群体离心力增强，这时就需要大范围地交流沟通，鼓动员工的战斗精神，激励他们的信心和忠诚，恢复士气。当企业有重大事件发生，如领导班子更替、经营战略重大调整、大项目启动、新规章制度出台等，除商业秘密外，事先要尽可能地让更多的员工知情、参与，倾听他们的意见，增强员工的主人翁责任感；决策后，要迅速地做出详细的解释说明，排除员工的疑虑，统一认识，坚定信心。

"人上一百，形形色色"，员工之间在思想观念、价值取向、知识结构、性格气质、思维能力、工作方法等方面会存在差异。当团队内部存在巨大差异时，必然导致相互不理解、不信任、不合作，造成各自为战的紧张关系。这时需要沟通疏导，属于思想观念和工作态度问题的，要进行耐心细致的说服教育和帮助引导；属于人际关系问题的，要巧妙地去协调，化解矛盾；属于能力问题的，要采取组织措施，尽量不小材大用或大材小用。合理运用沟通方式去激励员工，才能促进企业不断发展。

### （二）获取决策信息

企业内部人员良好的沟通与交流能够节省办公时间，提高工作效率，及时掌握有效的信息，便于企业及时、正确地做决策。而通过顺畅的沟通与交流，企业能够掌握完整、正确的信息，进而准确无误地做决策。

### （三）防止内部沟通管理过程中信息失误、失真

在现代企业内部沟通过程中，信息发送者是信息传递的起始点，因此需要确保信息发送者发出的信息具有真实性，防止因信息传递不顺畅而导致的信息失误、失真。

## 完成任务

请根据自己的情况，分析在学习、生活、工作中与他人沟通与交流的5种功能，把相关内容填入表1–1–9。

表1–1–9 沟通与交流的功能

| 序号 | 沟通与交流的功能 | 作用 | 原因分析 |
|---|---|---|---|
| 1 | | | |
| 2 | | | |
| 3 | | | |
| 4 | | | |
| 5 | | | |

## 自我评价

请根据自己掌握的知识，对自我进行评价，并填入表1–1–10。

表1–1–10 "沟通与交流的功能"能力达标自我评价

| 评价内容 | 自我评价等级（在符合的情况下面画"√"） | | | |
|---|---|---|---|---|
| | 全都做到了 | 大部分做到了 | 基本做到了 | 没做到 |
| 能传递和获得有用的信息 | | | | |
| 能很好地促进人际关系的改善 | | | | |
| 能获得更多成功机会 | | | | |
| 能激励他人积极向上 | | | | |
| 能获取更多有用的决策信息 | | | | |
| 自我评价 | 我的优势 | | | |
| | 我的不足 | | | |
| | 我的努力目标 | | | |
| | 我的具体措施 | | | |

## 思考与练习

沟通与交流能够促进个体哪些方面的发展？

# 沟通与交流的基本原则

## 任务一　平等尊重、真诚守信原则

每一个人都需要有人和他开诚布公地谈心。

——海明威

**案例导入**

### 诚信的重要性

一位顾客走进了一家服装店，她对一件漂亮的连衣裙产生了兴趣。销售人员向她介绍了裙子的材质、设计和特点，并询问了她的尺码和喜好。顾客试穿后，销售人员称赞了她的美貌和这件裙子的适合度。然而，当顾客询问价格时，她发现裙子比她预期的要贵。销售人员并没有试图掩饰或误导，而是诚实地告诉她价格较高的原因，并解释了材质、设计和品牌的价值。

顾客感到销售人员非常诚实和敬业，她开始对这家店产生信任感。在销售人员的建议下，她购买了这件裙子，并决定在未来还会来购买其他商品。

【分析】这个案例展示了在销售工作的沟通与交流中，诚实和透明是建立顾客信任的关键。销售人员的诚信和坦诚使顾客感到舒适和放心，从而促进交易的成功。

### 相关知识

沟通与交流是一门艺术，说话有说话的艺术，听话也有听话的艺术。说话的人要引起对方的兴趣，而听话的人也要及时地做出反馈，鼓励对方透露更多的信息。沟通与交流是一个互动的过程，实现建设性沟通与交流需要双方共同努力。

### 一、平等尊重原则

平等尊重是沟通与交流的前提，在平等的关系下，每个人都有机会表达自己的意见和观点，人与人之间可以建立起互相尊重和信任的关系。在实际沟通与交流中，理解并接受他人的观点，不对他人进行任何形式的伤害和侮辱，减少冲突和争执，尊重他人的隐私和空间，建立和谐稳定的关系，这样可以促进沟通与交流的顺利进行。

在沟通与交流中，尊重对方的决定和决策，不要试图强行干预对方的决策过程，要以平等、开放和包容的态度对待对方的决策过程。如果对方有需要改变的决定，也要尽可能地理解他们的想法和决定，而不是用自己的想法来强行改变对方的决定。

## 二、真诚守信原则

沟通与交流双方的信任度是交流的基础，在沟通与交流中要坦诚相待，保持真诚。不要隐瞒自己的想法和感受，不要欺骗他人。沟通与交流的双方是否信任、程度如何，对于改善沟通有很重要的作用。信息在传播过程中是通过独特的"信任"和"不信任"的"过滤器"进行的。过滤器的作用在于如果没有信任，完全真实的信息就可能变成不可接受的，而不真实的信息反而可能变成可接受的。一般来说，只有受到下级高度信任的领导者发出的信息，才可能完全为下级所接受。主动积极、充满真诚的下属所传递的信息也容易获得上级的认可。这就要求每个组织成员加强自我修养，不仅要具有高尚的品质和强烈的事业心，还要有丰富的知识和真诚的品格。具备了相互尊重和真诚，就具备了相互的信任，也就有了有效沟通的基础。

总之，在沟通与交流过程中，沟通双方只有保持平等、真诚、守信等态度，才能够建立良好的沟通与交流关系，才能赢得别人的信任和尊重。

### 拓展与提高

#### 人际沟通的基本素质要求

人际沟通的基本素质要求包括以下几个方面。

（1）语言能力：需要掌握语言沟通的技巧，包括准确、简洁、清晰的表达，以及倾听和理解别人的观点。

（2）情绪管理能力：在沟通中，需要控制自己的情绪，避免因情绪波动而影响沟通效果。同时，也需要理解和尊重他人的情感状态。

（3）知识储备：需要具备相关的知识和信息，以便在沟通中能够理解对方的需求，并提供有效的建议和解决方案。

（4）沟通能力：需要具备与他人建立良好关系的能力，包括倾听、理解、尊重和表达。同时，也需要具备解决冲突和处理矛盾的能力。

（5）自我管理能力：需要具备自我管理的能力，包括时间管理、自我激励、自我反思等，以便在沟通中保持高效和自信。

（6）社交技巧：需要具备一定的社交技巧，包括礼仪、人际交往规则、建立信任等，以便在沟通中能够与他人建立良好的关系。

这些素质要求并非一成不变，它们会根据不同的沟通场合和对象而有所调整。在实际的人际沟通中，我们需要根据具体情况灵活运用这些素质要求，以便达到更好的沟通效果。

### 完成任务

请根据自己的情况，分析在学习、生活、工作中与他人沟通与交流的原则，把相关内容填入表1-2-1。

表1-2-1　沟通与交流的原则

| 序号 | 沟通与交流的原则 | 如何做 | 产生效果 |
|---|---|---|---|
| 1 | | | |
| 2 | | | |
| 3 | | | |
| 4 | | | |

## 自我评价

请根据自己掌握的知识，对自我进行评价，并填入表1-2-2。

表1-2-2　"平等尊重、诚实守信原则"能力达标自我评价

| 评价内容 | 自我评价等级（在符合的情况下面画"√"） | | | |
|---|---|---|---|---|
| | 全都做到了 | 大部分做到了 | 基本做到了 | 没做到 |
| 能遵循平等原则 | | | | |
| 能遵循尊重原则 | | | | |
| 能遵循真诚原则 | | | | |
| 能遵循守信原则 | | | | |
| 自我评价 | 我的优势 | | | |
| | 我的不足 | | | |
| | 我的努力目标 | | | |
| | 我的具体措施 | | | |

## 思考与练习

沟通与交流过程中双方态度有哪些？结合实际谈谈你的看法。

# 任务二　平行沟通原则

语言是人们沟通的桥梁，它能化解一切误会，让人们更亲近。

—— 雨果

**案例导入**

### 企业成功的诀窍

在一个大型企业中，销售部门和产品开发部门之间总是互相抱怨和摩擦。销售部门抱怨产品开发部门推出的产品不符合市场需求，而产品开发部门则认为销售部门没有充

分理解产品的特点和优势，这导致该企业的业绩增长不甚理想。发现业绩不理想后，两个部门经过反思，决定采取以下措施：定期召开跨部门会议，分享市场信息和产品开发进展，共同讨论销售策略和产品设计方案；制定一套明确的沟通流程，确保双方在协作过程中能够及时获得重要信息，并快速解决问题；相互参与对方的团队活动和培训，增加相互了解和信任。

通过这些措施，销售部门和产品开发部门之间的沟通效率得到了显著提高。他们之间的合作也变得更加顺畅，为公司带来了更多的业绩增长。

【分析】这个案例展示了在跨部门沟通与交流中有效的沟通与交流对于一个企业的成功至关重要。通过建立良好的沟通与交流机制和培养跨部门协作，企业可以减少内耗，提高工作效率，并为员工创造一个更加积极的工作环境。

## 相关知识

沟通与交流是企业文化建设中不可忽视的问题，沟通与交流原则的确定对组织内部的信息传达、组织团结和组织工作效益，都有重要甚至是关键性的影响。能否以正确的沟通与交流方式与对方进行恰当交流，直接影响到工作效率。

## 一、平行沟通的含义

平行沟通是指组织内同层级或部门间的沟通，指同级的横向联系，目的是交换意见，实现更好的合作关系，是正式渠道沟通的一种。例如，员工间、管理者内部之间就跨部门事务进行协商、协调，通常可节省时间和促进工作问题的解决。

## 二、平行沟通的注意事项

### （一）沟通从工作出发

如果需要沟通，一定是自己感到对方对正在进行的工作重视不够，或是对上级的安排理解不透，妨碍了工作顺利进行。如果和对方进行一次沟通就能解决问题，应该首先选择互相沟通，以求得问题的迅速圆满解决；沟通失败，再考虑报告上级。因此，沟通一定要着眼于工作。

### （二）沟通遵循制度和流程

当正在进行的工作遇到阻碍时，要考虑问题出在哪个环节，谁是这个环节的负责人，公司的制度或流程对这些是有规定的，因为员工必须遵循各司其职、各负其责的原则开展工作。如果你找一个不相干的人进行沟通，一是对方会认为你无事找事，二是你的目的根本达不到。

### （三）开门见山

找准了沟通对象，首先征询对方是否有空。如果对方正忙于紧急工作或正在思考一个创意方案，贸然打断对方，会让对方感到突兀。一旦确定对方时间方便，就可以直截了当地提出自己的沟通议题、自己的期盼，然后等候对方回应。这里特别要注意的是不要转弯抹角、废话连篇，否则不仅会浪费自己的时间，也会给对方留下不好的印象。

### （四）征询对方意见

找对方沟通，一定是自己觉得对方在解决问题上举足轻重，那就必须虚心听取对方的意见，了解对方对沟通的工作不配合的原因或存在的困难，或者对方是否有了更好的完成任务的创意。内部工作沟通不必转弯抹角，必须尊重他人。听取对方意见时，不宜随意打断对方，以免分散对方注意、影响对方表达。同时要注意，如果你是同事中工作上的佼佼者，不可盛气凌人，一定要低姿态。

### （五）提出个人建议

待对方陈述个人意见之后，如果觉得对方言之有理，除了完全接受，还要表示感谢。沟通目的达到后，工作就可以继续进行。如果对方提出的建议，在你看来只有部分可取，那也是一个不错的开端。即便对方的建议在你看来没有一条可行，这也没有关系，陈述自己的理由即可。

### （六）听取对方反馈

在提出与对方不同的意见之后，要特别强调指出："你看看在我提议的基础上你有什么补充？"这样做一是让对方把思路调整到你的建议上来，二是在情感上表达对对方的尊重，让对方转变观念，为接受你的建议做好心理准备。因此，必须耐心听取对方的反馈。

### （七）双方求同存异

由于所处的位置不同、个人经历经验不同，同事间难免在工作方式上存在不同态度、不同观点。第一，不必大惊小怪；第二，从对方的立场上考虑，也许会有改变。在这一点上要主张求同存异，只要工作能够正常进行就可以。不一定是一方说服另一方，或者完全迁就对方，以保一团和气。

### （八）问题无法解决，报告上级部门协调

不是所有的沟通都能圆满解决，遇到本位主义严重的人，简单的问题也可能被复杂化。万一遇到理解能力差、以自我为中心的人，沟通不畅的时候，除了保持冷静，还应该立即报告你们共同的上级，由上级领导协调解决。

总之，平行沟通应该从整体工作出发，按照优势互补原则，明确彼此权责，尽心尽职围绕整体目标，相互支持，相互学习，确保工作顺利开展。

## 拓展与提高

### 平行沟通的步骤

1. 明确沟通目的

在进行平行沟通之前，需要明确沟通的目的和预期结果。这有助于为沟通做好准备，并

确保沟通的方向和重点与目标保持一致。

2. 确定沟通对象

根据沟通目的和预期结果，确定需要沟通的对象，并了解他们的背景和需求。这有助于为沟通做好准备，并确保沟通的内容和方式符合受众的需求。

3. 建立良好的沟通环境

在平行沟通过程中，需要建立良好的沟通环境，以确保沟通的顺利进行。这包括：

（1）选择友好的沟通环境：选择一个舒适、安静、没有干扰的环境，以便受众更有可能聆听和参与沟通。

（2）保持开放的礼貌态度：在沟通过程中，需要保持开放的礼貌态度，以便受众感受到被尊重和关注。

（3）维护良好的关系：在沟通过程中，需要维护良好的关系，避免出现竞争等干扰因素。

4. 准备沟通所需的资料和信息

根据沟通的目的和方式，准备必要的资料和信息，以便在沟通中能够清晰地表达自己的想法。这包括：

（1）了解受众的需求和背景：根据受众的需求和背景，准备相应的资料和信息。

（2）准备必要的图表、数据和其他支持材料：在沟通过程中，可能需要使用图表、数据或其他支持材料来支持自己的观点和论据。

5. 清晰地表达自己的想法

在平行沟通过程中，需要清晰地表达自己的想法，避免出现模糊不清或含糊其词的情况。这包括：

（1）使用简单明了的语言：避免使用过于复杂或专业的语言，以便受众能够轻松理解自己的观点。

（2）保持表达清晰：在沟通过程中，需要保持表达清晰。

6. 听取对方的意见和建议

在平行沟通过程中，需要认真倾听对方的意见和建议，并给予积极的回应。这包括：

（1）主动询问对方的意见和建议：在沟通过程中，可以主动询问对方的意见和建议，以便了解他们的想法和需求。

（2）给予积极的回应：在听取对方的意见和建议后，需要给予积极的回应，以便建立良好的合作关系。

7. 协商解决方案

在平行沟通过程中，需要与对方协商解决方案，寻找双方都能接受的解决方案。这包括：

（1）提出解决方案：根据双方的意见和建议，提出双方都能接受的解决方案。

（2）与对方协商：在提出解决方案后，需要与对方进行协商，以便达成共识。

8. 达成共识并落实行动计划

在平行沟通过程中，需要达成共识并落实行动计划，确保沟通的结果能够得到有效的实施。这包括：

（1）确认达成共识：在协商解决方案后，需要确认双方是否达成共识。

（2）制订行动计划：根据达成的共识，制订具体的行动计划并落实责任人、时间表等细节。

（3）跟踪落实情况：在行动计划实施过程中，需要跟踪落实情况并根据需要进行调整以确保目标的实现。

## 完成任务

请根据自己的情况，分析在工作中与他人平行沟通的5种注意事项，把相关内容填入表1-2-3。

表1-2-3　平行沟通的注意事项

| 序号 | 平行沟通的注意事项 | 原因分析 | 作用 |
|---|---|---|---|
| 1 | | | |
| 2 | | | |
| 3 | | | |
| 4 | | | |
| 5 | | | |

## 自我评价

请根据自己掌握的知识，对自我进行评价，并填入表1-2-4。

表1-2-4　"平行沟通原则"能力达标自我评价

| 评价内容 | 自我评价等级（在符合的情况下面画"√"） | | | |
|---|---|---|---|---|
| | 全都做到了 | 大部分做到了 | 基本做到了 | 没做到 |
| 能传递和获得有用的信息 | | | | |
| 能很好地促进人际关系的改善 | | | | |
| 能获得更多成功机会 | | | | |
| 能激励自己积极向上 | | | | |
| 能获取更多有用的决策信息 | | | | |
| 自我评价 我的优势 | | | | |
| 我的不足 | | | | |
| 我的努力目标 | | | | |
| 我的具体措施 | | | | |

## 思考与练习

请结合实际谈谈平行沟通的重要性。

学会拒绝

# 任务三　上行沟通原则

每次真正沟通，都会得到一种新的认识，一种新的洞见，一种新的视野，一种新的力量。

——泰戈尔

## "得"与"失"

某公司的员工小邓发现公司的生产效率存在严重问题，他向上级领导提出了自己的建议，希望能改善生产流程。然而，上级领导对他的建议并不感兴趣，认为这是在挑剔现有的工作流程。这位员工小邓在再次向领导反馈时采用了适当的技巧，他首先感谢上级领导给予他表达建议的机会，然后详细解释了为什么他认为这个建议能够提高生产效率，并愿意承担改进的责任。最终，上级领导被小邓的真诚和热情所打动，同意了他的建议并安排实施，并提拔他做了生产线主管。

【分析】案例中的员工小邓通过感谢、解释和承诺等沟通技巧向上级领导传达了自己的建议，并成功地获得了上级领导的支持。这种上行沟通技巧有助于提高企业的生产效率和员工的工作满意度，有助于促进企业生产，有助于员工职业生涯发展。

## 相关知识

上行沟通是领导者了解与掌握组织和团体全面情况的重要途径，集体决策要以上行沟通的信息为依据。

## 一、上行沟通的含义

上行沟通是指下级向上级报告工作情况，反映问题，提出建议、意见，或表达自己的意愿等。良好的上行沟通可使领导掌握真实的情况从而做出符合实际的决策。上行沟通的信息内容有4项：员工自己的工作表现和问题，有关其他员工的工作表现和问题，有关组织或团体的决策与工作活动的信息，员工个人的需求。上行沟通的方式有意见箱、建议奖励制度、座谈会、家访谈心、定期汇报等。

上行沟通是一种自下而上的沟通形式，是员工向上级领导反映情况、汇报工作、提出建议的正常渠道。上级领导主动搜集信息、征求意见、听取汇报，也属于上行沟通。

## 二、影响因素

影响上行沟通的因素多种多样，归纳起来主要包括客观因素与主观因素两个方面。

### （一）客观因素

1. 发出的信息是否准确易懂

沟通的语言要简洁易懂，避免使用生僻难懂的词语。下属在进行上行沟通时，应尽量少用专业术语。另外，用词要准确，不要含糊不清或一词多义。

2. 沟通渠道是否合适

要根据沟通对象选择合适的沟通渠道。在实际工作中，一定要根据沟通对象的具体情况和接受程度，以及沟通的具体内容，选择合适的沟通渠道。例如，管理层的沟通，适用小型会议或电话等形式；对于想提意见又不敢当面提的情况，可以用意见箱的形式等。

3. 其他因素

沟通时情绪、情感等心理因素和人际关系及人们普遍的认识倾向等也会对上行沟通造成影响。

### （二）主观因素

1. 信息是否被对方正确理解

在向上级汇报情况前，需提前了解清楚上级的知识背景、专业出身等基本情况，充分考虑沟通对象的素质和接受能力，避免使用会产生歧义的语言。

2. 上行沟通的质量受到领导的重视程度

往往同一件事，不同的人沟通汇报，会产生不同的结果。这很大程度上取决于领导对下属提案的重视程度。是否能够顺应领导的心理，在一定程度上决定了此次沟通的成败。

3. 下属考虑问题的着眼点

沟通过程中应该切实抓住要点，条理清晰，目的明确。汇报问题时切忌说话不着边际，只围绕细枝末节而本末倒置，如此则极易产生负面效果。

## 三、上行沟通的技巧 ─────────────

### （一）常规情况

作为上行沟通的主角，下级能否把握沟通技巧成为实施上行沟通的关键。

1. 了解领导内心，学会适时沟通

下属只有了解领导的个性心理，才能方便与他沟通。每个人内心中都有被人肯定的渴望，领导都希望得到下属中肯的评价和肯定，下属需要与领导进行坦诚、中肯的沟通，在适当的时候与领导诚实而真挚地进行沟通与交流，汇报工作的开展情况、反馈工作中出现的问题等。

2. 与领导坦诚相待，学会主动沟通

与人坦诚相待，反映了一个人的优良品格。下属在工作中要赢得领导的肯定和支持，很重要的一点是要让领导感受到自己的坦诚。工作中的事情不要对领导保密或隐瞒，要以开放而坦率的态度与领导主动交流，以此赢得领导的信任与青睐。

### （二）与上级意见相左时

当下级向上级汇报情况途中遭遇与上级意见相左的情形时，应灵活处理，不宜以下犯上。

1. 选择好时机，注意维护上级的自尊与自信

对上级提出不同意见之前，应先了解上级的情绪状态，尽量在彼此情绪都稳定时进行沟

通。切记不可在上级忙得不可开交时打扰他，因为在此时他面临的事务尤其繁杂，情绪也容易烦躁。在找准时机后，下级应条理清楚、简明扼要地表达自己的观点，以便上级充分理解。上级在认识到自己的意见与下级不一致时，也会考虑自己的意见是否正确、下级从何种角度考虑这件事情，以及缘何得出相反结论等问题。

### 2. 帮助上级提高声誉

通常决策实施的成效是与上级的声誉成正比的，上级总是希望工作成果能得到下级的肯定。在上级做出决策之后，他也会面临来自各方面的压力，有一些决策是不可能得到各方赞赏的。此时，上级最需要得到下级的帮助。如果下级直接在正式场合指出领导者的错误，有时不但会事与愿违，使上级固执己见，也有损上级在下级中的声誉。若利用非正式的沟通手段，使上级认识到提出相反意见的本质是从工作本身的角度出发，最终目的是提高上级的声誉，这样便有利于上级做出正确决策，同时减少决策人的威信损失。

### 3. 使上级感受到被追随

下级如与上级意见相左而希望上级采纳自己建议时，下级不能一味地强调自己的建议，要把自己放在上级伙伴的位置上设身处地想问题，使上级感受到与下级同在一个团队中。下级之所以提出建议是希望得到上级的认同，追随上级以更好地实现团队的目标。只有感受到被追随，上级才能认真地自省决策正确与否及下级的建议，从而通过良性的互动以达到双赢。

## 四、上行沟通效果的改善措施

### （一）提问

管理者可以通过提出一些问题来鼓励上行沟通。这一措施向员工表明管理层对员工的看法感兴趣，希望得到更多的信息，重视员工的意见。问题有多种形式，但最常见的是开放式和封闭式。开放式问题引入一个广泛的主题，给被提问者机会以不同的方式反应。相反，封闭式问题聚焦于一个较窄的主题，使被提问者能够提供一个较为具体的答案。无论是开放式问题还是封闭式问题，都能很好地推动上行沟通。

### （二）倾听

积极的倾听并不是简单地听，它不仅要用耳，而且要用心。有效的倾听有两个层次的功能——帮助接收者既理解字面意思，也理解对方的情感。好的倾听者不仅听到对方说话的内容，而且能理解对方的感受和情绪。善于有效倾听的管理者发出的一个重要信号：他们关心员工。虽然许多人并不是富有技巧的倾听者，但可以通过训练提高倾听技能。

### （三）与员工会谈

实现上行沟通的一个有效办法是与员工小组会谈。在这样的会谈上，鼓励员工发言，让他们谈论工作中的问题、自己的需要，以及管理中促进或阻碍工作绩效的做法。这些会谈尝试能深入探究员工内心的问题。由此，加上相应的跟进措施，员工的态度会得到改善，辞职率会下降。

### （四）开放政策

开放政策是指鼓励员工向他们的主管或更高管理层反映困扰他们的问题。通常，员工被鼓励首先找自己的主管。如果他们的问题不能被主管所解决，可以诉诸更高管理层。此政策的目的是去除上行沟通的障碍，但这实施起来并不容易，因为在管理者和员工之间常常有真实的和想象的障碍。虽然管理者的门是打开的，但心理的和社会的障碍依然存在，使员工不愿意进门。

对管理者来说，更有效的开放政策是走出自己的办公室，与员工打成一片。这种做法以强有力的社会线索强化了开放政策，管理者可以获得比以往坐在办公室里更多的信息。这种做法可描述为走动式管理，管理者以此发起与大量员工的系统接触。通过走出办公室，管理者不仅从员工中得到重要的信息，还利用这一机会建立支持性的氛围。这种做法使双方都受益。

### （五）参加社团活动

非正式的临时举办的娱乐活动可以为非计划性的上行沟通提供绝好的机会。这些自发的信息交流比绝大多数正式渠道沟通能更好地反映真实情况。各部门的联欢会、运动会等活动中，上行沟通并不是主要目的，但上行沟通是这些活动中产生的宝贵"副产品"。

总之，上行沟通也就是所谓的下情上达。在上行沟通中，"下"应是沟通主体。下级应主动与上级沟通，准确理解上级的指示精神，及时让上级了解自己的工作情况。汇报工作要实事求是、客观公正，不能凭主观想当然，要尽量准确地为上级决策提供真实的信息。

## 拓展与提高

### 常见的上行沟通方式

常见的上行沟通方式包括以下几种。

（1）意见箱：下级可以通过书面形式向领导提出意见和建议，领导可以通过查看意见箱了解员工的工作情况和反馈。

（2）建议奖励制度：企业可以设立建议奖励制度，鼓励员工提出创新性的建议和意见，激发员工的积极性和创造力。

（3）座谈会：定期召开座谈会，让员工有机会向上级领导反映情况、汇报工作、提出建议。

（4）家访谈心：领导可以定期到员工家中进行访谈，了解员工的工作和生活情况，听取员工的意见和建议。

（5）定期汇报：下级向上级定期汇报工作进展和成果，让上级了解下级的工作情况和问题，及时给予指导和支持。

除了以上常见的上行沟通方式，还有很多其他的方式可以根据具体情况选择使用。总之，有效的上行沟通需要建立良好的上下级关系，创造开放、坦诚的沟通氛围，让下级敢于向上级反映问题、提出建议。

## 完成任务

请根据自己的情况，分析在工作中上行沟通的5种影响因素，把相关内容填入表1-2-5。

表1-2-5 上行沟通的影响因素

| 序号 | 上行沟通的影响因素 | 原因分析 | 效果 |
|---|---|---|---|
| 1 | | | |
| 2 | | | |
| 3 | | | |
| 4 | | | |
| 5 | | | |

## 自我评价

请根据自己掌握的知识，对自我进行评价，并填入表1-2-6。

表1-2-6 "上行沟通原则"能力达标自我评价

| 评价内容 | 自我评价等级(在符合的情况下面画"√") | | | |
|---|---|---|---|---|
| | 全都做到了 | 大部分做到了 | 基本做到了 | 没做到 |
| 能传递和获得有用的信息 | | | | |
| 能很好地促进人际关系的改善 | | | | |
| 能获得更多成功机会 | | | | |
| 能激励自己积极向上 | | | | |
| 能获取更多有用的决策信息 | | | | |
| 自我评价 | 我的优势 | | | |
| | 我的不足 | | | |
| | 我的努力目标 | | | |
| | 我的具体措施 | | | |

## 思考与练习

1. 上行沟通技巧有哪些？
2. 如何改善上行沟通效果？

这样提建议更容易被接受

# 任务四　下行沟通原则

不善于倾听不同的声音，是管理者最大的疏忽。

——玛丽·凯

## 案例导入

### 压力与动力

某公司总经理发现员工士气低落，工作积极性不高，于是决定进行一次鼓舞士气的座谈会。他先了解了员工的需求和问题，然后精心准备。在座谈会中，总经理首先向员工表示了关心和感谢，然后详细阐述了公司的发展目标、当前的工作重点和员工所面临的挑战。他使用了平易近人的语言，结合实例和故事，使讲话内容更加生动有趣。在座谈会过程中，总经理还不断与员工进行互动，回答他们的问题，鼓励他们积极发表自己的看法和建议。通过这种方式，员工不仅了解了公司的发展方向和目标，还感受到了上级的关心和支持，士气得到了极大的提升。这次座谈会后，员工的工作态度和积极性发生了明显的变化，公司的业绩也得到了显著的提升。

【分析】这个案例表明了下行沟通的重要性，以及如何通过有效的沟通方式来提高团队的凝聚力和士气，促进公司发展。

## 相关知识

通常下行沟通的目的是为了控制、指示、激励及评估，其形式包括管理政策宣示、备忘录、任务指派、下达指示等。有效的下行沟通并不只是传送命令而已，应能让员工了解组织政策、计划的内容，并获得员工的信赖、支持，有助于组织的决策和计划的控制，达成组织的目标。

## 一、下行沟通的含义

下行沟通是指信息流动由组织层次的较高处流向较低处，指组织中从高层管理者到基层员工的沟通方式，即上情下达。下行沟通通常以指示、命令、要求等形式进行，目的是传达组织的目标、政策、规定等，并确保员工了解和遵守。在组织中，当讯息下行沟通经过许多层级时，许多资讯会遗失，最后接收者真正能收到的只是一小部分而已。因此精简组织，减少组织层级，能使沟通有效执行。

## 二、下行沟通的原则

为了实现沟通目标，达成沟通目的，下行沟通应该遵循以下原则。

（1）平等、坦诚是沟通的基础。领导与下属沟通，不论是了解情况，还是有针对性地对其说服、帮助，首先要明白下属与自己在人格上是平等的。要说真心话，绝对不能说那些言不由衷的空话、大话，更不能以一种不冷不热、矫揉造作的态度与下属进行沟通。

（2）针对不同的沟通对象，应当使用不同的语言。对性格相对内向的同事，相对柔和的言辞更容易让对方接受；对性格比较直爽的同事，可以一针见血地指出问题；对思想成熟的同事，可以以说理为基点，以理说事；对年轻识浅的同事，可以多用朴实的语言，以事明理。

（3）明示兼顾暗示。有时候，领导对下属不能过分地直来直去，要懂得迂回，给彼此一定的空间；不能把所有事都说破、说穿，巧妙地利用暗示，有时更能使下属心悦诚服地接受领导的意志和指示。

（4）表扬与批评并存。表扬与批评是工作中一种重要的沟通方式。表扬先进，可以激励下属的工作积极性和主动性，而下属受到真诚的表扬，感到工作得到了领导的肯定，工作热情油然而生。工作中如果没有批评，就会出现无人负责、各行其是的局面。在实施表扬和批评时，最重要的就是坚持原则，要一碗水端平，使整个组织形成整体战斗力。

（5）沟通是一个双方互动的过程，领导不仅要善于说，同时也要善于倾听，因为听是说的基础。沟通，涉及预定的问题，也涉及临时调整的问题；不仅涉及言行问题，也涉及心态问题。善于倾听能够帮助领导及时地获取未知信息，充分地建立彼此的信任，从而更好地把握说服对方的关键。领导不要因为忽略了听的重要性，而导致沟通的效果不理想。

综上所述，下行沟通作为领导行为的体现，既要坚持原则，又要讲究方式方法。古人语"君子和而不同"，有差别才有和谐，只有求同存异，积极去寻找双方的平衡点，才能打开沟通的大门，达到胜利的彼岸。

## 拓展与提高

### 常见的下行沟通方式

常见的下行沟通方式包括以下几种。

（1）书面通知：通过正式的文件、备忘录、电子邮件等方式，向员工传达组织的目标、政策、规定等。

（2）口头通知：通过会议、一对一谈话等方式，向员工传达组织的目标、政策、规定等。

（3）培训和教育：通过培训课程、员工手册、内部网站等方式，向员工传达组织的目标、政策、规定等，并提高与增进员工对组织的认识和了解。

（4）监督和反馈：通过监督员工的工作表现、反馈员工的表现等方式，确保员工了解和遵守组织的目标、政策、规定等。

下行沟通的优点是可以确保组织的指令和信息得到准确、及时的传达，帮助组织实现其目标。但同时下行沟通也需要注意指令的明确性、可执行性，以及员工的接受程度等问题，避免产生误解或执行不力的情况。

## 完成任务

请根据自己的情况，分析下行沟通的原则，把相关内容填入表1-2-7。

表1-2-7　下行沟通的原则

| 序号 | 下行沟通原则 | 原因分析 | 效果 |
|---|---|---|---|
| 1 | | | |
| 2 | | | |
| 3 | | | |
| 4 | | | |
| 5 | | | |

## 自我评价

请根据自己掌握的知识，对自我进行评价，并填入表1-2-8。

表1-2-8　"下行沟通原则"能力达标自我评价

| 评价内容 | 自我评价等级(在符合的情况下面画"√") | | | |
|---|---|---|---|---|
| | 全都做到了 | 大部分做到了 | 基本做到了 | 没做到 |
| 能传递和获得有用的信息 | | | | |
| 能很好地促进人际关系的改善 | | | | |
| 能获得更多成功机会 | | | | |
| 能激励自己积极向上 | | | | |
| 能获取更多有用的决策信息 | | | | |
| 自我评价 我的优势 | | | | |
| 我的不足 | | | | |
| 我的努力目标 | | | | |
| 我的具体措施 | | | | |

## 思考与练习

请结合实际谈谈下行沟通的重要性。

# 提高沟通与交流能力的意义

## 任务一　提升个人能力

与人交谈一次，往往比多年闭门劳作更能启发心智。

———列夫·托尔斯泰

**案例导入**

### 沟通交流促提升

　　一家大型科技公司的产品部门新加入了一名年轻员工，名叫小张。小张不善言辞，在团队中表现得较为沉默。他虽然工作努力，但与同事之间的交流很少，虽然工作能力很强，但难以融入团队中。小张意识到自己的内向性格和沟通能力不足，影响了未来职业发展，他希望能改变这种状况，提高自己的交流能力。小张决定采取一些措施来改善自己的交流能力，并制定了方案。首先，他开始主动与同事们打招呼，并尝试与他们进行一些日常的闲聊。他还参加了一些团队活动，并尝试在活动中发表自己的观点和意见。此外，他开始阅读关于沟通技巧的书籍，并练习如何更好地表达自己的想法。经过一段时间的努力，小张的交流能力得到了明显的提高。他能够更自信地表达自己的想法，也能更好地理解别人的观点。他的改变使得他在团队中的表现得到了提升，同事们也开始更加认可和欣赏他。他在公司中建立了新的友谊，也因此感到更加快乐和满足。

　　**【分析】** 案例中的小张通过主动与他人交流并学习沟通技巧，成功地提高了自己的交流能力，并在团队中展现出了更好的表现。这个案例表明了沟通与交流能力对个人发展的重要性，也展示了通过学习和实践可以提升个人能力的方法。

### 相关知识

　　在现实社会中，任何组织或个人都不能独立于社会这个大系统之外运行。尤其是在组织中，组织本身就是为了实现个体资源的整合，一个人具有强的沟通与交流能力，能够很好地协调关系、解决问题，进而增强整体的凝聚力；在应对外部环境时，能够以最快的速度适应，并协调好本部门内部或本部门与外部组织之间的关系。通过沟通与交流能力的培养，可以提升个人以下能力。

## 一、提升个人保持乐观积极向上

　　良好的沟通与交流能力，能够创造积极的沟通与交流状态。对人对事心存感恩之心，

"感恩在怀"，就会避免交往和沟通中的自大、自我狂妄和傲慢，创造良好的沟通氛围，建立和谐的人际关系和组织关系。

## 二、提升个人专业技术能力

要实现良好的沟通与交流，需要具备既善于理性分析又善于换位思考的思维模式，掌握所应具备的专业知识和能力，以及专业的沟通话术。在实际工作岗位上，只有对于所处行业和岗位进行良好的沟通与交流，专业技术能力才会受到肯定和让人信服。

无论身处什么岗位，只有换位思考，提高专业技术能力，成为本专业、本岗位、本行业的专业人士和业内专家，说话才有威信，才容易让人信服，才有说服力。

综上所述，具有较强的沟通与交流能力的个体，在面对错综复杂的社会关系时，在面对组织协调时，会在众多个体中脱颖而出，展现自身的优势和能力，实现个人发展。

### 拓展与提高

#### 沟通交流与个人发展的关系

沟通交流与个人发展之间存在着密切的关系。有效的沟通交流可以帮助我们更好地了解自己和他人，建立良好的人际关系，并且获得支持和帮助。同时，与他人交流也可以让我们学习到不同的观点和经验，拓展视野，提升自己的能力和素质，从而更好地适应不断变化的社会环境。因此，沟通交流是个人发展的重要组成部分。

沟通交流不仅与个人发展密切相关，还对个人专业技术能力的提升有着重要的影响。通过与他人进行有效的沟通交流，我们可以学习到其他人的经验和知识，了解行业最新的发展趋势和技术，从而不断提升自己的专业水平和技术能力。同时，与他人沟通交流也可以让我们更好地了解自己的优势和不足之处，从而制订更加有针对性的学习和提升计划。因此，沟通交流是个人专业技术能力提升的重要途径之一。

### 完成任务

请根据自己的情况，分析在学习、生活、工作中与他人沟通与交流的作用，把相关内容填入表1-3-1。

表1-3-1 沟通与交流的作用

| 序号 | 沟通与交流的作用 | 原因分析 | 备注 |
|------|------------------|----------|------|
| 1 | | | |
| 2 | | | |
| 3 | | | |
| 4 | | | |
| 5 | | | |

## 自我评价

请根据自己掌握的知识，对自我进行评价，并填入表1-3-2。

表1-3-2 "提升个人能力"自我评价

| 自我评价 | 我的优势 | |
|---|---|---|
| | 我的不足 | |
| | 我的努力目标 | |
| | 我的具体措施 | |

## 思考与练习

请结合案例谈谈沟通与交流对于个人能力提升的影响。

提升领导力

# 任务二 促进个人职业生涯发展

沟通是一种艺术，理解是一种希望。

——爱德蒙·爱默生

**案例导入**

### 职场初探

通过对一些星级酒店、品牌酒店等的走访，大多数酒店人力资源经理表示，在来应聘的中职生中，有不少人成绩优秀，在与人打交道时却明显缺乏与人沟通与交流的能力。在专业成绩相近的条件下，酒店一般会优先选择沟通与交流能力较强的学生。在实际工作中，企业需要的不仅仅是专业的知识，更多的是沟通与交流能力和团结协作能力，那些虽然专业知识扎实，但不善于沟通讯息、交流情感，处事死板、遇事不能应变的人容易被淘汰。有的企业更直言不讳地表示，对专业成绩要求不高，但沟通与交流能力一定要强。其他行业的知名企业也把"沟通与交流能力"放在最重要的衡量指标之列。

【分析】这个案例强调了沟通与交流对于个人职业生涯的重要性。

员工可以通过培训、学习提升沟通与交流能力，掌握一定的沟通与交流技巧，紧跟企业文化，与领导和同事间形成融洽的沟通与交流氛围，真正融入企业，融入员工群体，实现个人职业生涯发展。

# 一、与同事沟通，协作共赢

在职场中，和同事打交道最多，也最容易出现问题。现在不通过别人协助很难独立完成工作。因此，要想获得同事的合作，就要与同事保持良好的人际关系。

## （一）要避免使用侮辱性语言、指责性用语

"你没有觉得这个方案哪里不对吗？""你怎么能这样做？"这种问话都带有贬低对方的意思，让对方心里不舒服，使对方自尊心受到伤害，后面想保持好的人际关系就比较难。

## （二）要坦诚待人

在与同事交往中，要时刻保持坦诚待人，要让同事感受到自己的坦诚，这样和同事的关系才能够融洽，同事才会相信自己，信任是任何良好关系的基础。

## （三）不要打探别人的隐私

不要打探别人的隐私，如别人的生活状况、感情纠葛等，除非对方主动向你说起。同事间应该保留彼此的空间，过分关心别人隐私是一种不礼貌、没有修养的行为，在职场不利于友好关系的建立。

## （四）不要孤立同事

大家一起工作，都是同事，是一个大集体。不要搞小团队，孤立某些同事，工作是随时变化的，在一个组织里有很大可能会一起合作做项目。所以不要说"我讨厌××，你们也别理他"这样的话，如果确实不喜欢一个人，可以与他少接触，但是不要孤立别人。

总之，同事之间最好保持既不太近也不太远的距离，彼此能给对方温暖，同时不伤害对方。

# 二、与上级沟通，展示能力与价值

作为职场人士，我们是通过公司这个平台，帮助公司解决问题，实现公司发展壮大，同时获得个人收入，实现个人理想，实现职业发展的。

## （一）在上级安排任务时，不要直接拒绝

很多职场人对新任务或不熟悉领域的任务持拒绝态度，这对个人发展很不利。例如，有人会说"这个我不会""这个任务我做不了""这个领域我没做过"。这就是在拒绝任务，上级不喜欢这样的员工。聪明的员工面对同样困难的任务时，往往会选择这样回答："这个任务可能有点难，我会尽力去做的""这个领域我没做过，不过我可以试试"。每个组织要发展、要创新，不可能只做以前会做的业务，总需要有人去做新业务、去啃硬骨头。这其实是提升自己的好机会。如果做新业务并且成功了，就可能成为新业务的领头人。万豪并购喜达

屋，很多万豪老员工不愿意去拓展新业务，很多年轻人被派去开拓喜达屋新业务，结果喜达屋很快发展起来了。那些没选择去做开拓新业务的人后悔莫及，而那些选择接受新业务的人获得了很多机会，发展很快。

### （二）当领导问我们不知道的问题时，不要直接回答"不知道"

很多职场人面对上级问自己不懂的问题，直接回答"不知道"，而聪明的职场人会问答"这个问题小张比较熟悉，我马上和他确认一下，再给您汇报"。"不知道"就像一堵墙把沟通与交流的通道堵住了。进行换位思考，如果自己问别人问题，别人回答"不知道"，我们肯定也会很失望。

### （三）当领导发现问题询问原因时，不要说"这不是我的问题/这不是我的责任"

领导询问问题原因，不一定是追查责任，而只是想知道为什么，如何改进。回答"这不是我的问题/这不是我的责任"时，会让领导认为这是推卸责任、没有团队精神的表现。好的答复应该是："谢谢领导发现问题，我们尽快检查一下，一会给您汇报。"在领导面前，要表现出大家是一个团队，有共同利益，虽然工作有分工，但是不代表可以对其他同事的工作漠不关心。即使此事确实与自己无关，也要有可以随时提供协助的态度。

## 拓展与提高

#### 沟通与交流在职场中的作用

在职场中，沟通与交流的重要性不言而喻。它是建立良好人际关系的基础，是实现团队合作的必要条件，更是个人和组织成功的关键因素。以下是沟通与交流在职场中的体现。

1. 建立良好的人际关系

职场中，人们需要与同事、领导、客户等各种各样的人打交道。通过有效的沟通与交流，人们可以了解彼此的需求和期望，增进相互之间的理解和信任，从而建立起良好的工作关系。这种良好的人际关系不仅有助于我们提高工作效率，还可以在很大程度上减少职场中的冲突和矛盾。

2. 促进团队合作

团队合作是现代职场中的主流工作方式。在团队中，成员之间的沟通与交流是至关重要的。通过良好的沟通，团队成员可以共同明确目标、任务和角色，制订合理的计划，并在工作中及时调整和协调。有效的沟通与交流能够激发团队成员的积极性和创造力，增强团队的凝聚力和向心力，从而实现团队合作的最大化效益。

3. 提高工作效率

良好的沟通与交流可以显著提高工作效率。首先，有效的沟通与交流可以帮助避免工作中的误解和重复，减少不必要的返工和浪费。其次，通过及时的沟通与交流，团队成员可以迅速解决问题和应对挑战，确保工作的顺利进行。最后，良好的沟通与交流还可以促进信息共享和知识传播，使团队成员能够更好地协同工作，提高整体工作效率。

4. 解决冲突和问题

职场中难免会出现各种冲突和问题。有效的沟通与交流是解决这些问题的重要途径。通过冷静、理智的沟通与交流，团队成员可以了解各方观点和需求，寻找问题的根源和解决办法。这不仅可以避免冲突升级和矛盾激化，还可以促进各方达成共识，实现问题的妥善解决。

5. 提升个人和组织竞争力

在当今竞争激烈的职场环境中，沟通与交流能力对个人职业发展和组织竞争力有着重要影响。拥有良好沟通技巧的员工往往能够更好地适应工作环境、融入团队，并在工作中获得更多的机会和成功。同时，组织内部的顺畅沟通也有助于提高整体协作水平，增强组织竞争力，从而实现个人和组织的共同发展。

总之，沟通与交流在职场中具有极其重要的地位和作用。它关乎着个人职业发展、组织合作和整体竞争力提升。因此，我们应该充分认识到沟通交流的重要性，不断提升自己的沟通与交流技巧和能力，以更好地适应职场需求并取得更大的成功。

## 完成任务

请根据自己的情况，分析在职业生涯发展中沟通与交流的五种作用，把相关内容填入表1-3-3。

表1-3-3 沟通与交流在职业生涯中的作用

| 序号 | 沟通与交流在职业生涯发展中的作用 | 原因分析 | 备注 |
|------|----------------------------------|----------|------|
| 1 | | | |
| 2 | | | |
| 3 | | | |
| 4 | | | |
| 5 | | | |

## 自我评价

请根据自己掌握的知识，对自我进行评价，并填入表1-3-4。

表1-3-4 "促进个人职业生涯发展"能力达标自我评价

| 自我评价 | 我的优势 | |
|----------|----------|---|
| | 我的不足 | |
| | 我的努力目标 | |
| | 我的具体措施 | |

## 思考与练习

请结合个人实际情况谈谈沟通与交流对职业生涯发展的重要性作用。

做人做事可别输在说话上

# 模块二　沟通与交流的步骤

沟通似乎是一个简单的过程，而且有时确实是这样。但如果没有学会沟通，无论是在日常生活中，还是在职业生涯中都会面临失败。沟通有技巧，人与人的交流随着时间和次数增加而了解。只要遵循一定的步骤，可以在很短的时间内提升沟通与交流技能。

学习目标

1.了解口头表达的意义和作用。

2.能够全面阐述不同场合使用不同语言的要点。

3.掌握口头表达的技巧和注意事项，学会与人真诚交谈，做对方喜欢的交谈者。

4.了解声调、语速、语气在语言表达中的重要作用。

5.掌握声调、语速、语气的训练方法，能够在不同场景合理调整自己的声调、语速、语气。

6.掌握肢体语言的功能。

7.掌握肢体语言在交际中的具体运用方法，并能在实际交际中合理运用。

8.了解服饰语言的功能和重要性。

9.能够采用积极的倾听方式进行沟通。

10.能够通过察言观色提高沟通效率。

11.能够深刻领会对方的言外之意。

12.能够主动克服自身的倾听障碍。

13.能够有意识地进行换位思考。

14.能够结合语境领会对方的言外之意。

15.能够主动克服主观障碍。

16.能够主动避免因自身因素造成的障碍

17.了解反馈的重要性。

18.掌握给予反馈的方法。

项目一

# 准 确 表 达

## 任务一　口头表达

在造就一个上层人的教育中，有一种训练是必不可少的，那就是优美而又文雅的谈吐。

——伊勒特

**案例导入**

### 能让人印象深刻的"说"

在西蒙顿的发现中，让人感到惊奇的是很多政治和军事领导者是有智慧的，但也不全是这样。他解释道，除了必须具备的素质，比智商检测测出来的天资聪明更重要的是卓越的口头表达能力和沟通能力。人们感到杰出的领导者因为拥有口头表达能力和沟通能力显得比实际更聪明，因为他们能构思出想法，并用势在必得的方式表达出来说服对方。

据一位作家说，西格蒙德·弗洛伊德自己也认为，他所具备的影响才能有一部分应归功于口头表达能力和沟通能力。这位作家说，弗洛伊德"有几分知识掠夺者的味道"。弗洛伊德会把他那个年代的其他杰出的思想家和科学家的观点拿过来，然后娓娓动听地讲给别人。他会对一种观点发表文章、进行讲演，同时对最先提出者予以肯定。但不知什么原因，人们最后总是认为这是弗洛伊德的观点。让人记忆深刻的沟通是弗洛伊德成功的部分原因。在每个领域里都有这样的事例。在我们这个时代，最受欢迎的领导都被人们公认为是口头表达能力杰出的政治家，这绝不是偶然的。

【分析】这个案例说明了同样的字，同一句话，出自不同的人，往往有着不同的意思。同样的内容，不同的表达，获得的效果更是千差万别。

**相关知识**

开口是个人交际成长的必经之路，凡是善于谈话并能利用美妙的言辞吸引他人注意的人，大多能使他人倾倒并乐于亲近。

### 一、进行有效口头表达的方法

要想进行有效的口头表达，通常应该掌握以下几种方法。

#### （一）说话要清楚

把话说清楚是沟通的首要一环，说话模棱两可，就会造成对方的费解或者误解。有些时候使用的句子结构错误就会导致表达的意思不清楚，从而影响沟通。特别是在一些正式场合，如演讲时必须把话讲清楚，因为其影响面比较广，而且没有澄清自己观点的机会。

### （二）说话要有力量

有力量的说话方式是最能直接表明观点的。说话有力量，能够体现演说者的激情、热情，因此听起来更可信，更有吸引力和说服力，更容易感染听众。运用有力量的说话方式，应该避免一些特定的沟通行为。首先，避免讲模棱两可的话和使用比较含糊的修饰词语，如"我猜想""某种……"，这些表达方式容易削弱说话的威力。其次，消除如"啊"或"你知道"这类含糊的表达形式，这些词语容易使对方觉得你的表达中含有许多不确定的因素。再次，避开附加提问，即以陈述开始，以问题结束的表述。例如，"搞一次聚会非常重要，是吗？"这种附加提问使说话者显得不够果断。最后，不要否认自己的表白。否认自己的表白是辩解或请求听者原谅自己的表达方式，如"我知道你或许不同意我的观点，但是……""我今天确实没有做什么准备"等。

除了使用有力量的语言，在说话中用一些表示正在进行的词语来沟通，会造成一种紧迫的感觉。有些句子安排成主动语态而不是被动语态时，语意就更加鲜明。例如，"这个男孩击中了球"就比"球被这个男孩击中"更有力量。

### （三）说话要生动

说事情经过时，用第一人称叙述，以亲身经历的角度来叙述会显得生动，能够为听者重新营造一种氛围，从而使他们感受到自己的感受。还有一些诗词和歌词为我们提供了新的表达方式，如果讲话时能够恰当地引用，会使听众觉得更新鲜，更振奋人心。

### （四）说话要用语文明

我们在演说或是交谈中要避免使用一些侮辱性词语，如"肥胖""三只手""乡下人""乡巴佬"等；或者使用一些不尊重他人的语言，如"你所有的话我都知道，并没有什么神秘感"。

## 二、面对不同场合的语言表达

在不同的场合，应当使用不同类型的语言。

### （一）运用得体的仪式语言

说话者运用仪式语言往往期待听者做出例行性的反应。例如，问候是一种仪式，听到后做简要的应答即可，因此通常只需要把一半的注意力放在听上，同时做自己的事也没关系。

通常使用的仪式语言是由语言环境决定的。例如，参加一场葬礼，你应该对死者的家属说"他是一个好人，我们会想念他的"，也就是说死者的好话；在婚礼上，你应该祝福新郎新娘幸福，夸新娘美丽等。

任何社会的语言仪式都是由这个社会的文化观念决定的。在中国的婚礼上，人们常说"希望你们早得贵子""多子多福"的话来表示吉利。在美国，这种问候方式却被认为极不恰当。

### （二）避免使用伤害别人的语言

有时候语言应用得不恰当，可能会伤害到别人。我们必须了解哪些词语是不恰当的，并在讲话中尽量避免使用。在孩子成长时，他们会试着使用听到的新词语，并且从周围成年人的反应中知道哪些词语是他们不应该使用的。例如，对比较胖的孩子可说"胖乎乎得真可爱"，如果说"肥仔"就不好；对比较胖的成年人，可以说"看你长得多富态"，如果用"肥猪"就会对他造成伤害；对比较胖的女士，用"多丰满"显得顺耳，若用"肥婆"就显得很不礼貌。针对不同的人应该使用不同的语言，避免用不礼貌的字眼，避免用侮辱人格的话。

### （三）运用委婉的语言

在交往过程中，可以用委婉的语言去代替其他可能令人不愉快的语言，这样能起到比较好的沟通效果。例如，在公共场所常见到"禁止吸烟"的警示语，在办公室里则宜采用"请您协助保持一个无烟环境"的标语，虽然意思相同，但他人看起来就会感到比较舒服。建筑工地上竖立的牌子："施工给您造成许多不便，谢谢您的谅解"，给人一种崭新的文明都市的感觉。

人们在成长的过程中，就能渐渐明白在某种特定的环境下用什么样的语言。在沟通与交流中，我们必须选择适合语言环境的语言，要知道在一种环境下使用的语言，放在另一种环境下就未必能发挥应有的作用。

## 三、面对不同对象的语言表达

在与不同对象进行沟通与交流时应当注意以下几种差异。

### （一）性别差异

对男性需要采取较强有力的劝说语言，对女性则可以温和一些。

### （二）年龄差异

对年轻人应采取激励性、号召性的语言；对中年人应讲明利害，让他们斟酌；对老年人应采用商量或请教的口吻，尽量表达尊重的态度。

### （三）地域差异

不同地域的语言表达也有差别。例如，对北方人，可采用豪放的态度；对南方人，则应细腻一些。

### （四）职业差异

如果运用与对方职业关联较紧密的语言与之交谈，对方对自己的信任感就会大大增强。

### （五）性格差异

若对方性格豪爽，就可以采用开门见山的语言表达方式；若对方性格比较细腻，则要"慢工出细活"；若对方生性多疑，则切忌处处表白，而应不动声色，使其疑惑自消等。

### （六）文化程度差异

一般来说，对文化程度较低的人采用的语言应简单明确，多使用一些具体数字和例子；

对文化程度较高的人，则可采用抽象说理的方法。

## 拓展与提高

播音员、节目主持人、演员等，都是使用语言的专家，但他们大多认为自己从小并不善于言辞。那么他们为何能"靠嘴皮子吃饭"呢？原因很简单，正因为他们自认为口才不佳，于是加倍努力提升自己的表达技巧，才有了后来的成功。有了他们成功的榜样，你是否也该从失败的阴霾中走出来努力练习呢？

如果有时间去指责自己"这也不行，那也不行"，那么不如通过日常练习来提高自己的说话能力。

（1）多阅读书报杂志，积累说话的素材；

（2）多写作文、日记、网络日志，培养组织语言的能力；

（3）多争取发言的机会，培养说话的勇气和胆量；

（4）多向善于表达的亲人朋友"取经"，学习说话的技巧。

如果还没准备好面对面交谈，那么跟朋友打电话、网上语音聊天也可以帮自己进行实战练习。

## 完成任务

请为初次到学校来参观的一位中年女宾客（家长）、两位男生（初中即将毕业的学生）和一位老者（男性）介绍学校和本专业的情况（以小组的形式完成），并完成接待情况表和完成任务反馈表，如表2-1-1、表2-1-2所示。

表2-1-1　接待情况表

| 主要内容 | | 中年女宾客 | 两位男生 | 老者（男性） |
|---|---|---|---|---|
| 对三位客人做简要自我介绍 | | | | |
| 如何称呼对方 | | | | |
| 讲解介绍时应注重的方面 | 迎接问候语 | | | |
| | 询问来意 | | | |
| | 介绍时的侧重点 | | | |
| | 告别送客语 | | | |
| 如何介绍专业特色 | | | | |
| 如何介绍学校环境 | | | | |

表2-1-2　完成任务反馈表

| 项　目 | | 内　　容 |
|---|---|---|
| 沟通前的准备 | 信心 | |
| | 目的 | |
| | 态度 | |
| | 策略 | |

(续表)

| 项 目 | | 内 容 | | | |
|---|---|---|---|---|---|
| 沟通中的表现 | 沟通次数 | 沟通地点 | 1. | 2. | 3. |
| | 遇到的困难 | | | | |
| | 解决的办法 | | | | |
| | 最后的结果 | | | | |
| 沟通后的反思 | 得到的收获 | | | | |
| | 存在的问题 | | | | |
| | 改进的措施 | | | | |
| 指导教师意见 | | | 教师签名 | | |

## 思考与练习

1. 有效的口头表达有哪些？
2. 如何在不同场合使用不同的语言？

# 任务二　声情表达

要训练你善于辞令，你必先提起兴趣，同时注意对方的兴趣，而所说的问题，要有道理、有层次，说话的声音要清楚、婉转，态度要和气。

——戴尔·卡耐基

**案例导入**

### 说话的"连贯"

有一次，当比尔穿着拖鞋走出家门，打算拿邮筒里的邮件并给前院的草坪浇水的时候，一阵大风刮过，门"砰"一声关上了。他身上没带钥匙，而这时已是晚上六七点钟。万般无奈，他只好向邻居借电话，请锁匠来开锁。于是，围绕开锁的价格问题，比尔和锁匠之间有了这样一番"谈判"。锁匠看了比尔一眼后说："价钱嘛……55美金。"比尔听了之后，心里想：这么贵！40美金我还能勉强接受。他皱了一下眉头说："55美金……"年轻的锁匠以为他生气了，马上不好意思地说："好吧，好吧，50美金好了。"这次比尔没有作声。"……哼……现在是晚饭时间，应该算加班呢……就算你45美金好啦。"锁匠说。其实比尔根本不知道行情，他的心理价位是40美金。锁匠的内疚感让他的劳务费自动降了价。随后比尔开口了："40美金！"这时候，锁匠一副如释重负的样子，说道："好吧，不过你得给我现金。"

【分析】这个案例表明了停顿能使语言表达抑扬顿挫。有声语言的表达要有节奏感，应按语法、逻辑、心理的需求把声音化为一个个跳跃的节奏，要注意停连结合。当停不停，听起来模糊不清；当连不连，听起来支离破碎。例如，"羽毛球10元，30个。"到底是10元能买30个，还是10元只能买一个？模糊不清。

如何提升自己的谈判能力

## 相关知识

## 一、声音的表现——声调、语速、语气

为了更加有效地沟通，我们应该了解声音所传达的信息。事实上，沟通效果有30%来自声音。说话者的声调、语速和语气不恰当，会弱化语言信息，阻碍沟通。相反，说话者运用恰当的声调、语速和语气，可以强化语言信息，让沟通更有效。

每个人的声音都有其独特的魅力，都蕴涵了丰富的信息。声音的变化是非常丰富的，可以在声调、语速及语气上进行变换。若想真正地了解声音的不同表现技巧，就需要从以下几个方面加以关注。

### （一）声调

声调的高低也是表达信息的一种方式。用不同的声调来说话，往往表达出不同的含义，传达出不同的心声。一般来说，性格外向的人说话声音洪亮；性格内向的人说话声音柔和。柔和的声调表示坦率和友善；高且尖的声调表示不满和愤怒；颤抖的声调表示情绪激动；缓慢、低沉的声调则表示对他人的安慰和同情。无论说什么话，阴阳怪气都显得不礼貌，可能会让他人觉得你是在冷嘲热讽；用鼻音哼声往往表示傲慢、冷漠、恼怒和鄙视，是缺乏诚意的表现，会引起他人不快；句末出现升调，往往表示提问。在进行人际交往时，声调技巧运用得恰当与否是决定能否顺利交往的重要条件。恰当地运用声调的高低、强弱来辅助语义表达，将有助于实现沟通效果。

### （二）语速

语速即说话时的速度，在一定程度上反映了一个人的观点与态度。在人际交往时，语速应当适当，不能太快，也不能太慢。太快会让人听不清楚，太慢会让人心情急躁。只有语速适中，才会给人舒服的感觉。因此，在与人交谈时要注意调整自己的语速。把握良好的说话节奏，是成功与人沟通的重要因素之一。

### （三）语气

说话时首先要做到和气、文雅、谦逊，语气要保持柔和、自然、亲切和自信，这也是交谈的基本礼仪要求。同样的话语用不同的语气表达，会给人留下不同的印象。例如，用轻松快速的语气说"您放心，我可以的"，表现得自信而又愉悦；用沉闷慢速的语气说"您——放——心，我——可——以——的"，则给人以无精打采、心不在焉的感觉。

从某种意义上讲，声音是人的第二外貌。人们能够通过声音"阅读"到许多内容。据调查，说话可信度的84%是通过声调、语速和语气来判断的。

## 二、表情的传达——目光、微笑

人的表情是十分丰富的，面部表情中最具表现力的地方是眼睛和嘴。因此，在沟通过程中，柔和的目光和自然的微笑，是人际间最能传神的非言语信息，人们也可以透过它们来了解沟通者的思想感情。

一个人的表情虽然是无声的，但它也能传递信息，特别是下意识的表情，往往更能传递出丰富而真实的信息，它有时候比口头语言更容易引起沟通对象的共鸣；但另外一些情况下又可能引起对方的反感，影响沟通成效。

### （一）目光的传递

心理学家发现，在一般的文化背景中，人们相互之间频频地目光对视是一种亲切的交往，但直愣愣地盯住对方往往是一种失礼行为，而上下打量人则更是一种轻蔑和挑衅的表示。因此，在人际交往中，应尽量避免以好奇的目光打量对方或过于直露地凝视对方。

在一般的社交性沟通中，听讲者应目视对方，以示尊重；而讲话者不宜凝视对方的目光，只有在说完最后一句话时，才将目光移向听讲者的眼睛，以表示一种询问："你认为我讲得对吗？"或者暗示对方"现在该论到你讲了"。在空间较大的社交场合中，目光传递还有一个作用，即可以通过相互对视而弥补交往距离过远的不足，从而使整个沟通气氛更为融洽和亲切。

### （二）微笑的魅力

微笑本身就是人际沟通成功的秘诀。微笑来自快乐，又能带来并创造快乐。真诚的微笑是沟通心灵的桥梁。在沟通过程中，相视一笑，双方都从微笑中获得这样的信息：我是你的朋友。微笑虽然无声，但是它能够表示许多意思：高兴、欢悦、同意、尊敬。

## 拓展与提高

1. 朗读下列句子，比较当重音落在不同字词上时句子的意义

1）我请你跳舞

（1）**我**请你跳舞。

（2）我**请**你跳舞。

（3）我请**你**跳舞。

（4）我请你**跳舞**。

2）吃饭前要洗手

（1）吃饭前要洗手！

(2) 吃饭前要洗手!

(3) 吃饭前要洗手!

(4) 吃饭前要洗手!

(5) 吃饭前要洗手!

3) 我知道你会唱歌

(1) 我知道你会唱歌。

(2) 我知道你会唱歌。

(3) 我知道你会唱歌。

(4) 我知道你会唱歌。

(5) 我知道你会唱歌。

## 2. 舞台剧表演

下面一段话剧中的对话摘自曹禺的《日出》,请仔细揣摩人物的心理,运用恰当的声调、语气进行表演。(背景介绍:小职员李石清凭借溜须拍马当上了总经理潘月亭的秘书之后,仍寻找机会达到出人头地的目的。他偷翻了潘月亭的抽屉,得知潘月亭已将银行的全部产业抵押出去的秘密,他便用这一点来要挟潘月亭,当上了襄理。后来潘月亭得知公债行情上涨,以为自己的银行可以转危为安,就向李石清反攻倒算,准备炒李石清的鱿鱼。)

李石清:(强自镇静着)经理,您一定知道,圣人说,小不忍,则乱大谋。

潘月亭:(冷酷地)我是忍了一阵子。你也许还不知道,行里的同人背后骂我是个老糊涂,瞎了眼,叫一个不学无术的三等货来做我的襄理。

李石清:(极力压制自己)我希望经理说话不妨客气一点,字眼上可以略微斟酌斟酌再用。

潘月亭:我很斟酌,很留神。

李石清:(勉强一笑)好了,这些名词字眼儿都无关紧要,头等货、三等货,都是这么一说,差别倒是有限。不过,经理,我们都是多年在外做事的人,我想,大事小事,至少该讲点信用。

潘月亭:(一阵大笑)你也要谈信用!信用我不是不讲,可是我想,我活了这么大年纪,我明白跟哪一类人才可以讲信用。

李石清:那么,经理对我是不打算讲信用了。

潘月亭:这句话真不像你这么聪明的人说的。

(潘月亭将雪茄碾灭,掸掉落在袖子上的一点烟灰。)

潘月亭:你的汽车在门口等你,坐汽车回家是很快的。(由身上取出一个封套)李先生,这是你的薪水清单。襄理薪水一月是二百七十元。这个月,会计告诉我你预支了二百五十元,我想我们还是客气点儿好,我照付一个月全薪,这是剩下的二十元,请你点一点,不过你今天的汽车账,行里是不能再给你付了。

(李石清睁着一双愤怒得呆住了的眼睛,瞪视着潘月亭。他伸手接过钱。)

潘月亭:(站起来)好,我不陪你了,你以后没事儿可以常到这儿来玩玩,你叫我月亭也可以,称兄道弟,跟我“你呀我呀”地说话也可以,现在我们是平等的了。再见。

# 完成任务

请根据自己的情况，练习正确的眼神礼仪。

凝视对方的方式和位置：

仰视：目光向上注视对方，一般体现尊敬、崇拜、期待等。

平视：目光与对方的目光约在同一高度平行接触，一般体现平等、公正、自信、坦率等。

俯视：目光向下注视对方，一般表示爱护、宽容之意。

训练方法：在眼神练习中，采用下列方法。

（1）面对镜子完成各种眼神的练习。

（2）手张开举在眼前，手掌向上提并随之展开，随着手掌的上提、打开，眼睛睁大有神。

（3）相互检测对方眼神是否运用恰当。

（4）结合微笑协调整体效果。

关注你所喜欢的人物（主持人、演员、身边的人等）的声音（声调、语速、语气）表达特色及表情（目光、微笑），完成声情表达调查表和完成任务反馈表，见表2-1-3、表2-1-4所列。

表2-1-3　声情表达调查表

| 声情表达 | 人物一 | 姓名：<br>身份： | 人物二 | 姓名：<br>身份： | 人物三 | 姓名：<br>身份： |
|---|---|---|---|---|---|---|
| 声调 | | | | | | |
| 语气 | | | | | | |
| 语速 | | | | | | |
| 目光 | | | | | | |
| 微笑 | | | | | | |

表2-1-4　完成任务反馈表

| 项　目 | | 内　容 | | | |
|---|---|---|---|---|---|
| 沟通前的准备 | 信心 | | | | |
| | 目的 | | | | |
| | 态度 | | | | |
| | 策略 | | | | |
| 沟通中的表现 | 沟通次数 | 沟通地点 | 1. | 2. | 3. |
| | 遇到的困难 | | | | |
| | 解决的办法 | | | | |
| | 最后的结果 | | | | |

（续表）

| 项　目 | | 内　容 |
|---|---|---|
| 沟通后的反思 | 得到的收获 | |
| | 存在的问题 | |
| | 改进的措施 | |
| 指导教师意见 | | 教师签名　　　　　 |

## 思考与练习

1. 讨论声调、语气在语言表达中的重要作用。
2. 如何能够在不同场景合理调整自己的声调、语气？

# 任务三　肢体表达

一个会说话的人一定会是一个善用身体语言的人。

——民间谚语

**案例导入**

### 食　指

　　小明参加一个大型艺术公司的招聘。他本身擅长钢琴演奏，最近又学习了吉他，对音乐的理解更加深入，他对自己应聘器乐演奏这个职位很有信心。

　　公司经理对包括小明在内的12个应聘者首先进行了统一面试。面试结束后，小明和其他三个人被留下接受最终的考核。

　　小明排在第二位，第一位出来时面无表情，"看样子是没通过！"小明心里窃喜，快步走进总监的办公室。总监很和蔼地让小明坐在沙发上，便开始跟小明聊天。总监谈论的都是乐器方面的知识，小明懂得很多，他的紧张感逐渐消失了，话也多了起来。当总监跟小明谈到钢琴的即兴伴奏时，小明的兴奋劲上来了。因为小明最擅长的就是即兴演奏，他能很贴切地配合歌曲本身，达到很好的效果。小明的话匣子一打开，就开始坐不住了，甚至想要站起来表达自己。他的双手挥舞着，食指一直对总监"指指点点"，而他自己却浑然不觉。总监看到小明这个样子，觉得很不舒服，于是委婉地对小明说："你的演奏能力我们的确需要考虑考虑，你回去等我们的通知，好吗？"小明的兴致被打断了，他感觉很突然，因为他觉得自己完全有能力胜任这份工作，但也没有别的办法，只好默默地退了出来。

过了几天，他去吉他老师那里上课。有不懂的问题时，他便用食指"指"着老师询问。老师注意到了他的动作，意味深长地对他说："小明啊，你说话时怎么能用手指指人呢，要知道这样会让对方很不舒服。而且在某些地区，用食指指人是"侮辱"和"看不起"的意思，以后可要注意啦。"

小明看着自己的手，很疑惑地说："咦，我平时都没有注意到呢，我一激动就容易这样，以后还真得改改啊！"

【分析】这个案例说明了手势运用不当可能会招致他人反感。下面列出一些手势禁忌。

（1）跷手指：跷小拇指表示贬低、较小、较差的意思。用食指去指别人，会让对方感到很大的压力，而且含有贬低、轻视的意味。

（2）挥手：两个人远远相见，挥手打招呼，或者在分手时挥手告别，一般是手举过头顶，轻轻摆动。但是，在美国掌心向下挥动打招呼是唤狗的手势。因此，遇见美国人时一定要谨慎使用。

（3）OK手势：拇指、食指相接成环形，其余三指伸直，掌心向外。OK手势源于美国，在美国表示"同意""顺利""很好"的意思，而在法国表示"零"或"毫无价值"，在日本表示"钱"，在泰国表示"没问题"，在巴西表示"粗俗下流"，在突尼斯表示"无用"，在印尼表示"不成功"，在地中海国家常用来影射同性恋。

（4）V形手势：这种手势是二战时的英国首相丘吉尔首先使用的，现在已传遍世界，表示"胜利"。如果掌心向内，就变成骂人的手势了。

在日常的沟通与交流中，有效地利用手势，对加深彼此的关系是非常有帮助的。但是，有些手势是不能随便用的，如果不加以注意，就容易引起别人的误会。

手势的运用一定要注意忌讳，只有合乎规范，才不至于引起是非和误会。

## 相关知识

说话要有吸引力，说话时的身体姿态也很重要，好的身体姿态会为你的语言锦上添花，并让人产生一种舒适和受到重视的感觉。

在人与人之间的交流中，肢体语言是必不可少的。肢体语言对人际沟通起着重要的作用，有时，其重要性甚至超过了语言沟通。实际上，在面对面的交谈中，一半以上的信息是通过肢体语言来传递的。

肢体语言是信息发送者把要发送的信息，通过仪表、姿势、表情、动作等传送到信息接收者的视觉器官，再通过信息接收者的视觉神经作用于大脑，从而引起积极反应，实现信息发送者的目的的一种表达方式。

# 一、肢体语言的功能

## （一）适当的肢体语言能提升谈吐魅力

在人与人的交流中，除了有声语言，肢体语言也在扮演着重要的角色。人的肢体语言包括面部表情、目光接触、身体姿势、人际空间距离、服饰语言等。在与人交往、交谈的时候，恰当地使用这些无声语言不但可以让你和他人的沟通更加顺畅，还能使你的谈吐更加动人。

#### （二）肢体语言能够辅助有声语言表情达意

说话是一种有声语言活动。它诉诸于听者的听觉器官，通过有声语言形式传递信息。有声语言在表情达意上是存在着局限的。有声语言常常把所要表达意思的一部分甚至大部分隐藏起来，造成所谓的"词不达意""言不由衷"。根据弗洛伊德的解释，这大概是因为经过理性加工的语言往往不能直率地表露一个人的深层心理和真实意向。对听者来说，有声语言的这种无形性、隐藏性和间接性，往往使他们难以完全地领会说者的意思。因此，"仅依赖文字语言我们永远不会明白一个人说话的完整含义"（伯德惠斯特尔）。

肢体语言助力沟通

肢体语言能够弥补有声语言的这些不足。它能通过有形可视的、具有丰富表现力的各种动作和表情，协助有声语言将内容准确无误地表达出来。视、听双管齐下，能给听者以完整、确切的印象。石油大王洛克菲勒就深谙此道。他常常用钱币作为道具在桌上演示、说明工人与资本家之间的利益关系，这给工人们留下了非常深刻的印象。专家们指出，医生在问诊时尤其要注意兼顾有声语言和肢体语言，这样才能给病人更有效的提示，从而获得更为确切的信息，做出准确的诊断。

不仅如此，肢体语言还能加强表达语气，显示出人内在的情感和态度，使情绪、观点、意见在无形之中得到有力的强调。比如说，教师运用一定的体态动作来教学，可以调节课堂气氛、突出教学重点来改善学生的信息接收率。根据美国心理学家的调查，如果教师在讲课时距离学生很远，并且毫无表情和动作，学生就只能接收教师发出信息的25%；如果教师在授课过程中使用图表、字幕等直观的教具，学生的信息接收率可提高到40%～50%；如果教师用教鞭指着讲解，并配以恰当的手势和动作，学生的信息接收率即可高达75%以上。由此可见，有声语言和肢体语言是相辅相成的。

#### （三）肢体语言有助于形成第一印象，体现气质风度，塑造美的形象

社会心理学有一个理论叫"晕轮效应"。这一理论认为，一个人留给别人的"第一印象"，往往成为别人对其做出判断的心理依据。心理学家雪莱·蔡根曾经做过一个非常有趣的实验：她在莫萨立顿大学挑选了68个自愿参加实验的大学生。在口才、外貌及对事物的理解力和判断力上，这些大学生几乎没有什么区别；但在风度仪表方面，有些大学生风度翩翩、气质不俗，有些则仪态平平、气质一般。根据事先的安排，这68个大学生分别向四位素不相识的路人征求意见，希望获得他们的支持。结果，风度翩翩的大学生获得的支持率要远远高于仪态平平的大学生。

肢体语言不但能与有声语言互为补充，还能使说话者以动态、直观的形象出现在听者的面前，给他们以直接的印象。肢体语言直接构成主体的体态形象，这种形象不仅仅是外观造型意义上的，它还鲜明地体现着主体的内在气质、风度和人格。在日常生活的谈话中，人们的举手投足、一颦一笑，无不传递着大量的信息，显露出主体的思想感情、爱憎好恶和文化

修养。因此，人们往往通过别人的体态动作去衡量别人的价值，同时也通过自己的动作和姿势来表现个人的风度。体态语的设计和运用能大大增强这种美学效果，使谈话者声情并茂、形神兼备，还能展现出谈话者风度翩翩、仪态万方的气质。据说，美国前总统肯尼迪具有"超凡的魅力"。在公众场合，不管他说什么，只要做几个动作，就能把听众吸引住。其实他的身材并不算高大，但他那精心设计过的肢体语言能给人一种形象高大的印象。肯尼迪的魅力可以说是来自他体态的魅力、风度的魅力、气质的魅力。拥有了优美的体态风度，能在与人交流之初建立良好的第一印象，使自己的形象符合对方的期待，从一开始就从感觉上、心理上建立了与对方交流的渠道。

总之，在与他人的沟通与交流过程中，不仅需要恰到好处地运用有声语言，还应当尽可能地运用肢体语言来支持与配合有声语言。如果每个人都能得体地应用自己的目光、表情、手势、姿势等肢体语言和别人进行非语言的交流，就能创造良好的沟通氛围，增强对他人的感染力，显示出自己卓越的沟通才能。

## 二、肢体语言的设计

肢体语言直接诉诸于人们的视觉器官，在人际交往过程中具有十分重要的意义。心理学家阿尔·伯特梅拉比安曾发现这样一个有趣的公式：一条信息的表达效果=7%的语言+38%的声音+55%的肢体语言。这表明，人们获得的信息大部分来自视觉印象。因而美国心理学家艾德华·霍尔曾十分肯定地说："无声语言所显示的意义要比有声语言多得多。"肢体语言独特的有形性、可视性和直接性，对谈吐来说，具有不可低估的特殊价值。为了使谈吐更加动人，有必要设计好自己的肢体语言，让适当的肢体语言帮助自己更加顺畅地完成语言表达和人际沟通。

### （一）适当的肢体语言必须符合的要求

（1）自然。自然是对肢体语言第一位的要求。在说话的时候，有的人动作生硬、刻板，好像木偶；有的人则刻意表演，动作和姿态看起来非常做作，说话就像"背台词"。这些表现都让人觉得别扭、不真实、缺乏诚意。孙中山曾经告诫人们，"处处出于自然"，即使"有时词者严重"，也"不可故作惊人模样"，这样才能博得人们的信赖。因此有人说，宁要自然的雅拙，不要做作的乖巧。这不是没有道理的。

（2）简洁明了。肢体语言要大众化，举手投足应该符合一般的生活习惯，易于被人们看懂和接受。肢体语言要简洁明了，不要搞得烦琐复杂。如果龇牙咧嘴、手舞足蹈地像在表演戏剧一样，不仅会喧宾夺主，妨碍有声语言的正常表达，也会让听者眼花缭乱、不知所云。因此，一定要注意克服不良的习惯动作，去掉无意义的多余手势。

（3）适度适宜。所谓适度，即肢体语言要适量，不要用得过多，最低限度是不能影响听者对你说话的注意力。在谈话时，有的人做的动作比说的话还多，那就不是说话，而是表演了。所谓适宜，就是要求动作必须与说话的内容、情绪、气氛协调一致，不要故作姿态、故弄玄虚，甚至手口不一。据说，在一次招待会上，美国前总统尼克松举起双手招呼记者们站起来，嘴上却说"大家请坐"，弄得记者们大惑不解。于是，尼克松这次说话时动作与内容的不协调成了轶闻。

（4）富有变化。说话时，适当的重复动作是必要的，重复动作是为了重现或强调原来的情绪。但不要老是重复一种肢体语言，如果在说话时自始至终保持一种表情、一种手势，就会让听者觉得单调乏味、呆钝死板。因此，只有善于随着内容、情绪的变化适当地变换动作和姿态，才能展现出个人的活泼、朝气和魅力。

**（二）肢体语言的设计必须遵循的基本原则**

肢体语言毕竟只是完成表达任务的手段，而不是说话所追求的最终目标。对于谈吐来说，肢体语言并没有独立价值，而只有辅助价值，在谈话过程中处于从属地位。正是这种从属地位决定了肢体语言的设计和运用必须由表达的内容、情绪、对象等因素的特点来决定。

（1）肢体语言要服从内容表达的需要。这是肢体语言设计的根本宗旨。美国历史上有个叫雷布斯的政治家，在伦敦做《关于劳工问题》的演说时，他突然中途停了下来，取出怀表，站在那里望着听众足足有一分多钟。听众们都觉得非常奇怪：这是怎么回事？发生了什么事？难道他忘记了演讲词？就在大家猜疑的时候，他突然大声说道："诸位，刚才让大家感到局促不安的72秒钟的时间，也就是一个普通工人砌一块砖头所需要的时间。"这深刻地表达了他在"劳工问题"上的思想和见解。大家恍然大悟。雷布斯设计的中途停顿的动作，既新颖别致，又生动。

（2）肢体语言要服从对象、场合的需要。无论表情、动作、姿态、衣饰都必须考虑和适应特定的对象和场合。跟朋友约会与会见同事时的衣着打扮和神态应该是有区别的；参加喜庆活动与参加悼念活动时的举止、仪态也应该截然不同。

（3）肢体语言要服从情绪表达的需要。任何表情动作都是人的内在情绪和情感的体现。肢体语言的设计必须切合感情的脉搏，服从情绪的支配，该哭则哭，该笑则笑，该怒则怒，该怨则怨。所有表情动作都应该随着说话时情感的起伏自然而然地发出，切不可故作姿态、装模作样。

（4）肢体语言要服从审美的需要。体态动作直接作用于人们的视觉器官，美的肢体语言让人赏心悦目，丑的肢体语言则令人反感厌恶。这就要求人们无论在何时何地，不管是坐着还是站着，都要使自己的一举一动、一颦一笑符合大众审美的要求。在设计自己的肢体语言的时候，还要注意体现出性别特征和个性特征。一般来说，男性应该展现出阳刚之美，女性则应该展现出阴柔之美。男人要有男人的气质和风度，如刚劲、强健、粗犷、潇洒；女人要有女人的柔情和风姿，如温柔、细腻、娴静、典雅。不男不女的外表、轻佻的姿态、猥亵的神色、放荡的举止、下流的动作、低级粗俗的打扮等，都是审美的死敌。切记，谈吐举止都必须服从审美的需要。

设计好你的肢体语言，就能在与人交谈时使用适当的肢体语言，这样不仅能为你的谈吐锦上添花，还能在言谈举止间释放你的个性和人格魅力。

## 拓展与提高

肢体语言的产生有一个特定的交谈环境，不能把表情、动作、语言、环境四者分开来解读一个人的肢体语言。例如，在寒冷的冬季和人交谈，对方搓手多半是表示寒冷而非期待和自信。因此，肢体语言能传达一定信息，但解读的时候需要联系实际，不能片面地生搬硬套。

## 自我评价

请根据自己掌握的知识，对自我进行评价，并填入表2-1-5。

表2-1-5 "肢体表达"能力达标自我评价

| 评价内容 | 自我评价等级（在符合的情况下面画"√"） | | | |
|---|---|---|---|---|
| | 全都做到了 | 大部分做到了 | 基本做到了 | 没做到 |
| 能够掌握肢体语言的功能 | | | | |
| 能够掌握肢体语言在交际中的具体运用方法 | | | | |
| 能在实际交际中合理运用肢体语言 | | | | |
| 自我评价 | 我的优势 | | | |
| | 我的不足 | | | |
| | 我的努力目标 | | | |
| | 我的具体措施 | | | |
| | | | | |

## 思考与练习

1. 肢体语言包括哪些?
2. 肢体语言有什么作用?

# 任务四　服饰表达

服装往往可以表现人格。

——莎士比亚

**案例导入**

### 有意义的"穿"

法国前总统戴高乐在正式场合经常穿三件一套的西服，但是在1961年的一次电视讲话中他却换上了军装。原来是有人企图发动政变。

　　关于政变的内幕，有些是不宜在公开场合披露的，这时总统受到了语言工具的限制，于是他利用军装暗示出形势的重要，广大观众不用听讲话内容就能理解他的用意，他用肩章和绶带向人民显示了自己的力量和决心。同话语本身相比，这身军装的含义更丰富，方式更巧妙，效果更强烈，作用更明显。

　　**【分析】**这个案例表明了当语言表达受到限制时，穿着其实也可以传递一定的信息。穿着这门语言，在人际交往中，有着不可估量的作用。它反映出一个人的精神状态和礼仪素养，会给别人留下先入为主的第一印象。

## 相关知识

## 一、服饰语言的含义与功能

　　服饰语言是以服装及其饰品（包括首饰）的变化来传递情感或信息的交际手段，服饰作为一种信号比肢体语言本身的信号更加引人注意。服饰语言也是一种典型的非言语交流形式。从一个人的穿衣打扮，可以看出一个人的审美水平、文化修养及综合素质。简洁大方的仪表，不仅能展示自己的个性魅力，更能体现对别人的尊重。

　　服饰作为人类社会特有的产物，它的产生与发展体现着人类文明的进步。服饰随着人类历史的演进而演进，每个历史阶段的服饰都有一定的社会意义和文化内涵。服饰发展至今，已经凝聚了丰富多彩的文化意义。它载有反映社会风气、历史条件及人的精神风貌等方面的信息，更是个人的性格气质特征与审美能力的重要而直接的表现形式。

　　服饰具有信息传播功能。服饰的颜色、式样、档次和搭配，均可以显示出一个人的性格爱好、文化修养、生活和风俗习惯。有研究表明，讲究穿着打扮的人自尊心较强、对工作比较负责，而穿着打扮过于随便的人多半不拘小节。在初次交往中，讲究衣着打扮的人能给人留下比较深刻的印象。

## 二、服饰打扮的原则

　　在服饰打扮上，必须完全服从国际公认的"TPO"原则。T（Time）指时间，即服饰打扮必须根据时间来决定，是个广义的概念，既指时令、季节，又指具体月日或星期几，也可具体到一天内的白天、黑夜、钟点、时辰。一个在三伏天还穿着深色长袖制服的人，给人的第一印象不会太好。P（Place）指地点、场所、场合、位置、职位。即服饰打扮应与所处的场合相协调。O（Object）指目的、目标、对象，即试图通过穿着打扮来达到给对方留下一个什么样的印象的目的，有目的地来选择服饰。

　　1987年，美苏两国首脑在华盛顿签署中程导弹条约。两位第一夫人南希和赖莎的服装就是一次无声的"自我介绍"。当天，两位第一夫人不约而同地穿上了灰色的套装。为改变苏联妇女"货车司机"的形象，赖莎特意在外加了一件红色的体恤以突出上下身比例，令人耳目一新。南希的套装双肩垫得太浮，收腰又过于夸张，与当时庄重的外交场合不太协调。南希的服饰明显不符合"TPO"原则。当时新闻媒体普遍认为赖莎的服饰胜过南希的服饰。

从礼仪的角度看，着装不能简单地等同于穿衣。它是着装人基于自身的阅历修养、审美情趣、身材特点，根据不同的时间、场合、目的，对所穿的服装进行精心的选择、搭配和组合。具体来说，穿着打扮既要自然得体、协调大方，又要遵守某种约定俗成的规范或原则。服装不但要与自己的具体条件相适应，还必须时刻注意客观环境、场合对人的着装要求，即着装打扮要优先考虑时间、地点和目的三大要素，努力使穿着打扮的各方面与时间、地点、目的保持协调一致。一般地说，服装、发型、饰物、化妆等，都要以美观、大方、入时、合群为准则，既不可不修边幅，也不可浓妆艳抹，更不能身着奇装异服。除此之外，还应同时兼顾以下原则。

（1）文明大方。要求着装要符合本国的道德传统和常规做法。在正式场合，忌穿过露、过透、过短和过紧的服装。身体的过分暴露，不但有失身份，而且失敬于他人，使他人感到不便和尴尬。

（2）搭配得体。要求着装的各个部分相互呼应，精心搭配，特别是要恪守服装本身及与鞋帽之间约定俗成的搭配，在整体上尽可能做到完美、和谐，展现着装的整体之美。

（3）个性特征。要求着装适应自身形体、年龄、职业的特点，扬长避短，并在此基础上创造和保持自己独有的风格，即在不违反礼仪规范的前提下，在某些方面可体现与众不同的个性，但切勿盲目追逐时髦。

有心理学家观察过，假如A为了个人情感问题而请教B，如果B的服装色调黯淡，那么A的情绪会产生什么变化？原本满腹苦恼，想一五一十地说出，现在却不想说了。这显然与服装有一定关系。

有位记者就很注重服饰问题，每次采访前，她必定先确定对方当天的穿着，然后配合对方，选一套最能与对方搭配的服饰。这种配合方式能拉近彼此之间的距离，也能创造轻松愉快的气氛，让对方能自由谈话。倘若双方的服装相差悬殊，比如一个人穿的是唐装，一个人穿的是西装，就可能有碍采访工作。除此之外，太过华丽的打扮也不适宜。以戏剧的人物作比喻，听者是配角，说者才是主角。如果被采访的人衣着朴素，采访者的豪华服装就会抢尽主角的风采，造成一种喧宾夺主的局面。因此，配角的服装必须适当与主角相互搭配。所谓适当的服装，是指适合对方个性、谈话内容或谈话场合的服装。一般人应该具备这种知识，考虑服装款式、颜色等，挑选出能表现本人风格的服装，以便促进谈话效果。

现代社会是一个注重仪表的文明社会。通过服饰，可以了解一个人，也可以让他人了解自己。我们必须注意发挥服饰在社交和口才中的作用。在社交场合，注重个人着装的人能体现仪表美，得体的衣着打扮可以增强自信力，增加交际魅力，能赢得对方的信任和尊重，给人留下良好的印象，使人愿意与自己深入交往。

## 拓展与提高

得体的外表是一个人精神面貌的最好体现。同样地，对一个公司来讲，每位员工的外在形象都是它的招牌和门面，也很重要。

某公司是世界知名的汽车销售企业，位居世界500强之列。公司的董事长十分看重公司职员的个人形象，他常挂在嘴边的一句话是："每一个员工的形象都代表着公司。"因此，他要求每位员工在与客户谈生意前都要细细审视自己的穿着打扮：①脸上有微笑没有？②妆化好了没有？③头发梳好了没有？④胡须刮了没有？⑤衣服有皱褶没有？⑥扣子扣好了没有？⑦裤子有折痕没有？⑧皮鞋擦过了没有？

看了上面的规定，也许你会明白该公司成功的奥秘。

在与人交往中，仪表非常重要。俗话说："着装打扮不是万能的，但打扮不好是万万不行的。"穿着得体，打扮适宜，自然会为你的交际能力加分。

## 自我评价

请根据自己掌握的知识，对自我进行评价，并填入表2-1-6。

表2-1-6 "服饰表达"能力达标自我评价

| 评价内容 | | 自我评价等级（在符合的情况下面画"√"） | | | |
|---|---|---|---|---|---|
| | | 全都做到了 | 大部分做到了 | 基本做到了 | 没做到 |
| 文明大方 | | | | | |
| 搭配得体 | | | | | |
| 个性特征 | | | | | |
| 自我评价 | 我的优势 | | | | |
| | 我的不足 | | | | |
| | 我的努力目标 | | | | |
| | 我的具体措施 | | | | |

## 思考与练习

服饰语言有哪些功能？

# 积 极 倾 听

## 任务一　主动倾听

专心致志地听人讲话是最重要的，注意听是对谈话人最好的恭维。　　——查理·艾略特

**案例导入**

### 得不到回应的"说"

詹佳是汇金文化用品公司的业务销售员，他刚跨入罗亚的办公室。罗亚是美味食品公司的行政经理。当詹佳走进来时，年近60岁的罗亚正坐在一张很大的皮质沙发上看报纸，手臂和两腿都交叉着。

詹佳：（走近罗亚，伸出他的手）早上好，罗经理。很高兴见到你，今天你看上去特别精神。

罗亚：是的。你迟到了。

詹佳：刚才地铁出现了故障，害得我耽搁了，不过只是5分钟。

罗亚：（用手指摸了摸自己的鹰钩鼻，双臂抱得更紧了）那么好吧，我能为你做什么？

詹佳：我们公司刚进口了一批全新的文具，我想你们可能用得上。

罗亚：我就实话实说了，我们刚与红星文具社（汇金文化用品公司的竞争者）签了一份订单。

詹佳：（刚从牛皮公文包中拿出产品样本的手在颤抖，音调变高，声音变得结结巴巴）哦，听……听到这太遗憾了。我只是迟到了5分钟，我们在电话中都已经谈妥了，你们应该等着我来的，我们公司的定价比他们要低10%~15%。

罗亚：（突然松开交叉的手臂和大腿，手托着下巴，身体向前倾斜着）是吗？

詹佳：（站起身，眼睛紧盯着天花板，整了整身上的西装）对不起，我想我已经错过了一次机会。既然你们已经下了订单，下次我们再谈吧，好吗？

不等罗亚回答，詹佳有礼貌地道了声再见，径直走出罗亚的办公室。当詹佳离开时，罗亚刚站起的身子又重重地跌坐在沙发上，目瞪口呆。

【分析】听是一种行为、一种生理反应。倾听则是一种心智、一种情绪和一种艺术。倾听的"听"字的繁体字（聽）里有一个"耳"字，说明听是要用耳朵去听的；下面还有一个"心"字，说明倾听时还要用"心"去听；里面还有一个"目"字，说明听他人讲话时应看着别人的眼睛；在"耳"的旁边还有一个"王"字，"王"字代表把说话的人当成是帝王

来对待。

## 相关知识

## 一、调整心态，做好积极倾听的心理准备 ────────

对话从听开始，只有倾听才会了解对方，才能让接话接到点子上。

真正的倾听，并非那么容易。因为那不是技巧的问题，而是用心的问题。如果你的行为中出现以下七种情况的一种或一种以上，你就应该注意改善自己的倾听技能。

（1）和别人沟通时，打断对方讲话，以便讲自己的故事或者提出意见。

（2）和别人沟通时，没有和对方进行眼睛接触。

（3）和别人沟通时，任意终止对方的思路，或者询问太多的细节问题。

（4）和别人沟通时，催促对方。

（5）和别人沟通时，接打电话、写字、发电子邮件，或把注意力转移到其他事情上。

（6）和别人沟通时，忘记对方所讲的内容。

（7）和别人沟通时，对他所讲的内容"盖棺论定"。

倾听的能力是一种艺术，也是一种技巧。倾听是一种修养，更是一门学问。要想把话接好，就要学会倾听，善于倾听是迈向成功的捷径。最有价值的人，不是那些能说的人，而是那些最善于倾听的人。用心倾听他人的声音，就是对对方最好的关怀和体贴。人难以改变别人的想法，但是能够赢得对方的心。懂得倾听，有时比会说更重要。

## 二、采用积极倾听的方式与人沟通 ────────

倾听具有一种神奇的力量，它可以让人获得智慧和尊重，赢得真情和信任。倾听需要专心，每个人都可以透过耐心和练习来发展这项能力。倾听是了解别人的重要途径，为了获得良好的效果，我们有必要了解倾听的艺术。

### （一）实践倾听的五大行为准则

（1）准备共鸣：准备对话时，首先要放下所有的主观意识和偏见。

（2）肯定对方：集中精力观察对方的言行，肯定对方存在的重要性。

（3）节制说话：要先去了解，再被理解。只有懂得节制说话，才能学会倾听。

（4）保持谦虚的态度：即使对方的想法有悖于自己，也要谦虚地去感受对方的情感。

（5）全身响应：倾听时一定要用全身来传达自己在注意倾听的自然状态。

实际上，有效的倾听是可以通过学习而获得的技巧。认识自己的倾听行为将有助于你成为一名高效的倾听者。

### （二）倾听的四种层次

按照影响倾听效率的行为特征，倾听可以分为四种层次。一个人从层次一成为层次四倾听者的过程，就是其倾听能力、交流效率不断提高的过程。下面是倾听四个层次的描述。

第一层次——心不在焉地听。倾听者心不在焉，几乎没有注意说话人所说的话，心里考虑着其他毫无关联的事情，或内心只是一味地想着辩驳。这种倾听者感兴趣的不是听，而是说，他们正迫不及待地想要说话。这种层次上的倾听，往往导致人际关系的破裂，是一种极其危险的倾听方式。

第二层次——被动消极地听。倾听者被动消极地听所说的字词和内容，常常错过了讲话者通过表情、眼神等体态语言所表达的意思。这种层次上的倾听，常常导致误解、错误的举动，失去真正交流的机会。另外，倾听者经常通过点头示意来表示正在倾听，讲话者会误以为所说的话被完全听懂了。

第三层次——主动积极地听。倾听者主动积极地听对方所说的话，能够专心地注意对方，能够引发对方的注意，但是很难引起对方的共鸣。

第四层次——同理心地听。同理心积极主动地倾听，这不是一般的"听"，而是用心去"听"，这是一个优秀倾听者的典型特征。这种倾听者在讲话者的信息中寻找感兴趣的部分，他们认为这是获取有用信息的契机。这种倾听者不急于做出判断，而是感同身受对方的情感。他们能够设身处地看待事物，总结已经传递的信息，质疑或是权衡所听到的话，有意识地注意非语言线索，询问而不是质疑讲话者。他们的宗旨是带着理解和尊重去积极、主动地倾听。这种感情注入的倾听方式在形成良好的人际关系方面起着极其重要的作用。

事实上，大概50%的人只能做到第一层次的倾听，30%的人能够做到第二层次的倾听，15%的人能够做到第三层次的倾听，达到第四层次的倾听只有至多5%的人能做到。每个人都应该重视倾听，提高自身的倾听技巧，学会做一个优秀的倾听者。优秀的倾听者通过对朋友或者员工所说的内容表示感兴趣，能够创建一种积极、双赢的谈话过程。

倾听不是被动地接受，而是一种主动行为。当感觉到对方正在不着边际地说话时，可以用机智的提问来把话题引回到主题上来。倾听者不是机械地"竖起耳朵"，在听的过程中脑子要转，不但要跟上倾诉者的故事、思想内涵，还要跟得上对方的情感深度，在适当的时机提问、解释，使得话题步步深入下去。

倾听是一个渴望成功的人必须掌握的技能。只要从小事做起，注意细节，就可能会成功。无论是企业的中高层经理、职场人士，还是刚刚走出校门的大学生，尤其要注重倾听技巧的修炼，这样对工作才能够游刃有余，收获更多宝贵的经验，从而更加稳妥地迈向成功。

## 拓展与提高

### 听见≠倾听

倾听和听见并不是一回事。听见只是倾听的第一步，因为听到只是你的听觉系统接收到了声音。就像很多人都能听见他人说话时的声音，但他们根本不能"倾听"，也就是听到并理解。例如，当下属在工作的时候，周围会有各种声音，他的听觉系统会接收到声音，但他未必会注意到这些。有时下属听到声音，并且看起来是在倾听领导说的话，而实际上他们只是对内在的声音感兴趣，这种现象就是"假听"。事实上很多人在听他人说话时，都做不到用心理解自己听到的声音。有的人认为注意声音自然就会理解声音。不过，在听到电影中的外语对话时，你就会明白听到并不意味着理解。你可以关注所有的声音，但并不一定理解。

"理解"就是将声音重组为有意义的模式或形式。

只有多听别人说，自己才能了解到对方更多的信息。善于倾听，从他人的话中收集到有用的信息，从而为自己和他人的沟通与交流找到共同的话题，在此基础上打开他人的话匣子，让他人乐于与自己交流。借此机会，还可以从中获取工作上需要的信息，从而有利于工作的顺利开展。

## 完成任务

寻找一位你身边的人（可以是老师、家人或同学）并与之主动交谈，完成交谈任务表，如表2-2-1所示。

表2-2-1　交谈任务表

| 交谈对象 | | 身份 | | 联系方式 | |
|---|---|---|---|---|---|
| 交谈的主要内容 | | | | | |
| 自己的情绪和心态 | | | | | |
| 对方的情绪和心态 | | | | | |
| 描述自己听的情况 | | | | | |
| 观察对方的感受 | | | | | |
| 描述对方听的情况 | | | | | |
| 自己的感受 | | | | | |
| 倾听过程中的成功之处 | | | | | |
| 倾听过程中的待改进之处 | | | | | |
| 自我评价 | | | | | |
| 对方评价 | | | | | |
| 教师评价 | | | | 签名 | |

## 思考与练习

实践倾听的五大行为准则是什么？

如何成为一个好的倾听者

# 任务二　察言观色

要想了解谈话对象真正的情感，你应该仔细观察他的脸部表情，因为，驾驭语言比控制面部表情容易多了。

——查斯特·菲尔德

**案例导入**

### "失"与"得"

有一家公司召开年终总结大会，董事长讲话时将一个数字说错了。

一个下属站起来，冲着台上正讲得眉飞色舞的董事长高声纠正道："讲错了！那是年初的数字，现在的数字应该是……"结果全场哗然，把董事长羞得面红耳赤。事后，这名员工因为一点小错被解聘了。

当然也有人做得很好。

有一家公司新招了一批员工，在董事长与大家的见面会上，董事长逐一点名。

"黄烨（华）。"

全场一片静寂，没有人应答。

一个员工站起来，怯生生地说："董事长，我叫黄烨（叶），不叫黄华。"人群中发出一阵低低的笑声，董事长的脸色有些不自然。

"报告董事长，是我把字打错了。"一个精干的小伙子站了起来，说道。

"太马虎了，下次注意。"董事长挥挥手，接着念了下去。

董事长从此就特别留意这个小伙子。他发现这个小伙子其实是一个很有大局观的人。团队里面出了问题，他会首先站出来承担责任。有了成绩，他也不会独揽。因此，在团队中，他的人缘非常好。

没多久，那个小伙子因为各种优异的表现被提升为公关部经理。

【分析】通过这个案例可以看出，并不是因为那个小伙子站起来为董事长打了圆场而得到提升，而是因为小伙子能够敏锐地觉察全场的气氛，能够看到事情背后隐含的问题，并及时快速地做出判断。他考虑到董事长读错字的这种情况，可能会影响到董事长身为高层领导的威信，这对于董事长以后的领导工作是很不利的。再往下深究，可能会影响到公司形象。这个时候，如果自己站出来，顶多是工作上的失误，对一个普通员工，这样的事情不会造成什么大的影响。这名员工保全的不仅仅是领导的"面子"，更是公司的"面子"。

## 相关知识

孔子在《论语·季氏》里说："言未及之而言谓之躁，言及之而不言谓之隐，不见颜色而言谓之瞽。"这句话有三层意思：一是不该说话的时候说了，叫作急躁；二是应该说话的时候却不说，叫作隐瞒；三是不看对方的脸色变化，贸然信口开河，叫作闭着眼睛瞎说。

这三种情况都是缺乏瞬间读懂全场气氛的洞察力，没有注意说话的策略和技巧造成的。

说话是双方的交流，不是一个人的单方面行为，它要受到各方面条件的制约，如说话对象、周边环境、说话时间等，因此说话要学会瞬间读懂谈话场合的氛围，把握时机。如果不顾说话对象的心态，不注意周边的环境气氛，不该说话的时候却抢着说，就可能引起对方的误解。因此，说话前洞悉全场的气氛是非常重要的。

# 一、说话要看场合

没有掌握周边环境的说话氛围，不论谈话的内容有多么精彩，都不会有任何意义。交谈要看场合。

场合是决定说话效果的重要环境因素，同样的话在不同的场合说，所产生的实际效果是不一样的。场合是交际时的地点与氛围。场合有庄重与随便、自己人与外人、正式与非正式、欢快与悲痛、公开与私下之分。注意说话的场合，包括两个方面的意思。

（1）自觉地接受约束，不说与氛围不协调的话。有一年全国高考结束不久，有关部门的一位同志去访问一位外语类的优秀考生。原来设想好的问题中有："你的父母是否具有辅导你学习英语的能力？"但是到了现场，看到考生的父母也陪伴在场，原先准备好的提问方式显得唐突和不礼貌了，于是将原来的提问改为："你们一家是不是常常在一起讨论学习英语方面的问题？"这种提问就显得相当自然。

（2）适当的场合，适当的话题。领导找下属谈工作，一般来说应当把下属请到办公室里，办公室体现了领导者的职责所在，能使谈话更具工作性质。但领导如果想开导某个下属，则可以到下属的家里，体现出领导放下架子、平易近人的作风。在下属家里，更便于拉家常，使谈话气氛轻松，彼此的心贴得更近。

# 二、说话要看人

人类的面部表情十分丰富，可准确传递成千上万种不同的情绪状态。在人际沟通中，来自面部表情的信息，更容易显现出自己内心的情绪，它是理解对方情绪状态的最有效、最直接的途径。但是，面部表情又可随意为人们所控制。相对于面部表情，从眼睛中所反映出来的情绪状态往往更具真实性。例如，人们可做出与内心状态不一致的面部表情，但无法随意控制自己的目光。所以说，目光是最能反映一个人内心真实体验的非语言行为。科学研究表明，在人际交往中，非语言信息要比有声语言信息的内涵多5倍。倾听他人谈话的时候，不能简单地听他讲了什么，更要留意他讲话时的神色是否与他讲话的内容相一致，一旦出现两者不协调的情况，凭借非语言传递的信息来判断要更为准确。宁愿相信自己的眼睛，也不要相信自己的耳朵。

**（一）读懂头部语言**

点头和摇头是最基本的头部动作。点头表示同意、肯定或赞许，摇头表示反对、否定或批评。

**（二）读懂面部表情语**

面部表情语是指运用面部器官，如眉、眼、鼻、嘴来交流信息、表达情感的非语言符号。体语学的创立者伯德惠斯特尔指出，人的脸部可做出大约25000万个表情，可以说是非语言信息最丰富、最集中的地方。在面部表情语中，最有表现力的当属眉眼语和微笑语。

1. 眉眼语

顾名思义，眉眼语是指运用眉毛、眼睛的动作、姿态所表达的非语言符号。当眼睛在传情达意时，富有表现力的眉毛也会积极配合。眼睛的动作，根据运动的主要部位可以分为以下三种。

（1）眼珠的动作。如果在与人交谈中不注视对方，或回避对方的视线，一般就会传递出负面的信息，如不诚实、有所隐瞒、不自信、没把握、不感兴趣或厌恶等。如果长时间注视对方，通常有两种意思，一种是说明对对方比对谈话内容更感兴趣，一种是向对方挑衅或施加某种压力，以起到震慑的作用；而注视时间太短，则会有对对方和谈话内容都不感兴趣或厌恶的嫌疑。如果想显示权威和居高临下，则可采用向下的视线，并用眼睛看着对方脸上以双眼为底线、上顶角到前额的三角形区域。如果要营造平等气氛，则可采用平行的视线，用眼睛看着对方脸上以双眼为上线、以嘴为下顶角的三角形区域（社交注视）；视线停留的部位最好是该区域。

（2）眼睑的动作。眨眼除了有保护眼睛的作用，也能表情达意。通过眨眼的频率和次数，能够判断对方是否处于紧张、焦虑或惶恐不安的状态，因为在这些状态下，眨眼一般会频繁一些。

（3）瞳孔的动作。瞳孔的放大与收缩，能分别传达出正面和负面的信息。

2. 微笑语

微笑语是指通过略带笑容而不出声地笑，来传递信息的非语言符号，是由眼睛、眉毛、嘴、脸部肌肉共同表现的面部表情。微笑作为世界通用的语言，是最富有吸引力、最有价值的。真诚的微笑传递出的是友善、关注、尊重、理解等信息。

## （三）了解非语言信息

一些极有意义的沟通既非口头形式也非书面形式，而是非言语沟通。刺耳的警笛和十字路口的红灯都不是通过文字告诉我们信息的。教师上课时，当看到学生们的眼神无精打采或者有人开始随意翻阅书本时，无须言语说明，学生们已经告诉他（她），他们已经开始分神了。同样，当纸张沙沙作响，笔记本开始合上时，所传达的信息意义也十分明确，该下课了；一个人所用的办公室和办公桌的大小，一个人的穿着打扮都向别人传递着某种信息。不过，非言语沟通中最为人知的领域是体态语言和语调。体态语言包括手势、面部表情和其他身体动作。例如，一副咆哮的面孔所表示的信息显然与微笑不同；手部动作、面部表情及其他姿态能够传达诸如攻击、恐惧、腼腆、傲慢、愉快、愤怒等情绪或性情。语调指的是个体对词汇或短语的强调。

下面举例说明语调如何影响信息的意义。

假设学生问教师一个问题，教师反问道："你这是什么意思？"反问的声调不同，学生的反应也不同。轻柔、平稳的声调与刺耳尖利、重音放在最后一词所产生的意义完全不同。大多数人会觉得第一种语调表明此人在寻求更清楚的解释；而第二种语调则表明了此人的攻击性或防卫性。

任何口头沟通都包含非语言信息，这一事实应引起极大的重视。因为非言语要素有可能造成极大的影响。一名研究者发现，在口头交流中，信息的55%来自面部表情和身体姿态，38%来自语调，而仅有7%来自真正的词汇。非语言信号所表达的丰富信息不是依靠"听"来接受的，而是通过"观察"来获取的。平时人们常常会说"看他说什么"，的确，这样的说法是有一定的道理的，要想真正听明白他人的话语，了解他人的真实想法，必须读懂其非语言信号。

当面对面地与人进行交流时，语言表达起的是方向作用，而非语言表达却能更准确地反映出说话者的真实思想和感情。如果留心观察对方的面部表情，不仅可以比较准确地察觉对方的内心世界，还可以读懂对方此时在向自己暗示什么，从而帮助自己做出恰当的判断和应对。

1. 非语言信息的类型

非语言信息有多种类型，主要包括身体动作、空间利用、副语言等，见表2-2-2所列。具备认识和辨析这些非语言信息的能力无疑有助于有效沟通与交流。

表2-2-2　非语言信息的基本类型

| 基本类型 | 解析和例子 |
|---|---|
| 身体动作 | 手势、面部表情、眼神、触摸手臂，以及身体其他部位的动作 |
| 个人身体特征 | 体型、体格、姿势、体味、气味、高度、体重、头发颜色及肤色等 |
| 副语言 | 音质、音量、语速、语调、大笑或打哈欠等 |
| 空间利用 | 利用和理解空间的方式，包括座位的布置和谈话的距离等 |
| 时间安排 | 迟到或早退、让他人等候、文化差异、对时间的不同理解等 |
| 物理环境 | 大楼及房间的构造、家具和其他摆设、内部装潢、整洁度、光线及噪声等 |

2. 解读非语言信息的注意事项

不同人的性格、习惯、思维方式等不可能完全一样，因此表达方式也会不同。同时，由于成长背景和客观条件会有所差异，同一个动作会被理解为不同的意思。正确解读非语言信息，还需要考虑对方如个人职业、生活习惯、文化背景及宗教信仰等情况，如图2-2-1所示。

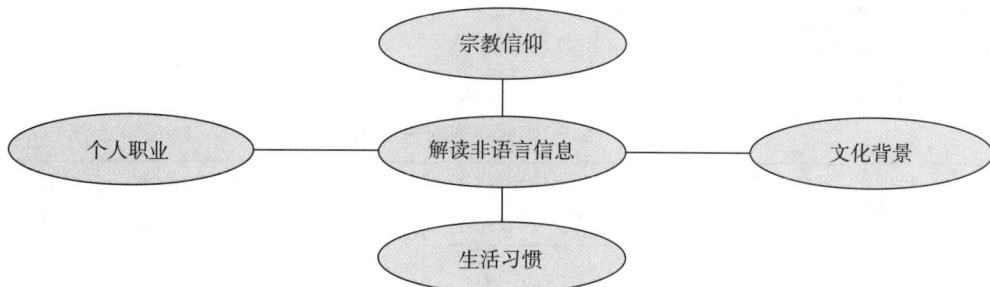

图2-2-1　解读非语言信息的注意事项

## 拓展与提高

### 专注≠积极

对于任何一个讲话者来说，他所要传达的信息中都会包括以下三部分内容。

（1）词汇。词汇是指信息中的语言成分，也就是指讲话的内容、事实或想法。

（2）语调。语调是对所传达内容的真实反映，即讲话者的情感表达，其反映着讲话者的真诚程度。

（3）肢体语言。肢体语言属于非语言成分，其主要用于帮助讲话者更准确地表达信息。肢体语言包括用身体来表达信息的所有动作，如手势、眼神、面部表情及姿势等。肢体语言也是讲话者情感表达的重要方式。

### 事实内容+情感=信息的真实内涵

在沟通过程中，常常会有人简单地将专注于对方理解为积极的倾听方式，他们或许也能做到与讲话者保持稳定的目光接触，表现出感兴趣和诚恳的面部表情，点头以示理解，提供简单的口头信息等，但是这样专注的听众容易将注意力集中于信息中讲了哪些事实，这种事实是信息中较为切实的部分。当信息都是事实的时候，听的效果应该是不错的，但我们知道非语言的行为往往比语言表达更能够表现出一个人内心的情绪，当信息中卷入更多的个人情感时，专注的听众容易忽略它而只是简单地处理信息，即"我知道你在说什么，但我不完全明白你的意思"。专注式倾听同样没有捕捉到完整的信息——不仅仅是事实上的信息，更有情感上的信息。

沟通最难的地方不在于如何把自己的意见、观念说出来，而在于如何听出别人的心声。当对方因为你的倾听而得到鼓励时，不仅会兴致勃勃地讲述他想要与你沟通的事情，同时也接受了你的情感，沟通双方很容易建立起信任和友好的关系。善于倾听会使对方心情愉快，会换来对方的理解、信任和欢乐，会使对方吐露出内心的苦恼或喜悦；最重要的，它还能使对方感觉到自身价值的存在。在认真倾听对方讲话时，自己也可以从对方的讲话中得到知识，可以学习更多人的智慧。俗话说：会说的不如会听的。多听少说，做一位好听众，你会慢慢发现对方开始愿意接纳你，并且提供你所需要的答案和信息，甚至把他真正的想法告诉你。

只有善于倾听他人的谈话，才能更准确地把握对方的意思、流露出的情绪和传播出的信息，促使对方更好地继续谈下去。

## 完成任务

完成一周"察言观色"记录表，如表2-2-3所示。

表2-2-3　一周"察言观色"记录

| 日期 | 地点 | "察言观色"对象 | 说出来的话 | 做出来的表情 | 伴随的肢体动作 | 他/她表达的真实意思 | 对方意见 | 签名 |
|---|---|---|---|---|---|---|---|---|
|  |  |  |  |  |  |  |  |  |
|  |  |  |  |  |  |  |  |  |

（续表）

| 日期 | 地点 | "察言观色"对象 | 说出来的话 | 做出来的表情 | 伴随的肢体动作 | 他/她表达的真实意思 | 对方意见 | 签名 |
|---|---|---|---|---|---|---|---|---|
|  |  |  |  |  |  |  |  |  |
|  |  |  |  |  |  |  |  |  |
|  |  |  |  |  |  |  |  |  |
| 自我评价 | 察言能力 |  |  |  |  |  |  |  |
|  | 观色能力 |  |  |  |  |  |  |  |
|  | 体会或收获 |  |  |  |  |  |  |  |
| 改进措施 |  |  |  |  |  |  |  |  |

## 思考与练习

1. 什么是非语言信息？
2. 非语言信息有哪些类型？

# 任务三　深度领会

当你劝告别人时，若不顾及别人的自尊心，那么再好的言语也是无用的。 ——民间谚语

**案例导入**

### 不该剥掉的洋葱皮

一天，秘书小朗陪老板坐车路过一个小菜市场，看见路边的菜摊上摆着一堆新鲜的洋葱。洋葱的皮晒得红红的，上边还沾着很多泥巴。老板是个美国人，小时候经常跟着做农场主的父亲去种洋葱。他来中国已经很久了，但还是第一次见到这么新鲜的洋葱，感到很亲切，想起了已去世的父亲和自己的童年时光。回到办公室以后，老板让小朗派人去给他买几个洋葱回来。

第二天，当小朗把洋葱放到老板桌上的时候，那几个洋葱只剩下中间的那一点小芯儿了。原来，当行政部门的办事员将洋葱买回来以后，马上放在水龙头下把洋葱上面的泥巴洗掉了。洋葱交给行政部门的领导时，领导又把洋葱外面的几层粗皮给剥掉了。行政部门将洋葱交给小朗后，小朗怕不卫生，又剥掉了一层洋葱皮。

> 洋葱还是那几个洋葱，但已经不是老板当初想要的洋葱了。老板看着摆在桌上的洋葱，觉得很扫兴，对小朗也感到很失望。

【分析】想一想：

1. 老板为什么会对小朗失望？小朗的失误在哪里？
2. 老板的真实意图是什么？
3. 如果你是小朗，你该怎么做？

如何与难沟通的人沟通

## 相关知识

## 一、学会换位思考

换位思考是指站在对方的立场上来体验和思考问题，将心比心，设身处地地了解对方的感受，理解对方的处境。只有将自己的情感体验和思维方式等与对方联系起来，与对方从情感上进行沟通，才能为增进理解奠定基础。避免因局限于自己的眼光和思路看问题而引起误解。换位思考要求我们从对方的角度来看待问题，比如说话者所要表达的观点是什么？他需要的是什么？他想要解决什么问题？

## 二、能结合语境分析语义

语境是指沟通与交流过程中的情境。同样的话语在不同的语境下其含义可能大不相同。因此，要完整准确地理解话语的内容，必须结合当时的语境。

语境和背景、情景密不可分，背景包括社会的、文化的、时代的因素，情景则指具体的交流环境，包括时间、地点、人物、事件等。不同的语境制约着语意的表达。例如，同样问"你一个月挣多少钱"，对于中国人来说，这是朋友间最平常的一句话，但是西方人可能会认为这句话中包含着轻视之意。再如"要下班了"，对埋头苦干的人是劝慰；对没完成任务的人是催促提醒；对前来办事的人意味着不耐烦……同样一句话，结合不同的语境，可以设想出多样的结局。

### （一）语境对语义的影响

人们常说"上什么山唱什么歌""对什么人说什么话"。说话的情境很大程度上影响着双方谈话内容的含义，每句话在不同的语境中所传达的信息不同。

1. 同样一句话，不同身份的人所表达的语义不同

例如，一位教师说"明天上午8点我去上课"与一个学生说"明天上午8点我去上课"相比，虽然教师和学生都说同样的话，但是由于教师和学生的职务、身份不同，两句话的语义就有所不同：教师说这句话的意思是"去讲课"，而学生说这句话的意思是"去听课"。

2. 同样的一句话，在不同的时间、地点、场合，就有不同的语义

例如，"都8点了！"如果这句话是在早晨，妈妈站在还在睡觉的孩子床边说的，那么这句话的语义是在催促孩子快起床上学。如果是上午八点在学校里或在教室里说的，那么这句话的语义是指上课的时间到了。如果是在假日或晚上在公园里说的这句话，那么其意义则可

能是向同行的朋友提出该回家的倡议。

### 3. 语境的潜在语义

在面对面的沟通与交流过程中，人们常常会根据双方都知道的前提或背景情况而省略一些成分，以达到言简意赅的目的。因此，在口头沟通与交流的语言中，往往有些句子是不完整的、省略的形式，但是说话的人用它们可以圆满地表达意图，倾听者也能毫无困难地接收信息，其原因就是语境提供了潜在信息。

例如，在北京的公共汽车上，乘客买车票时常说"两个西单"，很显然这"两个西单"是一种省略的表达形式，但任意一个公交售票员都能理解说话人所表达的意思是：他要买两张到西单的汽车票。

在特定的交际环境中，交际双方进行的常常是一种"只需意会，不必言传"或"只可意会，不可言传"的交际活动，即"言外之意，弦外之音"。这就需要我们结合语境去加以理解。

### （二）性格因素对语义的影响

不同的沟通对象具有不同的性格，不同的性格又表现出不同的表达特点。例如，当经理向不同的两名下属布置一项难度较大的任务时，性格沉稳、踏实内向的下属会说："我尽力吧。"性格张扬、做事毛糙的下属会说："没问题，您瞧好吧。"两者回答的程度是不一样的，但作为深知二人性格特点的经理，可能对前者会更放心。为此，有时候我们还需要事先了解对方的性格特征来帮助自己深刻领会对方的真正意义。

## 拓展与提高

### 1.倾听的层次

倾听包括以下五个层次，如表2-2-4所示。

表2-2-4 倾听层次表

| 层次 | 特点 | 表现 |
|---|---|---|
| 1 | 听而不闻 | 不做任何倾听的努力 |
| 2 | 假装倾听 | 做出倾听的假象 |
| 3 | 选择性地倾听 | 只听自己感兴趣的内容 |
| 4 | 专注地倾听 | 认真倾听,并与自己的亲身经历作对比 |
| 5 | 设身处地地倾听 | 用心倾听,认真理解对方讲话的内容和情感 |

## 完成任务

选择一天的时间细致观察自己的家人、朋友或老师（任选其一），完成观察任务表，如表2-2-5所示。

表2-2-5 观察任务表

| 被观察人 | | 身份 | | 联系方式 | |
|---|---|---|---|---|---|
| 活动内容 | 1. | | | | |
| | 2. | | | | |
| | 3. | | | | |

（续表）

| | | |
|---|---|---|
| 性格特征 | | |
| 情绪状态 | | |
| 说话语气 | | |
| 关注的问题 | | |
| 你学到了什么 | | |
| 自我评价 | | |
| 对方评价 | | 签名 |
| | | |
| 教师评价 | | 签名 |
| | | |

## 思考与练习

1. 倾听包括哪些层次？
2. 如何结合语境分析语义？

# 任务四　克服障碍

每一个新手，常常都有一种心慌病。心慌并不是胆小，而是一种过度的精神刺激。

——罗斯福

## 案例导入

> 经理：（面对小鹿）小鹿，市场部经理告诉我，你帮他们想出的市场开发的点子很不错呢！
>
> 小鹿：（非常高兴）是啊！我很愿意做这样的事呢。
>
> 经理：（低下头看文件）我是怕这种跨部门的事情给你增加负担，你不会介意吧？
>
> 小鹿：（有点不好意思）没关系，我现在正在上营销专业的课程班，正好可以拿来做练习，我想……
>
> 经理：（打断她的话）哦，你的计算机好用吗？（继续低头看文件）
>
> 小鹿：（轻轻皱了一下眉头）还可以。

经理：对不起。（拿起电话）小王啊，告诉你们主管，过一会儿让他到我这来一趟。

经理：（放下电话，看了小鹿一眼，继续看文件）现在，谈谈你的看法。

小鹿：我……我一直想……（看见经理一直在摆弄手里的签字笔，便没有说下法。）

经理：（仍在摆弄手里的签字笔）你说吧，我听着呢。

小鹿：（有点无奈）我一直对开拓市场很感兴趣，我想等上完学……

经理：（又低下头）哦，这个嘛……我们正考虑让你去学习学习，不知道你对什么感兴趣？或者……

小鹿：（哭丧着脸）我想……

经理：（边翻动文件边说）到时候再说吧！你想好了再告诉我。

小鹿：（无可奈何，竭力控制自己）……

**【想一想】**

1. 经理和小鹿的沟通成功吗？

2. 如果你是小鹿，你的心情会是怎样的？

3. 他们的问题出在哪儿了呢？如果你是经理，又该怎么做呢？

## 相关知识

## 一、要善于克服心理障碍

表达的成败与否，首先在于自身的心理因素，其次在于博学的知识、善辩的口才。

怯场是指在人前，尤其是人多的场合，因紧张害怕而不敢说话，或者说话时显得拘谨、不自然。

怯场是一种心理障碍：要么感到自己被说话场合的气氛、形势所压迫；要么顾虑自己说得不好或说错；要么担心自己不是他人的对手，因而畏首畏尾，诚惶诚恐。

其实，这种心理障碍是完全不必要的。有的人在家人面前滔滔不绝，但一与外人交谈，他就难以启齿；有的人平时在两个人的场合可以口若悬河，但人一多，尤其是上台，就心慌意乱，语无伦次。这说明他不是不能说，而是有心理障碍。只要消除这种障碍，怯场也就会消失。

消除怯场的心理障碍可参考以下方法。

1. 平时加强训练

平时加强训练如朗诵、自言自语、多同亲近熟悉的人交谈、多听别人交谈等。

2. 每次发言前作必要的准备

每次发言前做必要的准备，在单向交流时容易做到。双向交流，同谁谈，涉及什么内容，也需要提前准备相关资料。

3. 临场抱定豁出去的心态

任何人在公众场合自如地说话，都有一个艰难的"第一次"。古罗马演讲家希斯洛第一次演讲就脸色发白、四肢颤抖；美国雄辩家查理士初次登台时两个膝盖抖得不停地相碰；印度前总理英迪拉·甘地首次演讲不敢看听众，脸孔朝天。只要抱定豁出去的心态，就会应变自如了。

4. "忘记" 听众

"忘记" 听众就是自己在发言前，心中有听众，但在发言时，眼中不能有听众，只顾按自己的意图去表达。一位教师第一次登台讲课效果就不错，有人向他请教经验，他说："备课时我心中一直想着学生，可一上讲台，我眼中所见，只有桌椅而已。这样，我就放松自如了。"

## 二、有话要敢说

有话敢说，建立在有话要说和有话能说的基础上。敢说来自两个方面的信心，一是相信自己所说的话是客观的、正确的；二是相信自己所说的话会产生预期的影响。

吕布被曹操所擒，刘备敢以一句"公不见丁建阳、董卓之事乎"杀了吕布，一是因为吕布确实曾认丁建阳、董卓为义父，又确实杀了他们。客观事实不容否认，曹操也心知肚明。另外，刘备相信以曹操奸诈多疑，"宁叫我负天下人，不叫天下人负我"的性格，自己的这句话足以送掉吕布的性命。可见刘备也是一代枭雄。

如果认为自己所说的话不妥或不对，就不会有勇气说出口。如果觉得自己说了没有用，就不如不说，即使说，也是底气不足，难以服人。刘备三顾茅庐请出诸葛亮，对他可谓言听计从，但为了替关羽报仇，连诸葛亮的话也听不进去了……

做臣子的，都是一心为主。他们认为自己的所想所说正确，同时认定他们的主子是明君，最终会听进自己所说的话，采纳自己的意见或建议。

由上面的例子可以看出，有时说话确实需要胆量。现在的社会，当今的时代，说话仍需胆量，这里的胆量就是信心。

首先，对所说的话有信心。自己确实有话要说，事情本身确实有让人说话的地方。有话能说，自己能正确而得体地表达出自己的观点、看法。所处的环境适宜说自己要说的话，这才能收到预期的效果。

### 拓展与提高

#### 临场减压

对于不敢在公众面前开口的人来说，除了做好充分的说话准备，学会临场减压也很重要。消除说话前的紧张情绪，深呼吸是最有效的方法。它对于调节心律、舒缓压力、镇静情绪都很有帮助。闭上双眼，深深地吸一口气，心里数一；再慢慢地吐出一口气，心里数二，这样反复几遍，心理压力就会舒缓。如果深呼吸还是无法消除紧张情绪，就做别的事情来分散自己的注意力，如在上台之前可以吃一些东西以舒缓心情。

### 自我评价

#### 自我评价

请根据自己掌握的知识，对自我进行评价，并填入表2-2-6。

表2-2-6　"克服障碍"能力达标自我评价

| 主要内容 | | 自我评价等级（在符合的情况下面画"√"） | | | |
|---|---|---|---|---|---|
| | | 全都做到了 | 大部分做到了 | 基本做到了 | 没做到 |
| 能通过克服主观障碍提高倾听能力 | | | | | |
| 能通过改善自身因素提高倾听能力 | | | | | |
| 能了解自身的倾听习惯,有意识地加以克服 | | | | | |
| 自我评价 | 我的优势 | | | | |
| | 我的不足 | | | | |
| | 我的努力目标 | | | | |
| | 我的具体措施 | | | | |

## 思考与练习

1. 如何克服心理障碍?
2. 怎样进行临场减压?

# 有 效 反 馈

## 任务一　适度回应

惟沉默是最高的轻蔑。

——鲁迅

**案例导入**

　　专门从事沟通培训的朗达公司曾应邀对一家手机企业进行培训。培训公司的安东尼·罗夫发现，该手机客户服务中心的业务员在接听投诉或回访客户时过分机械，完全按照公司列出的条条框框回答和提问题。他们对客户提出的问题通常是："请问你每个月大概打多少次电话？""是否准备将来还使用这个牌子的手机？"但没有问客户需要什么。客户服务中心的业务员对此的解释是：消费者对手机技术并不了解，因此不知道自己需要什么。深感不解的罗夫将这个发现告诉了手机企业的销售团队主管，没想到这个主管回答说："消费者不明白自己的需要，所以我们不会在这种问题上多花时间。"罗夫回忆说："接线员没有倾听的一个原因是，管理这个部门的人不会倾听。"

　　**【分析】**这个案例说明了在培养或提高倾听能力的过程中，有一点需要特别关注："听"和"倾听"之间有很大差别。听是消极被动的，因为和嘴巴不同，人的耳朵几乎随时都处于工作状态，这一点开过会的人一定都深有体会。倾听则完全不同。参与"听"这个动作的是耳朵，参与"倾听"这个动作的则是耳朵、眼睛和心灵。倾听是积极主动的，必须集中注意力。

**相关知识**

## 一、耐心去听，让沟通与交流更顺畅

　　对话，需要两个人进行，每个人又都有两种义务：说话和倾听。当你在"说"话的时候对方要"听"，你也要"听"对方"说"。只有"听"与"说"是良性促进的，才能组成整个对话。

　　在某种程度上，"说"和"听"相比较，对于维持对话的继续"听"更有意义。因为"听"能够对对方更了解，也能够知道对方的目的和想法，进而知道自己要说什么、怎么说等。

　　但是，许多人总是缺乏耐心去"听"别人说的话。他们不在乎别人说的话，甚至会着急地中断别人的话，或者听的时候心不在焉，更有甚者只听一部分，故意误解别人的话，也有的人只顾说自己的……

　　试想，你和别人聊天时，别人却扭头不听你说话，一副漫不经心、毫不在意的表情，那么你还会有多少谈话的兴致呢？"他这种表情，似乎不愿意搭理我，也罢，不说了！"对方有时候也会附和几句话，如"是吗""噢""呵呵""可以啊"等，但你能从他的神色中知道他的内心："别说了，我根本没在听。"于是，良好的气氛就被破坏了，一场本该有意思的谈话也就终止了。

　　假如听众很认真地听你说话，你的心境就会完全不同，你会有很大的兴致继续这个话题，你心里会觉得："噢！瞧，他听得很认真啊，好像很喜欢我说的内容。"并且，你看到对方听的时候还肯定地点头，同时赞许地发出"嗯、嗯"的声音，那么你的兴趣肯定会大增，你对自己的信心也会大大增加，话题也会越来越多，思绪也会逐渐清晰起来。这样，这个谈话才会变得有意义。

　　显然，有这样的结果，是因为受到善于倾听的人的无形鼓励。如果你想建立一个广泛的交际网，那么真诚谦逊地成为别人的听众，展现出你的兴趣，会对你有极大的帮助。

　　当然，最重要的是仔细倾听。仔细地听对方说了什么，也是相互尊重的基础，在此前提下才能继续交流。接下来，友好地给予对方一定的鼓励，也是尊重对方的表现。在对方说话时，如果对方说的话你能够耐心地听完，就是在告诉对方你很有兴趣，仿佛在跟他说"你说的对我有一定的价值"或"你值得交朋友"。无形中，对方的自尊心也得到了满足，他也从中体会到了自己的价值。进一步，听话的人对你的好感就会大大提升。于是，彼此就不再陌生了，交流让彼此终于成了要好的朋友。

　　如何成为一个善于倾听的人，进而在交际的时候发挥出来？想成为一个善于倾听的人，不能缺少听话的好习惯，需要有注意礼貌的基本素质。要学会倾听，不仅要热情，还要有倾听的方法，这个就需要在平时多加练习。听的时候要专心，用眼神进行交流，对对方的话有所反应，根据当时的客观环境采用相应的表情姿势。不要东观西望，也不能一副厌烦的样子，更不要边听他人讲话边做别的事。别人在说话时，切忌随便打断，也别接过话来下结论。如果没有听明白，需要打断别人的话，就要礼貌地进行询问。

## 二、做个好听众，适时发表个人意见

　　在谈话时，有的人喜欢复述相同的事情，有的人喜欢把一些老笑话当新笑料。这个时候要能够耐得住性子。表面上要显得有耐心，可以在心里告诉自己他的记忆力可能不够好。如果对方十分有诚意，就要真诚地和他交流。但是，假如你对对方的话不感兴趣，就需要采取其他方法不让他继续下去，最好的方法就是悄悄地转变谈话的内容。

　　交流时，人们讨厌不真诚的人，而人们又喜欢互相恭维。交流时，人们不喜欢自以为是的人，自以为是的人会觉得其他人都羡慕崇拜自己，反而受到他人的鄙夷。人们不喜欢和毫无反应的人交谈，要对别人说的话有所反应，不时地点头赞许，时不时赞同别人的看法和意见，偶尔提出自己的意见；假如对方说的话都很精辟，大可真诚地加以赞赏。

## 拓展与提高

### 积极回应

人在听懂、理解对方的意思之后，需要进行积极的回应。积极回应=确认需求+肯定需求的合理性+不超过三项的行动计划+开放性结尾。"我理解你要的是不是这个？""感谢您有这么高的期待，我很受鼓励。""接下来，我们将会这样做。""我现在是这样想的，您有什么建议吗？"通过这样的回应，会让沟通与交流变得更加流畅与顺利，交谈双方都得到自己想要的东西。当然最重要的是心态，也就是积极回应，不逃避、不拖延、不撒谎，只有先建立了信任关系，才有解决问题的可能。

## 自我评价

根据自己掌握的知识，对自我进行评价，并填入表2-3-1。

表2-3-1 "适度回应"能力达标自我评价

| 评价内容 | | 自我评价等级（在符合的情况下面画"√"） | | | |
| --- | --- | --- | --- | --- | --- |
| | | 全都做到了 | 大部分做到了 | 基本做到了 | 没做到 |
| 耐心去听 | | | | | |
| 适时发表意见 | | | | | |
| 自我评价 | 我的优势 | | | | |
| | 我的不足 | | | | |
| | 我的努力目标 | | | | |
| | 我的具体措施 | | | | |

## 思考与练习

如何增强个人交谈回应能力？

# 任务二　恰当提问

提出一个问题，往往比解决一个问题更重要。

——爱因斯坦

**案例导入**

### 有共鸣的问题

小王20岁，是一个很会说话的人，他平时最喜爱交一些志同道合的朋友，即使面对众多的陌生人，他也能与别人顺畅交流。

有一次，小王和跟他年龄相仿的一群陌生人在一起，由于大家互相不认识，所以没有一个人先说话，场面很尴尬。这时，小王就打破了整个将要凝固的气氛，他说："听说××出新专辑了，里面有一首歌曲叫《××》，歌曲还不错！大家怎么看？"

这时，大家就七嘴八舌地议论开了，因为小王深知，在这一群人里面肯定有喜欢听歌曲的，大家年龄相仿，会有共同喜欢的歌曲……

【分析】案例中的小王是为什么能打开话题呢？原来他有秘密武器，小王总能根据不同的场合、不同性格的人找到共同的话题。谈论别人感兴趣的话题能够很容易拉近人与人之间的距离，谈论别人感兴趣的话题，对双方都有好处，不仅可以使别人对自己产生兴趣，钦佩自己，而且可以使自己更关心别人，关心别人对自己的要求。

## 相关知识

学问学问，又学又问。有人说："问是个法宝，它是深化的阶梯、长进的桥梁、触发的引信、觉悟的契机。"总括起来，交谈中的提问有三种功能：释疑、启发及打破谈话的僵局。提问是十分有技巧的，高明的提问不但能获得回答，而且能使被问方十分舒畅。反之，糟糕的提问不但会使自己显得无知，而且会令对方发笑。

# 一、提问的基本原则

提问是一门语言艺术。不合时宜的提问，只会让对方感到失望和为难。比如，在聚会上对刚相识的姑娘说："你看起来很年轻，二十五六岁了吧？"且不说这样的提问涉及女性较为隐私的年龄问题，仅凭外貌随性臆断对方的年龄，倘若对方只有二十出头，那么应该如何回答，的确让人进退两难。这样不仅话不投机，提问者也会陷入窘境，难以自圆其说。

精妙的提问可以获取所需的信息和知识，促进人与人之间的了解和交流。提问者除有基本的谦虚、礼貌等态度外，还要遵循以下基本原则。

## （一）提问要看对象

提问要因人而异，从提问对象的年龄、身份、职业、性格及民族、国家文化背景出发，选择和设计不同的提问方式与技巧。例如，在向高龄长辈询问年龄时，不宜直接问"您多大年龄"而应问"您高寿"。

不同的国家、民族，文化背景有差异，在设计问题时要提前了解，以免触及禁忌，引发误会。比如，在中国，朋友、同事、邻居见面时会习惯地问一句："吃了吗？"或"到哪儿去啊？"彼此打招呼，显得亲切友好。但是同样的问题，在西方很多国家则会显得很不礼貌，会引起误解或令人产生不愉快。问对方吃过饭没有，对方会以为你要请客吃饭；问对方去哪儿，则会涉及别人的隐私。西方国家具有强烈的私密意识，利用隐私问题（年龄、收入、动向等问题）来打开交谈局面难免要与你的初衷背道而驰。

## （二）问题要明确、具体

提问要抓住要害，问题要明确、具体，只有这样才能启发对方的思路，获取预期的效果。提问要具体明确，更要从大处着眼，从小处设问，化抽象为具体，方能奏效。

### （三）问题要具诱发力

要使对方乐于答话，就要选取他所擅长的内容来问。提问者应善于迎合对方的心理，所提问题要能激发对方的回答欲望，尤其在与陌生人打交道时更应该遵循这一原则。

在与身居异乡的人进行交谈时，可以利用他们最爱与人谈起日夜思念的故乡这一心理特点，选准问题的"兴奋点"，这样就可以马上拉近彼此的距离，打开话匣子。在对不同对象进行提问时，要对对方的心理状态、文化素养、爱好特长等进行仔细的观察和揣摩，这样才能准确定位、一语中的。

## 二、常见的提问技巧

### （一）直接型提问

提问者根据当时所处的时间、地点、对象的不同，有时需要直白，有时需要含蓄。例如，上级对下级工作的询问，交谈者关系密切又不会产生不愉快后果时，可采用这种形式。直接型提问直来直去，速战速决，但要注意场合和时机，否则会显得生硬并且事与愿违。

### （二）诱导型提问

在不宜直截了当地提问时，可采取迂回式的诱导型提问，吸引对方紧紧跟着自己的思路，诱导对方接受自己的观点，它具有诱"敌"深入、以柔制刚的效果。在商业推销中常常使用诱导型提问。例如，营业员回答一位顾客要其参谋哪件连衣裙更好时说："这两件各有风格，格子的显得活泼年轻，条纹的显得文静秀气，你皮肤白，穿哪件都不错。你要哪件呢？"顾客欣喜地选择了格子连衣裙。这种诱导型提问，使顾客觉得哪一件都想要，有助于生意的成交。

### （三）选择型提问

提问不同于质问，目的不在于问倒对方，许多时候是为了征求意见。选择型提问容易产生一种较为宽松友好的气氛。例如，一个大型餐饮店的引座员向客人介绍："坐大厅，明亮热闹点；坐包厢，安静方便些。您去哪里？"客人认为他介绍推荐很到位，从而表扬。

### （四）启示型提问

顾名思义，启示型提问是一种重在启示的提问，想要告诉对方一个道理但又不能明说，故通过提问来引起对方思考直至明白某个道理。一中年女顾客挑了一件很花哨的衣服后，问营业员："很不错吧？"营业员从架子上拿了一件质地精良、做工考究的衣服说："试试这件怎么样？这件穿上可能会更显气质和风度。"

营业员没有正面回答顾客的问题，而是建议顾客试一件另一种风格的衣服，实际上是在启发顾客，但又不会伤害顾客的自尊心。顾客一试后非常高兴，并意识到了营业员的良苦用心。

### （五）攻击型提问

发问要看时间、地点、对象，有时候对方是极不友好或是竞争对手，为了在心理上占上风，从而击败对方，可以采用攻击型提问的形式。我国有位官员在回答西方记者对我国不太友好的问题时，用了下面一连串精彩的提问："你没发现中国比以前更强大了？中国留学生正在回国寻找更多的机会？中国农民比任何时候都扬眉吐气吗？"一连串义正词严的话问得善于挑剔的西方记者哑口无言。

攻击型提问的直接目的是要击败对方，故而这种问话具有干练、明了、利己和击中对方要害等特点。

## 拓展与提高

#### 会提问

只有会提问才能顺利地推进对话。要成为沟通高手，至少要注意以下三点。

（1）人的心思是很难猜的，即便对方自己，也未必说得清楚。比如，客户的需求，在不了解对方想要什么之前，就贸然提出自己的想法，很容易让自己处于劣势。

（2）抛开人的心思，职场上的事情前因后果都很复杂。比如，下属犯同一个错误，有时是因为粗心，有时则是太忙没顾上，有时或许是故意没办好。如果武断地下结论，就很容易把事情弄得更糟糕。

（3）回到对话本身，沟通是一个情绪与信息交流的过程。沟通发起者扮演着通过对话搭建逻辑线，从而推进对话按既定目标展开的角色。问对问题，是帮助提问者实现这一点的重要手段。很多职场新人因为到一个新环境，总是小心翼翼的，在安排工作时不敢发问，因此在真正做事的时候不知所措，只能浪费时间再次去确认。

反复确认，确认对方的问题，确认对方的想法，确认对方的需求，不仅可以节省时间，还能帮助自己提高效率，做事更有方向。

## 自我评价

请根据自己掌握的知识，对自我进行评价，并填入表2-3-2。

表2-3-2　"恰当提问"能力达标自我评价

| 评价内容 | 自我评价等级（在符合的情况下面画"√"） | | | |
| --- | --- | --- | --- | --- |
| | 全都做到了 | 大部分做到了 | 基本做到了 | 没做到 |
| 直接型提问 | | | | |
| 诱导型提问 | | | | |
| 选择型提问 | | | | |
| 启示型提问 | | | | |
| 攻击型提问 | | | | |

（续表）

| 评价内容 | | 自我评价等级（在符合的情况下面画"√"） | | | |
| --- | --- | --- | --- | --- | --- |
| | | 全都做到了 | 大部分做到了 | 基本做到了 | 没做到 |
| 自我评价 | 我的优势 | | | | |
| | 我的不足 | | | | |
| | 我的努力目标 | | | | |
| | 我的具体措施 | | | | |

## 思考与练习

1. 提问有哪些基本原则？
2. 提问的技巧有哪些？

# 任务三　确认理解

在沟通中，大多数人总是急于表达自己，一吐为快，却一点也不懂对方。　　——海明威

**案例导入**

### 遗憾的空难

1990年1月25日晚7时40分，阿维安卡52航班飞行在南新泽西海岸上空37000英尺的高空。机上的油量可以维持近两个小时的航程，在正常情况下飞机降落至纽约肯尼迪机场共需不到半小时的时间，这一缓冲保护措施可以说十分安全。然而，此后发生了一系列耽搁。晚上8时整，肯尼迪机场航空交通管理员通知52航班的飞行员，由于严重的交通问题，他们必须在机场上空盘旋待命。8时45分，52航班的副驾驶员向机场管理员报告他们的燃料快用完了，管理员收到了这一信息，但在9时24分之前，飞机没有被批准降落。在此之间，阿维安卡机组成员再没有向机场管理员传递任何情况十分危急的信息，但飞机座舱中的机组成员相互紧张地通知他们的燃料供给出现危机。

9时24分，52航班第一次试降失败。由于飞行高度太低及能见度太差，因而无法保证安全着陆。当肯尼迪机场指示52航班进行第二次试降时，机组成员却告诉管理员新分配的飞行跑道"不可行"。9时32分，飞机的两个引擎失灵，1分钟后，另外两个引擎也

停止了工作，耗尽燃料的飞机9时34分坠毁于长岛，机上73名人员全部遇难。

　　调查人员考察了飞机座舱中的磁带并与当事的管理员讨论之后，发现导致这场悲剧的原因正是沟通与交流的障碍。为什么一个简单的信息既未被清楚地传递又未被充分地接收呢？

【分析】首先，飞行员一直说他们"油量不足"，交通管理员告诉调查人员这是飞行员经常使用的一句话。当被延误时，管理员认为每架飞机都存在燃料问题。但是，如果飞行员发出"燃料危急"的呼声，则管理员有义务优先为其导航，并尽可能迅速地允许其着陆。一位管理员指出，"如果飞行员表明情况十分危急，那么所有的规则程序都可以不顾，我们会尽可能以最快的速度引导其降落的。"遗憾的是，52航班的飞行员从未说过"情况紧急"，因此肯尼迪机场的管理员一直未能理解到飞行员所面对的真正困难。

　　其次，52航班飞行员的语调也并未向管理员传递有关燃料紧急的严重信息。许多管理员接受过专门训练，可以在这种情境下捕捉到飞行员声音中极细微的语调变化。尽管52航班的机组成员之间表现出对燃料问题的极大忧虑，但他们向肯尼迪机场传达信息的语调是冷静而职业化的。

　　最后，飞行员的文化和传统及机场的职权也使得52航班的飞行员不宜声明情况紧急。当对紧急的情况正式报告之后，飞行员需要写出大量的书面汇报。另外，如果发现飞行员在计算飞行中需要多少油量方面疏忽大意，联邦飞行管理局就会吊销其驾驶执照。这些消极的强化因素极大阻碍了飞行员发出紧急呼救。在这种情况下，飞行员的专业技能和荣誉感可能变成赌注。

　　这是一个非常惨痛的教训。对于一个飞行员来说，有过一次顺利的航行就是一次成功。只有学会沟通与交流，才会在人生的航行中一帆风顺。

## 相关知识

　　与提问过程相对应的是倾听过程。学会倾听是非常必要的，对方在谈话中势必不会总是重复同一个问题。如果心不在焉、听而不闻，就很可能漏掉一些很重要的信息，以致会出现错误。因此，倾听技巧非常重要，具体应该把握以下四项原则。

# 一、及时进行确认

　　在和别人讲话的过程中，你可能会有一些词语没有听清，也可能有一些专业术语听不懂，这时就需要向对方进行确认，进一步明确对方所讲的内容。同时，与别人交流时一定要注意术语的使用，不能运用太多的术语，以免给对方造成理解的障碍。确认的次数不宜过多，确认的焦点也应仅限于核心问题，否则会使对方怀疑你没有在认真听取他的意见，给人留下不礼貌的印象。复述是一种在传播信息时，重新表达原有信息的行为。它是非常重要的沟通技巧，有助于提高沟通和理解的效率，特别是在团队合作中。

　　复述的基本原则包括：理解对方的信息，尽可能使用被对方所理解的语言，在不改变原意的前提下采用新的表达方式，清楚地表达要点，仔细检查并确认意思，根据需要添加补充信息。

（1）理解对方的信息。这是复述的基础。在复述之前，要仔细听取对方讲话的内容，记住重点，获得正确的理解，同时要尽可能地抓住对方想表达的重要信息，而不是重复原话。

（2）尽可能使用被对方所理解的语言。不同的人可能使用不同的语言，这需要我们学会运用正确的语言，尤其是在同一个群体中，使用共同的语言，如果需要，则可以使用简单易懂的语言，以便更好地沟通。

（3）在不改变原意的前提下，采用新的表达方式。复述时，不能直接将对方所说的话原封不动地重复一遍，而应将原意信息表达出来，重新表达并加以提炼，让信息更加清晰明了。

（4）清楚地表达要点。在复述时要说明自己的思路，清楚地表达要点，如果有必要，则可以添加示例或例子，让听者能够更好地理解信息的本质内容。

（5）仔细检查并确认意思。每次复述都要仔细检查语言内容，确认复述的信息是否真实准确，是否传达了原有信息，是否符合母语文化背景，以及语言文字是否正确等。

（6）根据需要添加补充信息。如果自己不能很好地理解对方所说的，有时就可能需要提出补充问题，以弄清详情，增加补充资料或实例，让听者获得更全面的了解。

总之，只要掌握好这几点基本原则，就能够做到有效、准确的复述。

## 二、果断加以澄清

人与人之间的交流谈话不会总是言真意切的，常常会伴随误解和歧义的发生。对容易产生歧义的地方，我们要及时与对方沟通，以便充分了解对方的真正想法。有时别人说的某一句话可能存在两种或多种理解，如果我们自以为是，只按照自己的好恶去理解，就容易产生误解，因此一定要及时地进行交流，消除分歧、澄清事实。

## 三、积极进行反馈

"听"和"说"是一个双向的过程，在倾听的过程中，要积极地向对方及时进行反馈，要不断地让对方意识到自己始终在认真地听他讲话。如果只顾自己长时间地讲话而听不到回应，势必会给对方造成心理压力，对方自然就不愿意继续讲下面的内容，而只想尽快结束谈话。

## 四、真实进行记录

如果谈话议题很多或者很重要，在进行交流时就要做好记录，因为交流的时间有限，很难记住对方需求的所有关键点，最好的办法是把对方提到的重点及时记录下来。

倾听要抓住重心，尽力理解谈话的中心内容。谈话接近尾声时，把对方所谈的要点简单复述一遍，以表示自己确实在听，使对方对自己建立起信心，这样接下来的交际就容易得多。值得注意的是，复述时要格外注意态度真诚，语调平和，使对方觉得自己完全听懂了他的意思。

## 拓展与提高

### 什么是沟通

沟通包含着意思的传递。如果信息或想法没有被传送到接收者，则意味着沟通没有发生。也就是说，说话者没有听众或者写作者没有读者都不能构成沟通。

要使沟通成功，意思不仅需要被传递，还需要被理解。如果用对方不懂的语言给其写信，那么，这封信不经翻译就不能称为沟通。沟通是意思的传递与理解。完美的沟通，应是信息经过传递之后被接收者感知与发送者发出的信息完全一致。

良好的沟通常常被错误地解释为沟通双方达成协议，而不是准确理解信息的意思。如果有人与我们意见不同，不少人认为此人未能完全领会我们的看法，换句话说，很多人认为良好的沟通是使别人接受我们的观点。但是，沟通中常常有"我可以非常明白你的意思却不同意你的看法"的情况。当一场争论持续了相当长的时间时，旁观者往往断言这是缺乏沟通导致的，然而详尽的调查表明，此时正进行着大量的有效沟通，每个人都充分了解了对方的观点和见解。有人把有效的沟通与意见一致混为一谈，这就需要我们对沟通做出正确的理解。

## 自我评价

请根据自己掌握的知识，对自我进行评价，并填入表2-3-3。

表2-3-3 "确认理解"能力达标自我评价

| 评价内容 | 自我评价等级（在符合的情况下面画"√"） | | | |
|---|---|---|---|---|
| | 全都做到了 | 大部分做到了 | 基本做到了 | 没做到 |
| 及时进行确认 | | | | |
| 果断加以澄清 | | | | |
| 积极进行反馈 | | | | |
| 真实进行记录 | | | | |
| 自我评价 | 我的优势 | | | |
| | 我的不足 | | | |
| | 我的努力目标 | | | |
| | 我的具体措施 | | | |

## 思考与练习

1.倾听技巧有哪些原则？

2.复述的基本原则有哪些？

# 任务四　事后反馈

有效的沟通取决于沟通者对议题的充分掌握，而非措辞的甜美。

——民间谚语

### A与a

小王大学毕业不到一年，现在是某公司的一名职员。

某天，领导拿着一份文件，让他传真到A公司的宣传部，小王照着做了。可谁知，第二天，领导怒气冲冲地走进办公室，当着众多同事的面，大声地斥责小王："你是怎么做事的？让你发传真到A公司宣传部，你却发到了a公司，给公司造成了莫大损失。"

小王一下子懵了，他回忆了一下，原来昨天领导交代任务时，因时间紧迫双方没做进一步确认，小王误以为是a公司，才会导致事故的发生。

【分析】这个案例表明了反馈就是交流沟通中最重要的一个环节，实际上反馈就是说明有没有做对，只有有了反馈，才能像行驶在广阔大海里的船舶，随时可以根据周围的环境修正或调整前进的路线，直至平稳顺利地抵达目的地。

## 相关知识

## 一、什么是反馈

反馈是指信息、反映等的返回，可能是意见，也可能是建议。

### （一）完整的沟通过程

一个完整的沟通过程是这样的：首先是信息的发生者通过"表达"发出信息，其次是信息的接收者通过"倾听"接收信息。对于一个完整的、有效的沟通来说，仅仅有这两个环节是不够的，还必须有反馈，即信息的接收者在接收信息的过程中或过程后，及时地回应对方，以便澄清"表达"和"倾听"过程中可能的误解和失真。

### （二）避免缺乏反馈的技巧

反馈是沟通过程中或沟通结束时的一个关键环节，不少人在沟通过程中不注意、不重视或者忽略了反馈，结果沟通效果打了折扣。不少人在沟通中都以为对方听懂了自己的意思，可是实际操作过程中与自己原来的意思大相径庭。其实，在双方沟通时，多问一句"您说的是不是这个意思……""请您再说一下，好吗"，问题自然就解决了。

### （三）反馈的类别

反馈有两种：一种是正面的反馈，另一种是建设性的反馈。正面的反馈就是对对方做的好的事情予以表扬，希望好的行为再次出现。建设性的反馈就是在对方做的不足的地方，给他提出改进的意见。

## 二、如何给予反馈

（1）针对对方的需求反馈。要站在对方的立场和角度上，针对对方最为需要的方面，给予反馈。例如，在半年绩效考核中，下属渴望知道上司对他工作和能力的评价，并期待上司能为自己指明下一步努力的方向。如果作为上司，在绩效考核之后不反馈，或者轻描淡写地说一下，则会挫伤下属的积极性。

（2）具体、明确。以下是给予具体、明确反馈的两个例子。错误的反馈："小李，你的工作真是很重要啊！"这种表述方式很空洞，小李也不知道为什么自己的工作就重要了，从而不能真正给对方留下深刻的印象。正确的反馈："公司公文和往来信函，是一个公司素质高低的表现，代表着一个公司的水平、精神和文化。小李，你的工作很重要。"这种对下属的反馈就不是空洞的、干巴巴的说教，而能起到事半功倍的效果。

（3）有建设性。有些上司容易武断地给下属的意见或想法下结论。比如，有的往往带着批评或藐视的语气说："你的想法根本就行不通！""小伙子，你还是太年轻了！"这会挫伤下属主动沟通的积极性。如果换一种态度，以建设性的、鼓励的口气给下属反馈，效果就会不同。比如，"小王，你的意见很好，尽管有些想法目前还不能实现，但是你很乐于动脑筋，很关心咱们部门业务的开展，像这样的建议以后还要多说啊！"。建设性反馈是一种建议，而不是批评。

（4）对事不对人。积极的反馈就事论事，忌讳涉及别人的面子和人格尊严，不要说带有侮辱性质的话语。比如，"你是猪脑子啊，没吃过猪肉还没有看过猪走"之类的言语只能加深双方的敌对和对抗情绪，与最初的沟通愿望适得其反。

## 三、如何接受反馈

接受反馈是反馈过程中一个十分重要的环节，在接受反馈时应该做到以下几点。

（1）耐心倾听，不打断。接受反馈时，一定要抱着谦虚的态度，以真诚的姿态倾听他人的反馈意见。无论这些意见在你看来是否正确和是否中听，在对方反馈时都要暂时友好地接纳，不能打断别人的反馈或拒绝接受反馈。打断反馈包括语言直接打断，如"不要说了，我知道了"；也包括肢体语言打断，如不耐烦的表情、姿势等。如果粗鲁地打断别人对自己的反馈，其实就表示着沟通的中断和失败，了解不到对方更多甚至更重要的信息。

（2）避免自卫心理。对方在向自己反馈时，如果仅仅站在自己的立场，挑肥拣瘦地选择是否接受，一旦听到对自己不利、不好或不想听的内容，就急忙辩解和辩论，明智的另一方就会马上终止反馈。

（3）表明态度。别人对自己反馈之后，自己要有一个明确的态度，如理解、同意、赞成、支持、不同意、保留意见等。不明确表示自己对反馈的态度与意见，对方会误解自己没有听懂或内心对抗，这样就会增加沟通成本，影响沟通质量。

## 拓展与提高

### SOFTEN原则（有关非语言方面的原则）

（1）S——微笑（Smile）。很多人在听他人讲话时会忘记这一点。他们在认真地听他人讲话时，容易忽略自己的表情。微笑能够表达自己的友好，并无言地告诉对方自己从心底喜欢这样的交流。

（2）O——注意聆听的姿态（Open Posture）。随时处于聆听的姿态能够给对方极好的暗示。暗示他人自己已经准备好了听他讲话，并且关注他的每个观点和看法。聆听的姿态往往表现为面对讲话人站直或者端坐。站直身体时全身要稳，站立时不要显得懒散，也不要交叉双臂抱在身前。

（3）F——身体前倾（Forward Lean）。在交谈中不时地将身体前倾，以此表示自己专心在听。

（4）T——音调（Tone）。声音的高低、语速、音量、声调都会对谈话的效果产生重要影响。

（5）E——目光交流（Eye Communication）。在沟通的过程中，要有必要的目光交流。因为目光交流是沟通过程中必要的非语言因素。

（6）N——点头（Nod）。偶尔向对方点头，不只表示赞同，同时说明自己认真地听了他的讲话。

## 完成任务

任务名称：巧妙记住信息——聆听

训练形式：集体参与

时间：90分钟

材料：任何一则包含一些数字或确切事件的新闻

场地：教室

目的：①帮助学生认识倾听的重要性；②帮助学生提高倾听技巧。

过程：①当游戏开始时，先不要进行任何形式的介绍。②学生就座后，主持人（学生或教师）说一条信息给大家听，并说明这条信息在很早前学生就已获知，然后开始朗读一段事先从报纸或杂志上摘录的一则文章或故事。③朗读完毕，主持人就以上新闻对同学进行提问。例如，事件在什么时间发生？事件发生地点？事件的当事双方是什么人？……④要求学生把答案写在纸上后，再投影出新闻的原文。⑤要求学生将自己的答案与原文进行对比，看看正确率能达到多少。⑥讨论：既然大家都听到了这个故事，为什么有些问题会回答错误？为什么我们会听不全呢？这是不是一个典型的例子？我们如何提高自己倾听的技巧？我们应当如何保证更好地倾听？

启示：在接见客户时，我们要掌握客户的意图、目标、风格和策略，必须学会倾听。只有多听客户的发言，才能充分明白其观点和意图，这样做既是对客户的尊重，也能够把握对方的谈话风格，这样才能迎合对方的口味，从而调整自己的谈话策略。同时，通过倾听了解对方的喜好，以便对拟订的谈话方案做出必要的修正。

提示：要成为好的倾听者就要对内容进行判读，而不是简单的记忆，应边听边想，灵活机动，主动倾听，抵抗分心，训练思维，开放思路，加快思考速度。

## 思考与练习

1.如何给予反馈？

2.如何接受反馈？

如何成为优秀的沟通者

# 模块三 人际关系与沟通交流

**模块导读**

　　人作为社会性动物，在穷其一生的漫长生涯中，时刻与他人相互发生着作用，因此人与人之间形成了广泛的社会关系。一个没有交际能力的人，犹如陆地上的船，是永远也不会航行到广阔的大海里去的。

　　人际交往是一张复杂的"关系网"，这张"网"对我们的学习、生活和身心健康等有着重要影响，如亲子关系、上下级关系、同事关系等都在这张"网"里。只有把这张社会关系网织好，才能在日益变化的社会里积极应对生活的变迁、危机事件等多种应激情境。良好的人际关系是人发展与成功的重要保障。在日常生活中，要想织好社会关系这张"网"，良好的沟通与交流是必不可少的。

**学习目标**

1. 理解亲子关系的概念。
2. 掌握与父母沟通的方法，能敞开心扉与父母交流。
3. 能够在日常生活中与家人拥有健康的人际关系。
4. 能够全面了解上司，调整自己适应上司。
5. 能够客观看待上司，对上司忠诚坦白、公正无私。
6. 能够用有效方法让上司了解自己。
7. 能够从综合分析中领悟上司意图。
8. 能够让同事从情感上接受自己，能够在沟通与交流中把握分寸，实现双赢。
9. 能够建立目标导向的协作意识，启发共赢思维，学会宽容。
10. 能够根据企业需要与客户建立友好联系，能主动了解、搜集、归类客户信息。
11. 能把握沟通与交流的技巧，协调好上司与客户间的关系。
12. 能够通过有效途径了解客户及客户与上司或企业的关系，并获得信任。
13. 能够根据不同客户的类型采取不同的沟通与交流方法。
14. 能够主动与客户沟通与交流，能有效回应客户需求及感受，给予客户适度的关心。
15. 能够熟悉提供帮助的环节，为他人提供帮助。
16. 能够把握与客户保持关系的原则，运用有效策略和方法与客户保持关系。

项目一

# 与家人沟通交流

## 任务一 理解背景

没有和平的家庭，就没有和平的社会。

——池田大作

**案例导入**

### 小荣的志愿

小荣今年高考，按他的成绩能上专科学校。小荣的家人都倾向于让他复读一年，争取第二年能考上本科院校。可小荣断然拒绝了，他希望自己能成为一名医生，于是选择了一所医学专科学校，并且已有了规划：在校期间，要专升本，继续深造。

小荣的妈妈为了打消他的念头，带他去看了那所医学专科学校：远离城市，荒凉冷清。但是小荣很坚定，不管怎样，他都要上这所学校，并且对未来的困难已做好了心理准备。

最终小荣的父母妥协了，同意他按照自己的想法去走自己的路。可是，小荣的爷爷、奶奶、姑姑、叔叔大有恨铁不成钢之意。

爷爷说："作为长孙，你这样的表现，太让人失望，不行，一定要复读一年，明年考个好大学！"奶奶说："你不能吃苦，太懒，没志气，哪怕再辛苦一年，也要上个好大学，你怎么这么没志气呢！"

姑姑说："爷爷奶奶说这些，都是为你好，你也不小了，该懂点事了！"

叔叔义正词严，从社会的发展讲到生存的艰辛，从人生的有限讲到规划的重要，从做人的道理讲到小荣存在的问题："你要孝敬你妈，你妈上班多辛苦呀，从明天开始，你要每天早起给你妈做早饭，看我小时候，……"叔叔还没说完，小荣已经怒了，于是和叔叔大吵了一架，拂袖而去。

看着小荣的背影，大家直摇头，"真不懂事呀，快20岁了，心智还这么不成熟。"

叔叔说："这些话要是不说出来，我心里会不舒服，所以知道他不高兴，我也要说。"

【分析】与家人沟通失败的原因往往是没有掌握好沟通与交流的技巧及方式，案例中小荣的家人以己代入去"指导"小荣的成长，但是并不能让小荣信服，效果适得其反。在亲子关系中，我们需要学会换位思考，只有了解双方沟通出现问题的原因，去理解、包容、接纳对方，才能更好地相处。

## 相关知识

## 一、亲子关系的概念

亲子关系指父母与子女的关系，它是家庭中纵向关系的核心，也是家庭关系的重要组成部分。亲子关系就其自然属性来说是一种血缘关系，并且具有确定性、不平等性、稳定性、变化性等特征。

孩子与父母的关系是"人际交往的第一关系"，父母无法选择自己的孩子，孩子也不能选择自己的父母，且无论双方是否愿意都必须接受这种关系。

## 二、亲子关系的四种特点

（1）确定性。亲子关系是在人出生时就确定的，孩子不能随意选择父母，与其他关系有着显著不同的是：不论孩子是否满意，都必须接受这种不可选择的确定性关系。

（2）不平等性。这表现在父母处于支配和主导的地位，孩子处于被支配和被主导的地位，由于孩子年龄小，判断力不强，自我意识不明确。于成人来说，孩子处于弱势，孩子需要被教育，因此亲子关系是教导与被教导的关系。

（3）稳定性。亲子关系是建立在血缘伦理基础上的，人一出生就存在并延续一生，这种关系不可能被人为地终结，只要亲子双方存在就不可避免。它对人的影响是必然的，也是稳定的。

（4）变化性。亲子关系是不断变化的，它随着孩子年龄的变化而变化，由父母主导，但随着孩子年龄的增长，孩子会对亲子关系有一定的反应，这种反应又反过来影响亲子关系。任何家长都不可能用一种方式来对待不同年龄阶段的孩子。

## 三、父母与子女沟通难的原因

### （一）代沟问题

在家庭中，父母和孩子之间存在着代沟问题。父母的思想观念和孩子的思想观念存在着巨大的差异，这会导致双方的沟通障碍。父母往往会把自己的价值观强加给孩子，而孩子则会觉得自己的想法被忽视或者不被理解。这种代沟问题会导致孩子不愿意和父母沟通，甚至会对父母产生反感，父母也会感到孩子不懂事、不听话。

### （二）沟通方式不当

家庭沟通问题还与沟通方式有关。有些父母缺乏耐心，总是急于表达自己的观点，不愿意听孩子的想法。有些孩子则使用了不当的沟通方式，如抱怨、指责和攻击，这会使父母感到受到了攻击，从而心生反感，反过来也会使用同样的方式回应孩子，导致沟通失败。

### （三）父母的期望过高

很多父母对孩子的期望过高，他们认为孩子应该按照他们的期望去行事，而不是按照自己的愿望和兴趣去选择。这会导致孩子感到自己的自主权被剥夺，不能按照自己的意愿做事情。父母的期望过高还会导致孩子感到压力过大，产生抵触情绪，不愿意和父母沟通。

### （四）缺乏共同话题

父母和孩子之间的沟通也会受到共同话题的限制。如果父母和孩子没有共同的话题，就很难进行深入的沟通。父母和孩子之间的代沟、兴趣爱好差异等因素都会导致缺乏共同话题，从而影响家庭沟通。

## 四、如何与父母沟通

### （一）学会理解自己的父母

子女应该理性地认识和理解父母，并从父母的经历、年龄、地位、能力等背景来认识他们，而不要用完美、理想的标准来要求他们。无论父母说得正确与否，他们的本意都一定是为子女好，这是毋庸置疑的。只不过子女与父母的年龄、经历和生长年代不同，对问题的看法难免有差异，子女应该予以理解。大部分父母都是普通人，他们也有缺点，也会说错话、办错事，作为子女应该理解尊重父母。对待父母不要太较真，更不要让他们伤心。随着年龄的增长，子女定能逐渐体会到父母的用心。其实，能听到父母的唠叨是件很幸福的事。

### （二）学会尊重自己的父母

尊重父母对自己提出的意见和建议；在发生矛盾和冲突时不能采取回避、疏远、顶撞的态度，要做出必要的让步和道歉；要尊重父母的个性。人的思想不可能完全相同，尊重别人与自己的不同，包容别人和自己的不一样，求同存异无疑是最好的处理方式。由于"代沟"的存在，父母与子女在各方面难免会存在较大差异。尽管父母一辈阅历丰富，但有时也难免会做出一些在年少气盛的子女看来是匪夷所思、莫名其妙的事情。作为子女，要多学习他们观察、分析和处理问题的方式与方法，借鉴他们人生的经验教训，使自己少走弯路。

### （三）学会掌握一定的技巧和方法

要找对方沟通，一定要有这样的心理准备，先让对方说清楚，耐心倾听。当把自己的意见表达清楚之后，如果对方不做同理心回应，就问对方对自己刚才所说的想法。如果理解有偏差，就请对方告诉自己他的想法和意见。沟通双方都要把自己的想法表达清楚明白。沟通出现冲突，常常是因为双方的想法和意见不一样。当双方好好交流与沟通之后，都不能要求对方非做不可，而是在中间取得平衡，找到双赢的方法。

## 拓展与提高

### 社会支持系统

社会支持系统是个体通过与环境中人物的互动，所建立的一种关系网络。通过社会支持系统，个人得以维持社会身份并获得情绪支持、物质援助和服务。

依据社会支持系统的观点，个人所拥有的社会支持网络越强大，就能够越好地应对各种来自环境的挑战。个人所拥有的资源可以分为个人资源和社会资源。个人资源包括个人的自我功能和应对能力，社会资源是指个人社会网络的广度和社会网络中的人所能提供的社会支持功能的程度。

社会支持的内容和形式具体可分为以下六种。

（1）相互依存。通过婚姻，建立夫妻间的亲密关系；缺乏时会让人感到孤独、空虚，心理适应困难。

（2）社会整合。得到社会关心，在工作中相互联系、交流经验；缺乏时会让人感到生活枯燥，甚至痛苦。

（3）抚育机会。有无子女，对成人具有责任性意义，有子女会让人拥有更多的生活乐趣。

（4）信任和安全。个人社会地位的坚固性和其在家庭成员、同事、朋友心目中的地位；缺乏时会让人有无能之感。

（5）可靠的结盟。个体与亲属联系，如果长期与家庭成员脱离联系，就会有被分离、被限制之感。

（6）获得指引。当精神紧张时，社会支持特别是重要集团提供的支持、帮助与指导，对个人顺利渡过心理危机期和避免情感创伤十分重要。

近几十年来，"社会支持"这一概念在多个学科领域得到了广泛的研究，社会支持被誉为"黄金变量"。人在社交过程中，交往数量、质量都会对其身心造成许多影响。

## 完成任务

测一测自己与父母的关系是否健康。

请在表3-1-1中根据自己的实际给亲子情况打分，得分等级：A表示很不符合（1分）；B表示不符合（2分）；C表示尚符合（3分）；D表示符合（4分）；E表示非常符合（5分）。

表3-1-1 亲子关系测量表

| 项目 | 父母不管工作或生活多忙碌，每天都会留一些时间给孩子 | 父母能经常保持愉快的心情和孩子相处 | 父母认为孩子是理性的，能自己面对和解决问题 | 和孩子对话，父母很少使用"你应该……""你最好……否则……你再不……我就……"的语气和孩子交谈 | 父母觉得孩子能欢喜地生活，比成绩好更重要 |
|---|---|---|---|---|---|
| 得分 | | | | | |
| 项目 | 父母觉得孩子犯错和惹麻烦是成长必经的过程 | 孩子说话时，父母能耐心专注地听完 | 父母能经常和孩子有亲密的接触（如摸头、拍肩、相互拥抱……） | 即使孩子犯了错，父母也不会因此就认为他（她）是个坏孩子 | 父母经常给自己和孩子充裕的时间，避免催促孩子 |
| 得分 | | | | | |

（续表）

| 项目 | 不论孩子发生什么事，父母都能以孩子的立场，分享孩子内心的感受 | 亲子间有冲突时，不认为一定是孩子的错 | 父母能给孩子充分的自主空间，决定自己的事 | 父母要求孩子做的事情，父母自己都能做到 | 父母答应孩子的事情，一定都会履行 |
|------|------|------|------|------|------|
| 得分 | | | | | |
| 项目 | 父母与孩子谈话时，能了解孩子内心真正的感受 | 父母了解孩子内心的喜好和厌恶 | 孩子愿意主动地告诉父母在外面发生的事情和内心感受 | 父母与孩子谈完话，很少有批评或指责孩子的想法 | 满意目前的家庭状况 |
| 得分 | | | | | |

计分：将每题得分全部加起来，即得到本测量表的总分。

测量结果：若总分在60分以下，表示亲子关系已有了危机，应马上调整；若总分在60～80分之间，示亲子关系还算好，但是还可以更好；若总分在80分以上，表示亲子关系很好，应继续保持下去。

## 思考与练习

1. 亲子关系的四种特点是什么？
2. 完成上面的亲子关系测量表，你认为你与父母关系如何？以后会如何改善亲子关系？

# 任务二　敞开心扉

学会以最简单的方式生活，不要让复杂的思想破坏生活的甜美。

——弥尔顿

## 案例导入

### 高晓松与他的父亲

高晓松在2018年3月31日播出的《奇葩大会》上，首次公开提到自己的原生家庭的关系，"有长达20年的时间，是不自知的，因为对原生家庭的不满，尤其是我跟我父亲之间极为不好的关系，确实导致了我年轻时出现了很多问题：讨厌别人干预自己，爱较劲。""我从来没有问过我父亲一个问题，无论是学习还是其他方面的问题。""直到40岁之后，我才真正走了出来。"

在外人看来，高晓松拥有令人羡慕的童年，出身于书香门第，从小就接受了很好的教育。但我们不知道的是，即便是在高级知识分子家庭长大的高晓松，也受到了原生家庭的伤害。

心理学家武志红在《奇葩大会》上回应道：家庭是整个世界、整个社会的缩影，而个人是整个家庭的缩影，讨论原生家庭是非常重要的。我们现在讨论原生家庭并非在怪罪家庭，而是在寻找个人成长的原因，我们都可以对此做出改变。

【分析】这个案例说明了良好健康的亲子关系是孩子健康成长的关键，父母对孩子的尊重、支持及亲子间能敞开心扉，是拥有健康的亲子关系的重要因素。无论何时，无论何事，只要愿意敞开心扉，用心与家人交流，少一点抱怨，少一点敷衍和争吵，把事情说清楚，就能让亲子关系往健康的方向发展。

## 相关知识

### 一、与父母沟通交流的方法

（1）沟通是需要一些勇气的。很多人在遇到问题时，往往缺乏沟通的勇气，从而产生退却、逃避的念头。这样的做法是没有意义的，也不能给自己你带来帮助，甚至可能带来不好的影响。因此，如果想跟父母更好地沟通与交流，就鼓起勇气去行动。

（2）增加对彼此的了解。若想理解对方，就需要设身处地为对方着想，学会换位思考，理解对方这样做的目的。尊重父母提出的意见和建议，与父母交谈注意说话的语气和分寸。

（3）能够认真倾听对方说的话。有时候家人说的话并不是在反驳自己，而是在帮助自己。因此，在沟通与交流时，多站在他们所关心的层面上。毕竟父母是家里的年长者，他们的经验更丰富，不论他们说的对错都要先认真地听完。这是晚辈对长辈最起码的尊重，与父母发生矛盾和冲突，要做出必要让步和道歉。

（4）尊重父母的个性，欣赏父母的优点。与父母发生分歧时，不回避、疏远、顶撞。

### 二、与父母沟通交流的技巧

#### （一）同理心

在沟通的过程中要有同理心。要让父母知道自己的想法，就要表达清楚。不要怕冲突，因为冲突有时候是磨炼成长的机会，重要的是面对冲突的态度。和对方沟通与交流彼此之间冲突的时候，要先给对方机会把他的想法、感觉、立场都讲清楚，给出同理心回应，确定对方的想法跟感觉，给对方机会阐述清楚。

#### （二）注重倾听

一直急于表达自己的不满、想法与意见，这是冲突里面最难解决的。放下自己的不满，愿意倾听对方，这才是解决冲突的关键。当有机会告诉对方自己的想法与感觉时，要学会清楚地把自己的想法和感觉表达出来。

学会解决冲突

### （三）多与父母沟通交流

沟通的前提是了解对方、关心对方，认为和对方沟通是有价值、有意义的事情。我们要相信父母是爱自己的，自己也是爱父母的。也许父母对自己要求很严格，这只是他们的一种教育方式。我们要积极主动与父母交流，这会给自己带来极大的益处。一旦遇到困难，就能自然地向父母倾诉，寻求他们的理解和支持；即使父母的回应有时会夹杂教训与责备，也要耐心听父母把话讲完。教训、责备或者啰唆可能仅仅是他们对子女表达担心、关切和爱护的一种方式。

## 拓展与提高

用好情绪控制的调节阀

**情绪与情商**

1. 情绪

情绪是感觉、特定的想法、生理状态、心理状态和相关的行为倾向。

正面情绪可以激发个人的生理反应，使人充满活力，用以适应外在的环境变化。常见的正面情绪包括愉悦、轻松、欣慰、高兴等。负面情绪会影响内分泌，严重的甚至会导致疾病，如消化不良、腹泻、便秘、心跳加快、血压升高、神经衰弱、抑郁症等。常见的负面情绪包括愤怒、悲伤、焦虑、害怕、厌恶、羞愧、惊慌等。

2. 情商

情商的全称为情绪商数，它是一种表示自我情绪控制能力的指数，即信心、乐观、急躁、恐惧、直觉等一些情绪反应的程度。

一般而言，情商具有以下几个特点。

（1）情商是指情绪控制能力或情绪智力高低，虽然它不适于像智商那样用数值尺度来测量，但可以通过一些科学的方式来了解。

（2）情商与智商不是对立的。有的人有幸既有较高的智商又有较高的情商，有的人则只有其中之一。

（3）情商对人的社会成就的影响比智商更大。

（4）可以采取适当的方式提高人们调节情绪、控制情绪的能力，使情商因素有利于提高工作效率，有助于个人成功。

情绪控制能力具有普遍的实用价值，对企业应如何决定雇用谁、父母应如何抚养自己的孩子、学校应怎样教育学生都是有用的。

## 完成任务

**情绪商数测验**

请根据表3-1-2自测情商数。

表3-1-2　情商测验

| 序号 | 题目 | 从不 | 偶尔 | 经常 |
|---|---|---|---|---|
| 1 | 心情不开朗,很少展现笑容 | | | |
| 2 | 不了解自己因何而高兴、生气、伤心 | | | |
| 3 | 说不出令自己高兴、生气、伤心或嫉妒的话或事 | | | |
| 4 | 表达情绪的方式通常是骂人、忍耐或忍受委屈 | | | |
| 5 | 情绪起伏很大,不易了解 | | | |
| 6 | 在意别人对自己的看法,生活较紧张,无法轻松自在 | | | |
| 7 | 一次想做很多事,因此显得不专注 | | | |
| 8 | 做事拖拉、慢吞吞、被动 | | | |
| 9 | 对于分内的事不能主动及负责任地完成 | | | |
| 10 | 回答问题时常说"不知道""随便",或不说话,顾左右而言他 | | | |
| 11 | 不遵守公司、学校或家庭既定的规则 | | | |
| 12 | 对于自己计划好的事,无法信守承诺,或草率应付 | | | |
| 13 | 对自己要求很高,达不到要求会哭闹、生气 | | | |
| 14 | 对自己要求不高,觉得反正做不到就干脆放弃 | | | |
| 15 | 担心自己提的意见不好而轻率附和同伴意见 | | | |
| 16 | 耐心不足,做什么事都匆匆忙忙 | | | |
| 17 | 与人合作时,如果别人不同意自己的意见,就会骂人或者逃避 | | | |
| 18 | 因担心犯错而不敢担任新的职务 | | | |
| 19 | 与同伴意见不同时,采取退让、委屈自己或是对别人生气等方式来妥协 | | | |
| 你的情商是:　分 | | | | |

计分:将每题得分全部加起来,即得到本测验的总分。

测验结果:从不表示0分,偶尔表示1分,经常表示2分。若总分为0~7分,则表示有高情商;若总分为8~21分,则表示多些训练,情商会增强;若总分为22分以上,则表示常常会情绪起伏。

了解了自己的情商,就能有效控制自己的情绪,而不被情绪控制;能面对挫折,疏导自己的情绪;能读出他人的情绪;能掌握人与人之间的感觉。

## 思考与练习

1. 与父母沟通交流的方法和技巧有哪些?
2. 敞开心扉与父母交流相处中存在的一些问题,并解决它。

# 任务三　寻求支持

要把同道的人当作朋友，而不必把同利的人当作朋友。

——罗兰

**案例导入**

　　小磊的父母因常年在外地忙于做生意，很少有时间陪伴在小磊身边，与其沟通与交流甚少。在父母眼中他们给小磊提供好的物质生活条件即是爱他；但是由于疏于交流、没有父母的关心与陪伴，小磊越来越叛逆，与父母的矛盾越来越大，无心上学，整天泡网吧、打游戏，在网吧认识了社会不良青年，最后因为打架斗殴伤人被送进了劳教所。

　　【分析】这个案例表明了在孩子的成长过程中，家长的情感支持和关怀对于孩子的心理健康和成长至关重要。亲密的亲子关系可以为孩子提供安全感和信任感，帮助他们建立自尊心和自信心，促进他们的全面发展和成功。

## 相关知识

　　家长可以通过以下方式促进形成健康的亲子关系。

## 一、给予情感支持

　　孩子在成长过程中，经常会遇到各种问题和挫折。在这个过程中，家长的情感支持显得尤为重要。家长应该时刻表达对孩子的爱和支持，让孩子感到被关心和照顾。当孩子遇到困难时，家长应该给予鼓励和安慰，帮助他们克服困难，增强自信心。

## 二、建立亲密的亲子关系

　　建立亲密的亲子关系是保证孩子心理健康和成长的关键。家长应该尽可能多地参与孩子的生活和学习，建立良好的互动关系。家长可以陪伴孩子一起做家庭作业、玩游戏、看电影等，营造和谐的家庭氛围。此外，家长还可以和孩子一起制订规划，帮助他们实现自己的梦想和目标。

## 三、注重情感教育

　　家长应该注重孩子的情感教育，帮助他们发展健康的情感态度和情感技能。家长可以通过各种方式，如阅读、绘画、写作、角色扮演等，培养孩子的情感认知和情感表达能力，让孩子学会理解和控制自己的情绪，增强自我管理的能力。

## 四、倡导积极的家庭氛围

　　积极的家庭氛围有助于促进孩子的心理健康和成长。家长可以鼓励孩子积极参与家庭活动，营造家庭团结的氛围。此外，家长还应该积极倡导健康的生活方式，如良好的饮食习惯、适度的运动、充足的睡眠等，让孩子养成健康的生活习惯。

家长对孩子的情感支持和心理健康的关注与关怀是孩子成长过程中不可或缺的部分。建立亲密的亲子关系、注重情感教育、营造积极的家庭氛围等方法，有助于家长为孩子提供全面的成长环境，让孩子能够健康快乐地成长。

在亲子关系中，除了父母，作为孩子也需要不断努力让亲子关系向健康的渠道发展。

1. 向父母寻求支持

可以多与父母讲述在外的一些事情，主动帮父母分担家务，当遇到不开心的事情时与父母交流。健康的亲子关系需要双方的共同维持与努力。

2. 向老师寻求支持

当跟父母的沟通出现问题，无法交流时，可以寻求学校心理老师的帮助，向老师说明具体的原因，让老师帮助沟通，缓和亲子关系。

3. 向好朋友寻求支持

多与关系好的朋友倾诉，不要总把情绪压抑在心里。好朋友在思想及心态上与自己相像，让好朋友做情绪知己。当情绪有人理解、有人开导时，自己的负面情绪就能得到释放。

4. 向专业机构寻求支持

当与父母的沟通出现问题，而又不想与亲朋好友、老师去诉说时，可以寻求专业的心理机构的支持。有专业的心理人士疏导，沟通会更加顺畅。

## 拓展与提高

### 同理心

同理心是站在当事人的角度和位置上，客观地理解当事人的内心感受，且把这种理解传达给当事人的一种沟通与交流的方式。

对于某个已经发生的事件，把自己当成当事人，想象是出于什么样的心理才导致某种行为，从而触发这个事件的。这样做可以使自己更容易理解对方产生该行为的原因，这与"己所不欲，勿施于人"的道理如出一辙。

当自己不认同对方的观点时，不要先急于判定对方一定是错的，而要尝试从相反的角度去思考，针对事情本身而不是针对人，便有可能发现自己原来的看法并不完全正确。因为事情发生在"我"身上（主观）跟发生在"你"或"他"（客观）身上所产生的心理影响区别可能非常大，毕竟别人的想法和行为背后总会有一定的原因。

运用同理心沟通时，应遵循以下几项原则。

（1）怎样对待别人，别人就会怎样对待自己；只有替别人着想，别人才会替自己着想。

（2）要想得到他人的理解，就要先理解他人；只有将心比心，才会被人理解。

（3）别人眼中的自己，才是真正的自己；要学会站在别人的角度来看问题，并据此改进自己在他人眼中的形象。

（4）只能修正自己，不能修正别人；想成功地与人相处，想让别人尊重自己，唯一的方法就是先改变自己。

(5) 只有真诚坦白的人，才是值得信任的人；要不设防地、以最真实的一面示人。

(6) 只有真情流露的人，才能得到真情回报；要摘掉面具，真诚对待每个人。

## 完成任务

### 关于与父母沟通交流的调查问卷

1. 你多久与父母交流一次？

A. 每天　　　　　　B. 一周多次　　　　C. 一周　　　　D. 一周以上

2. 你通常与父母的交流时长为多少？

A. 10分钟以内　　B. 10~15分钟　　C. 15~30分钟

D. 30分钟~1小时　E. 1小时以上

3. 你与父母通过什么途径交流最多？

A. 面对面　　　　　B. 文字聊天　　　　C. 语音通话

D. 视频通话　　　　E. 其他

4. 你与父母通常是哪方主动联系对方？

A. 父母　　　　　　B. 自己　　　　　　C. 双方差不多

5. 你通常与父母交流会涉及哪方面内容？

A. 学习方面　　　　B. 生活方面　　　　C. 健康方面　　　D. 其他

6. 你觉得与父母沟通存在问题吗？

A. 存在　　　　　　B. 不存在

7. 你对与父母沟通持怎样的态度

A. 无所谓，没必要　B. 例行公事　　　　C. 愿意通过沟通增进感情

8. 你是否在与父母沟通时发生冲突？

A. 经常　　　　　　B. 偶尔　　　　　　C. 没有

9. 你认为阻碍你与父母沟通的因素是什么？

A. 电子产品和游戏　B. 学习繁忙　　　　C. 工作繁忙　　　D. 缺少共同语言

E. 父母工作繁忙　　F. 自己不愿意与父母交流

G. 父母不愿意与自己交流　　　　　　　H. 其他（觉得麻烦）

## 思考与练习

1. 你与父母沟通与交流过程中存在的最大问题是什么？

2. 在亲子关系中，除了父母，我们还可以寻求哪些支持？

# 任务四　保持联系

从容不迫的举止，比起咄咄逼人的态度，更能令人心折。

——三毛

**案例导入**

　　在日常生活中，有些人认为，人的幸福是建立在金钱、成功、名誉和地位的基础上的。实际上，对于人的幸福来说，所有这些方面远不如健康的交往和良好的人际关系重要。复旦大学教师于娟博士因乳腺癌于2011年辞世，她生前在日记中写道："在生死临界点的时候，你会发现，任何的加班、给自己太多的压力、买房买车的需求，这些都是'浮云'。如果有时间，你一定要好好陪陪你的孩子，把买车的钱给父母买双鞋子，不要拼命去换什么大房子，和相爱的人在一起，蜗居也温暖。"

【分析】在现实生活中，我们常常因为各种小事与父母发生矛盾、冲突，甚至拒绝与父母沟通；殊不知我们日常感到厌烦的父母的唠叨，对于很多人而言是"奢侈"的。现在明白"树欲静而风不止，子欲养而亲不待"的道理为时不晚，多与父母保持联系，珍惜简单的幸福。

## 相关知识

## 一、与父母保持联系的方法

(1) 主动向父母汇报在校情况。

(2) 虚心听取父母的批评和建议。

(3) 多和父母聊天，缓解父母的工作压力。

(4) 主动开展有利于情感交流、心灵沟通的活动。

(5) 多和父母探讨一些新的观念、新的思想，交换不同的看法，消除认识上的分歧等。

## 二、与父母相处的十条建议

(1) 自己事情自己办，不给父母添麻烦。

(2) 艰苦朴素少花钱，不与别人比吃穿。

(3) 家务劳动帮着干，多为父母减负担。

(4) 思想学习勤汇报，恳求父母多指点。

(5) 探亲访友离家前，禀告父母莫挂牵。

(6) 学会道歉学会笑，不去顶撞和撒欢。

(7) 递杯茶水问声安，爸妈辛苦挂嘴边。

（8）养育之恩重如山，儿女责任记心间。

（9）衣食住行讲礼貌，尊老敬长想在先。

（10）大事小事不计较，学会宽容无事烦。

## 拓展与提高

### 不同类型的亲子关系所具有的相应的社会性特征表现

不同类型的亲子关系所具有的相应的社会性特征表现为以下几种。

1. 忽视或虐待孩子的父母

这一类父母更多地沉浸在自己的需要中，只会为孩子提供食宿和衣物等物质支持，而不会提供精神支持，同时也不会对孩子表现出爱和期待。他们既不关心孩子，也不对孩子提要求或对其行为进行控制，甚至对孩子持有拒绝或敌意的态度，更有甚者还经常打骂孩子，亲子之间缺乏沟通和交流。在这种环境下长大的孩子，成年后一般很难信任别人，也很难和别人建立稳定的关系；同时，他们的社会适应能力和自我控制能力往往也很差。

2. 专制和独裁的父母

这一类父母严厉且不民主，往往认为自己永远是正确的，孩子必须绝对服从。他们习惯控制孩子的行为，并不觉得有对孩子解释原因、说明理由的责任和必要，一旦孩子出现偏差就予以惩罚。在这种教养方式下，父母和孩子的关系是不平等的，感情上也比较疏远。孩子会较多地表现出悲观、焦虑、退缩、易怒、缺少热情等负面情绪和行为，缺少自信心、好奇心、独立性、灵活性和创造性，在道德发展上往往不够成熟。父母的严格管教使他们认为不持异议地服从他人是处理人际关系和解决问题的最佳方法。

3. 容忍和放任的父母

这一类父母对孩子采取过分容忍的态度，往往忽视教育，疏于引导，很少对孩子提要求，很少为孩子提供他们所需要的帮助，对孩子放任自流。有的父母对孩子漠不关心，还有的父母任凭孩子"做自己想做的事情"，并声称这是民主，是尊重孩子的个性，是给孩子充分的自由。常听到这类父母的困惑："我供他吃，供他喝，掏钱让他上最好的学校，他还要什么？"他们错误地以为，用这种赎买式的教育方法就可以代替自己在孩子感情方面的付出。在这种教养方式下长大的孩子成熟得较晚，自我控制能力差，很任性，缺乏恒心和毅力，对父母表现出很强的依赖性；在工作中不服从管理，不善于与人合作，不懂得尊重别人，很难严格要求自己，缺乏持久执行计划的毅力。

4. 民主和权威的父母

这一类父母既注重让孩子自主性发展，也注重培养孩子遵守纪律和规则的良好习惯。他们合理地引导孩子的认知和行为，重视孩子的表现，能做到正确、及时且恰当地予以表扬或惩罚。他们还注重与孩子的交流，当由于种种原因必须行使权力时，会向孩子说明必须这样做的理由。这种建立在合理关心孩子、爱护孩子、尊重和理解孩子基础上的权威，对孩子的成长大有裨益且具有指导作用。这一类父母不仅与孩子关系亲密，还是子女的榜样。在这种教养方式下长大的孩子自信、成熟、理性、乐观向上、善于与人交往。

在现实中，家长的教养方式可能是以上四种类型的一种或两种的混合；同时，父亲和母亲也许会各自采用不同的教养方式。但无论采用哪种教养方式，都应注重孩子各个方面的发展。

## 完成任务

### 人际关系综合诊断量表

本量表共有28个问题，对每个问题做"是"（打√）或"否"（打×）的回答（注意应迅速答题，凭第一感觉作答方能准确）。

一、诊断题目

1. 对自己的烦恼有苦难言。　　　　　　　　　　　　　　　　　　　（　　）
2. 和陌生人见面时感觉不自然。　　　　　　　　　　　　　　　　　（　　）
3. 过分羡慕和妒忌别人。　　　　　　　　　　　　　　　　　　　　（　　）
4. 与异性交往太少。　　　　　　　　　　　　　　　　　　　　　　（　　）
5. 对连续不断的会谈感到困难。　　　　　　　　　　　　　　　　　（　　）
6. 在社交场合感到紧张。　　　　　　　　　　　　　　　　　　　　（　　）
7. 时常伤害别人。　　　　　　　　　　　　　　　　　　　　　　　（　　）
8. 与异性来往时感觉不自然。　　　　　　　　　　　　　　　　　　（　　）
9. 与一群朋友在一起时，常感到孤寂或失落。　　　　　　　　　　　（　　）
10. 极易受窘。　　　　　　　　　　　　　　　　　　　　　　　　　（　　）
11. 与别人不能和睦相处。　　　　　　　　　　　　　　　　　　　　（　　）
12. 不知道与异性相处如何适可而止。　　　　　　　　　　　　　　　（　　）
13. 当不熟悉的人对自己倾诉他的生平遭遇以求同情时，自己常感到不自在。（　　）
14. 担心别人对自己有坏印象。　　　　　　　　　　　　　　　　　　（　　）
15. 总是尽力使别人欣赏自己。　　　　　　　　　　　　　　　　　　（　　）
16. 暗自思慕异性。　　　　　　　　　　　　　　　　　　　　　　　（　　）
17. 时常避免表达自己的感受。　　　　　　　　　　　　　　　　　　（　　）
18. 对自己的仪表（容貌）缺乏信心。　　　　　　　　　　　　　　　（　　）
19. 讨厌某人或被某人所讨厌。　　　　　　　　　　　　　　　　　　（　　）
20. 瞧不起异性。　　　　　　　　　　　　　　　　　　　　　　　　（　　）
21. 不能专注地倾听。　　　　　　　　　　　　　　　　　　　　　　（　　）
22. 自己的烦恼无人倾诉。　　　　　　　　　　　　　　　　　　　　（　　）
23. 受别人排斥与冷漠。　　　　　　　　　　　　　　　　　　　　　（　　）
24. 被异性瞧不起。　　　　　　　　　　　　　　　　　　　　　　　（　　）
25. 不能广泛地听取各种意见、看法。　　　　　　　　　　　　　　　（　　）
26. 自己常因受伤害而暗自伤心。　　　　　　　　　　　　　　　　　（　　）
27. 常被别人谈论、愚弄。　　　　　　　　　　　　　　　　　　　　（　　）
28. 与异性交往时不知如何更好地相处。　　　　　　　　　　　　　　（　　）

二、计分方法

将上述题目的答案写入表3-1-3中，按"√"1分、"×"0分统计各组的总分。得分解析请参考下面的"人际关系综合诊断量表得分解析"，对自己的人际关系状态做出初步的判断。

表3-1-3　人际关系综合诊断计分表

| 组号 | 题号及答案 | | | | | | | 得分 |
|---|---|---|---|---|---|---|---|---|
| | 1( ) | 2( ) | 3( ) | 4( ) | 5( ) | 6( ) | 7( ) | 小计： |
| | 8( ) | 9( ) | 10( ) | 11( ) | 12( ) | 13( ) | 14( ) | 小计： |
| | 15( ) | 16( ) | 17( ) | 18( ) | 19( ) | 20( ) | 21( ) | 小计： |
| | 22( ) | 23( ) | 24( ) | 25( ) | 26( ) | 27( ) | 28( ) | 小计： |
| 得分合计 | | | | | | | | |

人际关系综合诊断量表得分解析：

总分为0～8分：说明受测者善于交谈，性格开朗，主动关心别人，对周围朋友很好，愿意与他们在一起，彼此相处得不错。

总分为9～14分：说明受测者与朋友相处有一定的困扰，人缘一般，与朋友的关系时好时坏，经常处于起伏变化之中。

总分为15～28分：说明受测者在与朋友相处时存在严重困扰。

若总分超过20分，则表明受测者人际关系行为困扰程度很严重，而且在心理上有较为明显的障碍：受测者可能不善交谈，也可能性格孤僻，不开朗，或者有明显的自高自大、讨人嫌的行为。

## 思考与练习

1. 与父母保持联系的方法有哪些？
2. 你与父母的关系属于哪种亲子关系类型？

项目二

# 与上司沟通交流

## 任务一　了解上司

光有知识是不够的，还应当应用；光有愿望是不够的，还必须去行动。

——歌德

**案例导入**

> 　　小华是春华公司负责销售的副总经理雷震的助理。雷总向小华交代工作时，总是用一种似乎很霸道、很不耐烦的口吻说话："让张经理过来！"或"复印三份！"从来不会说"请帮我找一下张经理"或"劳驾帮我把这个复印三份"。小华非常不习惯雷总这种蛮横无礼的说话方式。虽然雷总长相英俊，但每次接受工作时，小华总会想起电影、电视剧里那些满脸横肉、面无笑容、对人凶狠的坏人形象。她觉得再做雷总的助理，自己就会崩溃。因此，小华多次提出要求更换上司，但每次都受到办公室主任的严厉批评。某天下午，雷总路过她的办公桌时，将一份文件往她桌上一扔："复印一份！"她怀着一肚子怨气复印完之后，也把复印件往雷总的办公桌上一扔。没料到文件撞翻了桌子上的水杯，水淌得满桌子都是……结果小华被辞退了。

**【分析】**这个案例表明了一个人进入新的工作环境，首先要学会与人沟通交流，不仅要学会与同事沟通交流，还要学会与上司沟通。与上司进行适时、恰当的沟通交流，可以缩短上下级之间的距离，与上司建立和谐的关系，有利于自己在企业的生存和发展。

### 相关知识

　　和谐的上下级沟通与交流关系还有利于培养自己积极进取、豁达乐观的心态，并充分发挥自己的主观能动性，为团队事业的发展提供强大的原动力。无论是员工，还是管理者，只有重视上下级之间的沟通与交流，才能保持团队事业的良性发展。

## 一、了解上司

　　1. 了解上司的基本情况

　　对自己的上司要进行全面准确的了解，包括籍贯、出生地、民族、学历、经历、性格、住址、健康情况、性格特点、饮食习惯、作息习惯、业余爱好等，并且要将这些信息烂熟于心，随时调用。

　　2. 了解上司的工作内容

　　作为下属，要了解自己上司的职责范围和权限，包括上司的工作内容、本单位的管理模式、企业文化、各职能部门的分工和责任。只有这样，才能在工作中根据实际情况，迅速地采取相应的行动，熟练地完成文件、传真、电话等交流工作，高效率地辅助上司的工作；也只有这样，才能在日常工作中根据上司的职责范围和工作重点的需要，积极主动地做好沟通前的准备工作。

### 3. 了解上司的性格特点、工作生活习惯等

上司也是普通人，也有个人的喜怒哀乐。作为下属，一定要了解上司的性格特点、工作生活习惯等。只有这样，下属与上司之间才能配合默契，才能根据上司的意图辅助其工作。比如，上司是注重制度的人，还是注重人情的人；是只愿意把握大局的人，还是事必躬亲的人；是只看重结果的人，还是更关注过程的人；是严肃的人，还是活泼的人；是把工作当全部生活的人，还是兴趣广泛的人；是有着良好记忆力的人，还是健忘的人；是喜欢上午办公，还是喜欢下午办公；是喜欢绿色、红色，还是其他颜色；是喜欢喝茶，还是喜欢喝咖啡，如果喜欢喝茶，是喜欢红茶还是绿茶，如果喜欢喝咖啡，是喜欢加奶还是不加奶，加糖还是不加糖……这些问题了解得越清楚越细致，越有利于与上司沟通。

### 4. 了解上司的核心价值观

每个人都有自己最在意的信念，这些信念构成了每个人的内在思想基础，心理学家称之为"核心价值观"。核心价值观很难妥协，不容易改变。上司也有他最在乎的观念和行为。例如，有的在意"守时"，有的注重"诚实"，有的看重"勤俭"，有的看重"效率"等。要想与上司沟通顺畅，下属的言行就要契合上司的核心价值观。

### 5. 了解上司的家庭成员、朋友圈子

在单位内部一般不过问其他人的隐私，但作为下属，要了解一些上司的个人交际范围，如家庭主要成员、来往密切的朋友等，这样能避免沟通中的被动。在接待客人的时候，如果知道对方与上司是一种什么样的关系，就能把握好与客人沟通的分寸。但下属与上司仅仅是一种工作关系，要把握好尺度：一切从工作出发，了解但绝不介入上司的私生活。

## 二、获取信息的渠道

### 1. 通过各种相关资料了解上司

要想获取上司的相关信息，首先就要通过各种与上司有关的资料，如网络、信息报道、报刊等来了解上司。这样的了解虽然是表面的，但从中可以知道上司的核心价值观、工作思路、思维和表达的风格。这就要求下属要每天浏览单位所在行业网站、本单位网站、与单位关系密切的报纸杂志，了解行业动态、单位发展情况等，以便了解上司的工作思路。参加会议时要认真聆听上司讲话，不仅听上司布置工作，更要厘清上司讲话的思维逻辑，把握上司的讲话风格。

### 2. 通过自己用心观察，细心体会了解上司

下属与上司在地位、年龄、经验和阅历等方面存在着巨大的差异，上司不可能明确告诉员工自己的所思所想、所喜所忧，上司的喜怒哀乐、轻重缓急，是平时用心观察、细心体会才能了解到的。下属要积极调动自己的各个感官，耐心地去了解上司的方方面面，并且要做笔记，逐渐总结归纳出上司的性格特点，以及他内心真正关心的事物。观察、记录的内容包

括：上司每天见了哪些人，打了哪些电话，批了哪些文件；上司在约见客人时，先后顺序的安排，谈话时间的长短，说话的口气，经常谈论的问题；不同情况下上司习惯使用的语言、表情、肢体语言等。必要时可以直接询问上司。

3. 通过请教前任员工，咨询同事了解上司

如果自己的上司不是刚被提拔就派自己来做他的下属，那么他一定有前任下属。聪明的下属会在上司一上任就找到前任下属，详细了解上司的各种特点、习惯，以便更好地与上司沟通交流，为上司服务。同时，在与上司沟通交流中遇到问题也可以虚心向办公室主任和办公室其他同事请教。只要本着一切从工作出发的原则，注意询问、请教的方式方法，就能得到其他人的帮助。

下属的特殊性决定了下属处理好与上司关系的重要性。为了更好地辅助上司工作，要尽可能多地了解上司。但了解多了就可能出现两种情况：要么对上司佩服得五体投地，上司成了下属眼里的"完人"；要么发现上司身上的问题和缺点不比自己少。不管是盲目崇拜，还是无情"批判"，事实上都是下属的大忌。作为下属，要始终牢记一点：为上司服务是自己的工作。不管了解到上司的优点还是缺点，做下属的都没有对上司品头论足的资格，上司也不会因下属的喜欢和不喜欢而改变什么。只有客观看待上司，专业对待工作，才能处理好与上司的关系。

下属是为上司服务的，上司不会因下属而改变自己，因此要想与上司融洽地相处，只有不断调整自己以适应不同的上司。因此，下属要学会做"水"，随容器的不同而变化。

## 拓展与提高

### 领导的处事风格类型

为了沟通与交流顺畅，员工必须知晓领导的类型。大体上来说，领导的处事风格可以分为以下四种类型。

1. 结果型领导

这一类型的领导的性格多属于"力量型"，或称为"老虎型"。想赢得结果型领导的赏识，要注意以下几个方面。

（1）工作要务实。结果型领导的性格多表现为急躁，因此在工作中下属不必有太多的"花招"，领导所欣赏的下属是说话时能够"一句话直击要害"的人。如果做太多的铺垫，反而会让领导觉得繁冗。只有快、精、准地切入主题，才会得到领导的认同和赞赏。

（2）要注重结果。这一类型的领导在工作中最为关注的就是事情的重点和做事的结果。因此，在解决问题的过程中一定要突出问题的重点，同时要简单明了地列举出各种方案所能达成的各种结果及影响。

（3）要不拘一格。"忙"是结果型领导的一个突出的特点。因此，不要指望领导会在办公桌前等候你，有事情要积极找领导，及时沟通与交流。

2. 细节型领导

在做事风格上，这一类型的领导往往崇尚完美，就其职场特质而论可称为"猫头鹰

型"。要想赢得细节型领导的赏识，需要做到以下几点。

（1）中规中矩。由于细节型领导事事追求完美，在他们看来，对待工作要像对待"艺术品"一样，精益求精。因此，如果遇到这样的领导，下属的工作就要系统化、程序化，看起来一切都有条不紊。

（2）关注细节。由于"完美"在作祟，细节型领导看待事物多注重细节，他们需要精细、全面的书面沟通。

（3）要三思而后行。"善思"是细节型领导的处事风格。因此，在处理问题时不要轻举妄动，而要多动脑子去思考，否则会给领导留下有勇无谋的印象。

3. 机会型领导

机会型领导思维敏捷、思想活跃，其职场特质可形象地称为"孔雀型"。想赢得机会型领导的赏识，需要注意以下几个方面。

（1）头脑要灵活机动。机会型领导本身的特点，决定了其做出的决定往往是暂时的。也就是说，思维一定要跟得上领导的节拍，还要做好应对临时性改变的准备。

（2）要多方位思考。机会型领导有着极强的创造力，他们在工作上喜欢不断创新。在这类领导手下工作，一定要多方位地去思考问题，善于发挥自己的想象，这样才能让领导认为自己是个可塑之材。

（3）要多进行推动。因为性格本身的特点，机会型领导一般比较爱面子，所以在工作中提出建议时既要有理有据，又要尽可能地让领导感觉那是他自己的主意，也就是说要多起推动的作用，否则一旦抢了领导的"风头"，就很有可能给今后的工作带来不必要的麻烦。

4. 整合型领导

整合型领导的性格通常较为温和。在这一类型的领导手下做事，通常要注意以下几个方面。

（1）要准备充分。因为整合型领导善于综合，喜欢收听组织内的各种言论，所以在工作中面对问题时，一定要有充分的准备，列举的问题要做到准确无误，同时对于结果的预计也要合理，切不可给领导留下冒失、经验不足的印象。

（2）要善于建立关系。因为整合型领导非常注重人际关系，所以建立良好的人际关系可以为自己和领导达成工作上的共识建立坚实的基础。

（3）要有耐心和耐力。因为整合型领导在性格上具有敏感、易妥协的特征，所以对任何问题都要给予其充分的考虑时间。

在现实社会中，不可能每位领导都具有这样明显的性格特征，让人一目了然。人的性格特征经常表现为混合型，而且在不同时间、地点、场合，表现出的性格特征也有所不同。因此，作为下属，一方面要善于观察分析，了解领导的性格特征；另一方面，要灵活应变，使自己在任何时候都能保持与上司的有效沟通与交流。

## 完成任务

（1）了解一位任课教师或校领导，将所获信息填入"了解上司"任务表，见表3-2-1所列。（一周内完成，为以后与这位教师沟通与交流做准备，做完后要保留。）

表3-2-1　"了解上司"任务表

| 上司个人基本情况 | 姓名 | | 联系方式 | 手机号码 | | | | |
|---|---|---|---|---|---|---|---|---|
| | 职务 | | | 家庭电话 | | | | |
| | 政治面貌 | | | E-电子邮件 | | | | |
| | 年龄 | | 民族 | | 籍贯 | | 籍贯 | |
| | 健康情况 | | | | | | | |
| | 业余爱好 | | | | | | | |
| | 饮食习惯 | | | | | | | |
| | 作息习惯 | | | | | | | |
| | 学习经历 | 中学 | 方向 | | | | | |
| | | | 印象较深的人 | | | | | |
| | | | 印象较深的事 | | | | | |
| | | | 保持联系的人 | | | | | |
| | | 大学 | 专业 | | | | | |
| | | | 印象较深的人 | | | | | |
| | | | 印象较深的事 | | | | | |
| | | | 保持联系的人 | | | | | |
| | 工作经历 | 单位1 | 职务 | | | | | |
| | | | 工作内容 | | | | | |
| | | | 印象较深的人 | | | | | |
| | | | 印象较深的事 | | | | | |
| | | | 保持联系的人 | | | | | |
| | | 单位2 | | | | | | |
| | 价值观 | 崇尚 | | | | | | |
| | | 反对 | | | | | | |
| | 其他 | | | | | | | |
| 工作职责 | | | | | | | | |
| 性格特征 | | | | | | | | |
| 家庭成员 | | | | | | | | |
| 朋友圈子 | 姓名 | | | 主要特点 | | | 联系方式 | |

（2）在完成以上任务后填写完成任务反馈表，见表3-2-2所列。

表3-2-2　完成任务反馈表

| 项　目 | | 内　容 | | | |
|---|---|---|---|---|---|
| 沟通前的准备 | 目的 | | | | |
| | 态度 | | | | |
| | 策略 | | | | |
| 沟通中的表现 | 沟通次数 | 沟通地点 | 1. | 2. | 3. |
| | 遇到的困难 | | | | |
| | 解决的办法 | | | | |
| | 最后的结果 | | | | |
| 沟通后的反思 | 得到的收获 | | | | |
| | 存在的问题 | | | | |
| | 改进的措施 | | | | |
| 被了解的上司的意见 | | | 签名 | | |

## 自我评价

请根据自己掌握的知识，对自我进行评价，并填入表3-2-3。

表3-2-3　"了解上司"能力达标自我评价

| 主要内容 | | 自我评价等级（在符合的情况下面画"√"） | | | |
|---|---|---|---|---|---|
| | | 全都做到了 | 大部分做到了 | 基本做到了 | 没做到 |
| 树立主动了解上司的意识 | | | | | |
| 能全面了解上司 | | | | | |
| 能客观看待上司 | | | | | |
| 能调整自己以适应上司 | | | | | |
| 自我评价 | 我的优势 | | | | |
| | 我的不足 | | | | |
| | 我的努力目标 | | | | |
| | 我的具体措施 | | | | |

## 思考与练习

搜集尽可能多搜集上司（可以是真正的公司领导，也可以是自己的家中长辈，学校老师、领导）的电话，完成上司信息表（表3-2-4），将电话号码熟记于心，以备课上检查。

表3-2-4　上司信息表

| 姓名 | 单位 | 职务 | 与自己的关系 | 办公电话 | 手机号码 | 家庭电话 | 获得的渠道 |
|---|---|---|---|---|---|---|---|
| | | | | | | | |
| | | | | | | | |

# 任务二　获得信任

世界上最聪明的人是最老实的人，因为只有老实人才能经得起事实和历史的考验。

——周恩来

**案例导入**

　　小静从一所职业学校毕业后，进了一家咨询公司，担任总经理助理。在工作的第一天，她就听见总经理在嘀咕，一个助理又把他的咖啡加多了糖。老板声音很轻，没有责备的口吻，也没有让助理重新去冲一杯，而是将就着喝了。

　　接下来的这周，轮到小静值日。她先用几个小纸杯分别调制了几种不同口味、不同纯度的咖啡，让总经理去挑选。总经理喜欢在午餐后小憩一会儿，于是她就坚守在门外替总经理挡驾，不让没有急事的下属或拜访者打扰；总经理喜欢足球，喜欢罗纳尔多，于是她就在办公桌上放了罗纳尔多的招贴画，电脑显示器的一角贴上了罗纳尔多在绿茵场上的贴纸。一年后，小静升任到了主管的职位。

【分析】由于工作性质的特殊，助理是单位里与上司关系最近的人，不仅掌握着上司的一些信息，对单位的事也比大多数员工甚至中层领导知道得多，因此，助理应该是上司最信任的人。只有得到上司的信任，下属与上司之间的沟通与交流才可以顺畅自然。

## 相关知识

要获得上司的信任，下属通常应做到以下几点。

## 一、忠诚坦白，公正无私

在工作中对上司忠诚坦白，与上司保持一致，处理问题公正无私，这是下属获得上司信任的基础，也是与上司沟通顺畅的前提。

1. 下属必须对上司忠诚坦白

时刻牢记，助理是上司的助手，要对上司负责，在工作上绝不能欺骗和隐瞒上司，更不能阳奉阴违。处理、协调问题的时候，只能根据上司的决定、决议和批示的精神办理，不能出于任何原因自作主张，更不能不经请示汇报就代替上司做决定。一般情况下，下属不应该卷入单位内部的各种是非旋涡，但是在关系到上司做一些重大决策的时候，听到或看到某人的不负责任的行为，就应该毫无保留地告诉上司。不能因为害怕得罪人而对上司隐瞒，从而影响单位的大局。

2. 以工作大局为重，处理问题客观公正

公正是建立威信与诚信的最好方法。作为下属，做到对待任何人和事都能公平公正是很难的，但在大是大非面前，必须表现出自己的公平公正，让上司和同事感觉到自己的大局意识和公正无私。这就需要下属在平时的工作中做到以下几点。

（1）要通过多沟通收集各方信息，尽量全面客观地了解单位每个人的工作情况，对一些重要事项的进展了然于胸。

（2）对待反馈的问题和矛盾，多听多想，客观记录，不该自己说的绝对不发表意见，更不能不经调查，没有领导允许，对一些人和事发表自己的主观意见。

（3）上司授权自己处理一些矛盾甚至冲突时，要问明上司的真实意图，在处理过程中要表现出低调、谦虚的态度，并且说明自己的主要任务是了解情况，绝不能以"领导"的身份指指点点，妄下结论。

（4）私下里与同事关系可以有亲疏远近，但工作中一定要牢记自己的身份和职责，平等友好地对待所有人。

（5）上司交办的工作处理好以后，要向上司汇报全面、客观、真实的情况，这时要尽量避免带有感情色彩和情绪化表达。

## 二、及时主动与上司沟通，让上司了解自己 ——————————

了解是信任的前提。上司公务繁忙，脑子里想的、心里装的都是单位的大事，一般不会有过多的时间、精力、兴趣去了解自己的下属。为了获得上司的信任，做好上司的助手，就要通过主动沟通，有意识地让上司全面客观地了解自己。

1. 工作沟通

对上司交办的工作，要做到认真倾听，适当提问，领会好真实意图；协调各方，积极落实，解决好各种问题；及时汇报，听取指示，让上司了解过程与结果。

当工作中遇到问题或困难，自己确实想不出好的解决办法时，要向上司请教，并认真记录。问题或困难解决后，要在适当场合向上司汇报。

在这样的沟通中，上司会逐渐了解下属的人品、能力，建立起对下属的信任感。

2. 平时交流

平时，与上司单独相处时，可以根据上司当时的状态和谈话的主题灵活确定交流内容。例如，在轻松愉快的状态下向上司介绍自己的家庭情况、想学习的愿望等；在上司闷闷不乐时找些令上司感兴趣或新奇的话题，既优化上司的情绪，又适当让上司了解自己的业余爱好、性格特点、成长经历等。

3. 增强责任感和自律意识

下属的工作既繁且杂，弹性很大，不是量化指标考核能全部覆盖的；而且上司公务繁忙，不在单位也是经常的事，这就使下属具有很大的工作空间。一个对上司、对工作、对自己都有很强责任感的下属会这样做：主动为上司分担责任，对自己严格要求，用员工职责约束自己，不管上司在与不在，都能有条不紊地做好办公室常规工作，处理好上司交办的各项事务。在日常工作中，注意细节，精益求精；在处理突发事件时，机智灵活，处变不惊。下属与上司的沟通不只是言谈，更多时候是用行为举止说话，应做到将微不足道的事做到完美无瑕，将举足轻重的事做到无懈可击。这一切，就是在向上司传递无声的信息：我是一个值得信任的员工。

**4. 针对上司特点提供有效的服务**

了解上司的目的是为了更好地辅助上司工作，为上司进行有效的服务。上司的性格、经历不同，所需要的帮助和服务也会不同。下属在用心了解上司的基础上，更要用心为上司服务，帮助上司做好工作。只要周到、细致、妥帖、自然地做好服务工作，就能得到上司的信任。

**5. 善于学习，不断提高**

在上司身边工作，具有以下益处：第一，学习条件得天独厚，他们的身上有许多值得下属学习的东西；第二，能接触到各行各业、各个部门、各种特点的人，只要用心，就很容易成为精通各行业的"杂家"；第三，也是最重要的一点，学习动力充足。工作表面上虽然枯燥乏味，但实际上创新性很强。工作过程中每天都会遇到新问题，通过读书学习、咨询请教他人解决这些问题，既会提高自己的业务水平，又会得到上司的信赖。

## 拓展与提高

### 与上司沟通交流的技巧

**1. 以委婉含蓄的方式传递坏消息**

当刚刚得知一件非常重要的工作出了问题时，应该像平常一样走进上司的办公室，以平静的声调，从容不迫地说出："我们似乎碰到一些状况……"不要慌慌张张，也不要使用"问题"或"麻烦"这一类的字眼。要让上司觉得事情并非无法解决，让上司感到自己的忠诚和责任感。但在陈述问题时要尽量清晰、客观、全面、实事求是，不能夸大其词，更不能遮遮掩掩。

**2. 上司需要时责无旁贷**

当听到上司的吩咐时，应冷静、迅速、果断地做出这样的回答："我马上处理。"这会令上司认为自己是效率高、服从意识强、肯为上司分忧的好下属。而且，在说这句话的同时也要思考处理的办法，并付诸实施，把处理的结果及时反馈给上司。

**3. 在上司面前赞赏同事**

若同事想出绝妙好计，就要在上司面前真诚地说出这句话："××的主意真不错!"这会让上司觉得你富有团队精神，因而另眼看待。

**4. 不露痕迹地拒绝额外工作量**

对不是自己职责范围内，自己又确实无力、无时间承担的工作，要有策略地坚决推辞掉，否则，答应下来又完不成，自己就成了一个言而无信的人。说出这句话："我了解这件事很重要。我们能不能先查一查手上的工作，把最重要的排出个优先顺序?"首先，强调自己明白这件任务的重要性，然后请求上司的指示，为新任务与原有工作排出优先顺序，不露痕迹地让上司知道你的工作量其实很重，若这件工作非你做不可，有些事就得延后处理或转交他人。

**5. 不失时机地请教上司**

许多时候，下属与上司单独相处，这是下属向上司学习请教的好机会。此时，最恰当的话题莫过于与公司前景有关而又发人深省的话题。问一个上司关心又熟知的问题，他就会滔滔不绝地诉说心得。这时候，你不仅会获益良多，加深对上司的了解，上司还会加深对你的认识，也会让上司对你的求知上进之心刮目相看。但平时一定要多积累、多思考，否则很难提出真正让上司感兴趣、愿意谈的话题。

6. 出错后勇于承认并努力弥补

犯错在所难免，勇于承认自己的过错非常重要，因为推卸责任只会让自己看起来像个令人讨厌、软弱无能、不堪重用的人，这样的人很难得到上司的信任。你对待过失的方式，能影响你在上司心目中的形象。承认错误要态度诚恳，自然大方，实事求是，不要萎缩扭捏，吞吞吐吐，避重就轻。最好在检讨自己过错的同时说出弥补的办法，这样就有了表现的机会，上司和其他人也就不会盯住你的错误不放，很可能坏事就变成好事。

## 完成任务

（1）分组交流：每个人说出令自己最信任的人，并给出至少五条信任他/她的理由。各组归纳后全班交流。

（2）你最想得到谁的信任？写出取得他/她信任的具体措施。个人完成后，全班交流。

（3）针对上述"（2）"的情况，记录获得这位"上司"信任的具体事例，填入表3-2-5。

**表3-2-5　上司信任的具体事例**

| 上司姓名 | | 职务 | | 联系方式 | |
|---|---|---|---|---|---|
| 具体事例 | 对上司忠诚坦白,公正无私 | | | | |
| | 能用有效方法让上司了解自己 | | | | |
| | 能负责地做好自己的工作,让上司放心 | | | | |
| | 能针对上司的特点做好有效的服务工作 | | | | |
| | 善于学习,不断提高 | | | | |
| 上司评价 | 以上事例是否属实　是（　）　否（　）<br>建议： | | | 上司签名 | |
| 秘书签名 | | | | | |

（4）针对上述其中一个任务，在完成任务后填写完成任务反馈表，如表3-2-6所示。

**表3-2-6　完成任务反馈表**

| 项　目 | | 内　容 |
|---|---|---|
| 沟通前的准备 | 目的 | |
| | 态度 | |
| | 策略 | |

（续表）

| 项　目 | | 内　容 | | | |
|---|---|---|---|---|---|
| 沟通中的表现 | 沟通次数 | 沟通地点 | 1 | 2 | 3 |
| | 遇到的困难 | | | | |
| | 解决的办法 | | | | |
| | 最后的结果 | | | | |
| 沟通后的反思 | 得到的收获 | | | | |
| | 存在的问题 | | | | |
| | 改进的措施 | | | | |
| 指导教师意见 | | | 签名 | | |

## 自我评价

请根据自己掌握的知识，对自我进行评价，并填入表3-2-7。

表3-2-7　"获得信任"能力达标自我评价

| 主要内容 | 自我评价等级（在符合的情况下面画"√"） | | | |
|---|---|---|---|---|
| | 全都做到了 | 大部分做到了 | 基本做到了 | 没做到 |
| 忠诚坦白,公正无私 | | | | |
| 能用有效方法让上司了解自己 | | | | |
| 能负责地做好自己的工作,让上司放心 | | | | |
| 能针对上司的特点提供有效的秘书服务工作 | | | | |
| 善于学习,不断提高 | | | | |
| 小组活动中积极主动,协作性强 | | | | |
| 自我评价 | 我的优势 | | | |
| | 我的不足 | | | |
| | 我的努力目标 | | | |
| | 我的具体措施 | | | |

## 思考与练习

　　小郎是北京天行健集团公司总裁办的助理实习生。为了改制，提高效率，公司要进行机构改革。为此，公司准备召开一个中层以上领导的动员大会，总裁办主任让小郎起草会议通知。因为会议内容简单，小郎很快就将拟好的会议通知交给总裁办主任审阅。当主任看到"精减机构"这个词时，向小郎提出来，应改为"精简机构"。小郎不以为然地说："这有什么呀，这年头没有人会去抠这样的字眼，意思差不多就行了！"见小郎满不在乎的样子，主任严肃地说："精简机构，是使机构'精'，使机构'简'，就如同精简内容是使内容'精'，使内容'简'；如果将'简'改为'减'，意思就全变了。"

"好，我改！"小郎将草稿拿过来之后，自言自语道："世界上怎么还有这样死心眼的人？"没想到自己的这句话竟被主任听到了。不久，他被调离了总裁办。

**想一想：**

（1）小郎做错了什么？

（2）他为什么被调离总裁办？

（3）如果你遇到这样的情况，会怎么说，怎么做？

# 任务三　领会意图

有效的交际是简单、明确和不会引起误解的。

——格茨·霍享施泰因

**案例导入**

小鹿发现总经理对自己的工作有些失望，可自己确实是很认真地按周总说的做了。小鹿不太明白，服从上司的决定，都按上司的要求做了，为什么上司还是不高兴呢？其实，小鹿的问题出在她只听到了周总说出来的话，却没有听出"弦外之音"，她没有真正领会周总的意图。

小鹿的问题是工作中常见的。上司也是人，不可能像机器一样永远理智冷静，没有任何情绪，有的时候他们说的话、做的事并不是表面上看到的那样。而且，由于性格、经历、时机、场合等因素，上司不直接说明意图而需要下属去领会的情况是非常多的。因此，下属的一项重要任务就是要会"听话听音"，能辨别上司的话外音，理解上司所表达的真实意思，也就是要善于领会上司的真实意图，并付诸行动。准确领会上司意图是下属的一项重要能力，与沟通能力相得益彰、相辅相成。

【分析】正确领会上司意图，基于对上司的准确了解，基于对上司心思的仔细揣摩，基于对单位实际工作的整体把握，基于工作的常识、经验与社会阅历。要做到以上几点，离不开与上司的主动沟通。

## ▌相关知识

## 一、理解和把握上司意图的方法 ——————————

在实践中，可通过以下几种方法理解和把握上司的意图。

### （一）从主动询问中掌握

接受某项工作任务前，要主动向上司请示、询问，了解上司对某一阶段、某项工作、某个问题的考虑和想法，尽量避免走弯路。这是把握上司意图的主要途径。

### （二）从平时言谈中捕捉

上司的思想、主张大都是通过言谈阐发出来的。平时，无论是跟随上司检查工作、参加会议，还是处理日常事务，对上司的发言及主要观点和主张，都要准确记录下来。对上司口头交代的内容，也要注意反复领会。尤其是上司在各种非正式场合的谈话，平时比较零碎的看法、意见等，一定要"善闻其言"，细心收集。这些思想虽然可能一时用不上，但它们往往是上司意图的重要体现，把握它们就能为及时、准确地捕捉上司意图打下基础。

### （三）从日常行为中发掘

行为是思想的客观反映，上司的意图必然要通过一定的行为方式表现出来。因此，对上司不仅要善于"听其言"，还要善于"观其行"，注意从上司的行为表现中发现其思想和主张。从某种意义上讲，是否善于"察言观色"，体现了下属素质能力的高低。

### （四）从阅文批示中揣摩

无论是上司亲自撰写的文稿，上司对各种文件、报刊的批示，还是为下级人员草拟材料提出的修改意见，都常常是上司对某一问题的思想和观点的反映。悉心研究上司的这些批文批示，就能从中把握其思想本质，洞察其意图。

### （五）从综合分析中领悟

通过将上司在各种场合、时机流露出的零碎"思想火花"汇总串联，连贯分析，往往能够梳理出上司的意图。这是因为偶然中往往隐藏着必然，把一个个偶然连贯起来思考，便会产生串连效应。

## ▌拓展与提高

### 上司的表情、动作通常所代表的含义

俗话说，测得风向才能使舵。在人际交往中，对他人的言语、表情、手势、动作以及看似不经意的行为进行较为敏锐细致的观察，是掌握对方意图的先决条件。下面是上司的表情、动作通常所代表的含义。

（1）上司说话时不抬头，不看人。这是一种不良的征兆——轻视下属，认为此人无能。

（2）上司从上往下看人。这是一种优越感的表现——喜欢支配人、高傲自负。

（3）上司久久地盯住下属看。他在等待更多的信息，他对下级的印象尚不完整。

（4）上司友好和坦率地看着下属，或有时对下属眨眨眼。下属很有能力、讨他喜欢，甚至错误也可以得到他的原谅。

（5）上司的目光锐利，表情不变，似利剑要把下属看穿。这是一种权力、冷漠无情和优越感的显示，同时也在向下属示意：你别想欺骗我，我能看透你的心思。

（6）上司偶尔往上扫一眼，与下属的目光相遇后又向下看。如果多次这样做，表示上司可能对这位下属还不够了解。

（7）上司向室内凝视，不时微微点头。这是非常糟糕的信号，它表示上司要下属完全服从他，不管下属说什么、想什么，他一概不理会。

（8）上司双手合掌，从上往下压，身体起平衡作用。这表示和缓、平静。

（9）双手插腰，肘弯向外撑。这是好发命令者的一种传统人体语言，往往是在碰到具体的权力问题时所做的姿势。

（10）上司坐在椅子上，将身体往后靠，双手放到脑后，双肘向外撑开。这说明他此时很轻松，但很可能是自负的意思。

（11）食指伸出指向对方。这显示出上司一种赤裸裸的优越感和好斗心。

（12）双手放在身后互握。这是一种优越感的表现。

## 完成任务

（1）完成"领会上司意图"任务表，填入表3-2-8。

表3-2-8　"领会上司意图"任务表

| 上司姓名 | | 职务 | | 联系方式 | |
|---|---|---|---|---|---|
| 领会意图的方法 | | 实际运用事例 | | | 上司意见 |
| 从主动询问中掌握上司意图 | | | | | |
| 从平时言谈中捕捉上司意图 | | | | | |
| 从日常行为中发掘上司意图 | | | | | |
| 从阅文批示中揣摩上司意图 | | | | | |
| 从综合分析中领悟上司意图 | | | | | |
| 上司评价 | 以上事例是否属实　是（　）否（　）<br>领会意图是否准确　是（　）否（　）<br>改进建议<br><br>签名　　　　　　　　　　　　　年　月　日 | | | | |

（2）在完成以上任务后填写完成任务反馈表，见表3-2-9所列。

表3-2-9　完成任务反馈表

| 项　目 | | 内　容 |
|---|---|---|
| 沟通前的准备 | 目的 | |
| | 态度 | |
| | 策略 | |

（续表）

| 项　目 | | 内　容 | | | |
|---|---|---|---|---|---|
| 沟通中的表现 | 沟通次数 | 沟通地点 | 1. | 2. | 3. |
| | 遇到的困难 | | | | |
| | 解决的办法 | | | | |
| | 最后的结果 | | | | |
| 沟通后的反思 | 得到的收获 | | | | |
| | 存在的问题 | | | | |
| | 改进的措施 | | | | |
| 上司意见 | | 签名 | | | |

## 自我评价

请根据自己掌握的知识，对自我进行评价，并填入表3-2-10。

表3-2-10　"领会意图"能力达标自我评价

| 主要内容 | 自我评价等级（在符合的情况下面画"√"） | | | |
|---|---|---|---|---|
| | 全都做到了 | 大部分做到了 | 基本做到了 | 没做到 |
| 树立自觉领会上司意图的意识 | | | | |
| 能从主动询问中掌握上司意图 | | | | |
| 能从平时言谈中捕捉上司意图 | | | | |
| 能从日常行为中发掘上司意图 | | | | |
| 能从阅文批示中揣摩上司意图 | | | | |
| 能从综合分析中领悟上司意图 | | | | |
| 小组活动中积极主动,协作性强 | | | | |
| 自我评价 | 我的优势 | | | |
| | 我的不足 | | | |
| | 我的努力目标 | | | |
| | 我的具体措施 | | | |

## 思考与练习

小蔓是春华公司总经理肖剑的实习助理。这天下午她去肖总办公室送文件的时候，肖总说今年公司业绩不错，董事会非常满意，这跟公司的广告策划分不开，快到年底了，想请公司广告部的人吃饭，表示公司领导的感谢，让小蔓具体安排。肖总与小蔓把吃饭的具体时间、标准和地点商量好之后，让她通知广告部。

小蔓刚回到自己的办公桌前，办公室主任就来电话，让她尽快把肖总在公司年终总结大会上的讲话稿写出来。小蔓原想去二楼的广告部，当面通知他们，但是自己手中事情比较多，她就用电话通知广告部的经理，说领导在什么时间和地点请客。快下班时，小蔓打电话给销售部经理，让他赶快把年终总结交上来以便汇总，没想到销售部经理说工作都是广告部的人做的，让她找他们要……原来，小蔓给广告部经理打电话时，销售部经理正在旁边与他商量工作，自然也得知了肖总请客的事情。如此一来，不仅销售部的人知道了，下班之前整个公司的人都知道了。肖总也知道了这事，对小蔓感到非常失望。

**想一想：**

(1) 分组讨论：小蔓的做法哪些地方欠妥？她为什么会出现这些失误？

(2) 假设你是小蔓，请说明肖总请广告部的人吃饭的真实意图。

(3) 分组帮小蔓制订方案：按肖总的意图通知广告部的人吃饭。

(4) 情境演练：将整个过程以角色扮演的形式展现给全班。

# 任务四　谨言慎行

> 慎而思之，勤而行之。
>
> ——白居易

**案例导入**

小鹿性格有些大大咧咧，因为跟着总经理的时间比较长了，对总经理越来越熟悉，有时说话做事不太注意，造成了一些不好的影响。经办公室主任提醒后，她逐渐克服了自己的问题，说话做事越发小心谨慎了。

【分析】谨言慎行是下属的特质，但"谨言"不是不说话，"慎行"不是不作为，为上司服务时谨言慎行是指：谈吐要言之有物，有思想内涵；情绪要稳定平和，无大起大落；举止要从容优雅，不毛毛糙糙；行为要合于法纪，能持续发展。

## 相关知识

做到"谨言慎行"可能需要几年、十几年甚至几十年的修炼，但是都要从以下两个方面做起。

### （一）提高自身修养，增强法纪意识

要做到说话严谨，言之有物，有思想内涵，敢说话、会说话、说对话，首先要具备较扎实的文化修养、知识修养、思想修养和专业修养。对文学、历史、地理、政治、经济、哲学，以及娱乐时尚主题、网络热议的社会焦点问题等，都要略知一二，有些领域还要有自己深刻的看法。这样在不同场合，上司谈到不同话题时，都能根据情况适当表达自己的看法。这样一来，既与上司保持了良好的沟通，又在上司心中为自己加了分。但想要做到这点需要在平时多下功夫。除了在学校认真学好文化课、专业课，还要在课后多读各类书籍，上网浏览各种有用信息，阅读健康有益的报纸杂志。知识丰富、头脑充实的下属会知道什么时候该说什么、怎么说；会在上司面前表现出充满自信的谨慎，而不是如履薄冰般的小心翼翼。

作为下属，工作中会接触到很多信息。这种情况下，要三思而行，能判断哪些是合法的、哪些是违法违纪的，明白哪些事能做、哪些事不能做。下属虽然有为单位保密的义务，但更有作为公民遵纪守法的责任，而且有些事很可能会让自己触犯法律，身败名裂。因此，学法、知法、懂法、守法是永远的必修课。自己认为不合适的事，要学会用委婉的方式拒绝。

### （二）提高心理素质，学会控制情绪

作为下属，每天都要面对一件接一件、纷繁复杂的大事小情，面对变化不定、焦急、不安、失望甚至愤怒的上司，面对突然来找自己帮忙的同事，很可能出现紧张、焦躁、气愤等负面情绪。在这样的情绪下，言行很容易失控，从而形成沟通障碍，影响工作。因此，必须提高自己的心理素质和心理承受能力，尽量减少情绪波动。以下几种方法有助于工作中控制、纾解自己的情绪。

1. 认识自己的情绪

（1）人的情绪产生波动是很正常的，要勇于发现和承认自己的负面情绪。

（2）当自己有情绪反应时，试着从情绪圈中"跳出来"，努力体察自己"内心的情绪状态"，思考这样的一件事或一个人是否值得自己有如此大的情绪反应。

2. 适当表达自己的情绪

用陈述自己感受、表达自己关心的"我"字，而不是表示指责的"你"字开头说话，因为后者会引发对方的负面情绪。例如，自己和同事约好去办一件事，结果他迟到了，可以婉转地说："过了10分钟你还没到，我正担心你呢！"不可以这样说："你就不能早点儿，让我等了这么久！"如何适当表达情绪是一门学问，需要平时用心体会、揣摩，并加以实践。

3. 设身处地，体谅他人

（1）不要认为对方的语言或行为是故意针对自己，是有意惹自己生气的。要善于为对方的言行找出合理的解释。

（2）站在对方的立场体会他的感受，理解他的苦衷、困难，接纳他的情绪。

4. 以合适的方式排解情绪

排解情绪的目的是给自己一个整理想法的机会，让自己更有力量去

体谅别人的感受

面对未来，不是为逃避矛盾或痛苦。有了不舒服的感觉，要勇敢地面对，并仔细思考这样几个问题：我为什么会这么难过、生气？怎么做才不会重蹈覆辙？怎么做可以降低我的不愉快？这么做会不会带来更大的伤害？从这几个问题的角度去选择适合自己排解情绪的有效方式，可以痛哭、找好友诉苦、逛街、听音乐、散步或做别的工作转移注意力；切忌喝酒、闹事、打架等过激行为。

5. 学会时间管理，提高办事效率

下属的日常工作琐碎，经常会几件事同时摆在面前，匆忙中出现顾此失彼、丢三落四的尴尬，增加沟通成本。为减少这样的尴尬，就要学会时间管理，提高办事效率，使自己能从容应对上司交办的工作。简单地说，时间管理包括以下几个方面。

（1）早上班，晚下班，提前准备好上司工作可能需要的资料，收拾好上司办公室，浏览上司一天的日程安排，做到心中有数，办事不慌。

（2）遇事先想再做，不要做后再想。对待上司交办的事项，不要听完马上就做，而是要先确认程序、方法和人员是否正确。否则，欲速则不达。

（3）学会确定并运用优先级。第一优先是重要又紧急的事，第二优先是紧急但不重要的事，第三优先是重要但不紧急的事，最后是不重要也不紧急的事。对于下属来说，上司的命令是第一优先。如果分不清楚何为重要、何为紧急，就要向上司问明最后的时间底线，根据时间底线来安排完成的先后顺序。

（4）正确理解上司发出的指令，并快速准确地传达下去。

（5）运用工具提升工作效率。第一类是网络上有用的信息或软件，可以随时搜集、学习；第二类是时间表、留言条、备忘录、会议检索等自制工具，可以帮助进行问题归类；第三类是应用工具类的科技产品，如网络的上传下载、即时通信系统、防止垃圾邮件的好防火墙等。

6. 对上司常怀敬畏之心，多听多思而后言行

不管是新员工还是老员工，不管上司是什么性格，都要牢记自己的身份与定位，对上司永远怀有敬畏之心。切勿以为自己的上司很随和，更不要以为上司几乎和自己的年龄相当，就可以在和他说话时无所顾忌。在为上司服务时，要永远保持谨慎的态度，要在言语中表达出对上司的敬畏之感。具体注意以下两点。

（1）在请示前多思：上司是否有时间，是否有能力解决。请示时做到：让上司多做选择题，少做问答题。尽量少让上司做"怎么办"或"如何做"之类的问答题，而是给上司2~3个备选方案，上司只需要对你提出的方案做肯定或否定的选择，或只要在你提出的若干个备选方案中选择其中一个即可。多让上司做选择题，不仅降低了上司的决策难度，履行了自己作为助手的职责，自己在设计选择题的过程中也提高了能力和水平。

（2）在汇报工作时多思多听：汇报前，根据上司的性格、领导类型，按照上司容易接受的方式，做好充分的准备；汇报中，要主动倾听，对于上司的问话，一定要有问必答，最好是问一句多答几句，这样能让上司清楚你在做什么。上司发火的时候，一定要静下心来听明白，千万不要和上司发生争执。你可以告诉上司，你已经做好了听的准备，请他坦诚地说，

这样很多矛盾就能大而化小、小而化无。如果是自己的错误，就恳切地道歉，以弥补自己的过失。

## 拓展与提高

### 缓解压力小技巧

助理工作具有时间紧、封闭性强、经常左右为难、没有实权却处在权力边缘的特点，因此，经常会感到有压力。用健康、有效的方式缓解压力，是助理的必备技能。

1. 工作中的压力缓解

（1）看照片。放几张最喜欢的照片在身边，在情绪不好时拿出来欣赏，很有助益。

（2）听音乐。电脑里存一些能让自己内心平静或提振精神的音乐，需要时听一听。

（3）喝咖啡。香醇的咖啡可以让人心情放松，也可以缓和与周围同事的关系。

（4）吃巧克力。放些巧克力在抽屉里，烦躁时吃上一颗，有使人快乐、给人提神的作用。

（5）做深呼吸。一次做3～5个深呼吸，会使大脑从杂乱无章的情绪中暂时离开。配合音乐，效果会更好。

（6）做简单的瑜伽动作或办公室体操。简单的瑜伽动作或办公室体操既有助于保持身材，又有利于身体健康、心情愉悦。每天在办公室里做一下，会让自己精神饱满地快乐工作。

（7）打电话。心烦时，给好朋友打电话会有移情作用，可以解除压力。但工作时间不能长时间打私人电话。

（8）找关系好的同事聊天。如果情绪不好无法工作，就可以和关系好的同事聊天。但一定要找对人，说话把握好分寸，否则，只图一时痛快，可能带来巨大的麻烦。

2. 下班后的压力缓解

（1）运动。经常运动的人肺活量大、底气足、病痛少，能承受较大的压力。助理应该每周至少3天、每次至少30分钟进行连续性运动。

（2）娱乐。看电影、唱歌、听音乐、看展览、画画、养宠物，这些都能很好地放松身心。

（3）旅行。必要时抛开工作去旅行，有利于纾解压力。离开工作现场3天可以解除小压力，7天可以解除中压力，10天可以解除大压力。

（4）读书。根据心情和工作的需要，每天读几页书，看看有益的报纸、杂志，不仅能分散压力，还能长知识、增智慧。

（5）学习。健康的业余爱好、比较高雅的情趣可以很好地调解情绪。利用下班时间学些新技能、技艺，不仅有利于排遣烦恼，还有利于职业生涯发展。

（6）交友。交到一两个知己，终生受益无穷。但交友要慎重，要交益友而不是损友。

（7）静思。每天留给自己一些独处的时间，安静下来让思想驰骋。宁静中会找到问题的新答案，对自己和别人有新的认识。

# 完成任务

（1）完成"谨言慎行"情况记录表，填入表3-2-11。

表3-2-11 "谨言慎行"情况记录表

| 项目 | | 具体事例 | | |
|---|---|---|---|---|
| 谈吐严谨，言之有物 | 最近一次与上司的谈话 | 时间： 年 月 日 | 地点： | 对方姓名： |
| | | 谈话目的： | | |
| | | 主要内容： | | |
| | 最近一个月内读过的书或杂志 | 书名： | | |
| | | 杂志名： | | |
| | | 读后感： | | |
| | 最近一周看的电影或电视 | 电影名称： | | |
| | | 电视节目名称： | | |
| | | 观后感： | | |
| | 最近三天的热点新闻 | 主要内容： | | |
| 控制情绪，稳定平和 | 表达自己的情绪 | | | |
| | 体谅他人的情绪 | | | |
| | 用合适的方法排解情绪 | | | |
| 举止从容，周到细致 | 时间管理 | | | |
| | 请示 | | | |
| | 汇报 | | | |
| 依照法纪,慎重行事 | | | | |

（2）在完成以上任务后填写完成任务反馈表，见表3-2-12所列。

表3-2-12 完成任务反馈表

| 项 目 | | 内 容 | | | |
|---|---|---|---|---|---|
| 沟通前的准备 | 目的 | | | | |
| | 态度 | | | | |
| | 策略 | | | | |
| 沟通中的表现 | 沟通次数 | 沟通地点 | 1. | 2. | 3. |
| | 遇到的困难 | | | | |
| | 解决的办法 | | | | |
| | 最后的结果 | | | | |
| 沟通后的反思 | 得到的收获 | | | | |
| | 存在的问题 | | | | |
| | 改进的措施 | | | | |
| 谈话人意见 | | | 签名 | | |

**思考与练习**

　　小蔓是春华公司办公室员工。有一天她正在写一份报表，上司通知她："小蔓，昨天下午说过的那份报表今天一定要交给我。"正在写报表的小蔓被上司打乱了工作节奏和思路，于是她没好气地说："知道了，你没看见我正在写吗？"上司没有说话，但出去时把门摔得很重。后来，同事问小蔓是怎么回事，她委屈地说："我正在写报表呢，他叫我把报表给他，又不是看不见，这不是故意刁难我吗？"

　　**想一想：**

　　（1）小蔓做得对吗？为什么？

　　（2）如果你是小蔓，这种情况下会说什么，怎么做？分组讨论并角色扮演：遇到这样的情况，你会怎么说，怎么做？

项目三

# 与同事沟通交流

## 任务一　尊重对方

对他人的尊重，实际上是对自己的尊重。

——佚名

**案例导入**

### 催材料

财务部李经理从总经理那里拿了一份材料。这天，总经理急着要那份材料，便让助理小张去财务部取回来。在电梯口小张正好碰到有急事要外出办事的李经理。他听小张说要材料，立即说回来后马上给他送过去。面对这种情况，小张应该如何处理？

以下是小张可能的几种选择。

（1）严肃地对李经理说："是总经理让我来取的，你可不要不当回事呀！"

（2）问李经理大概什么时候能回来，回来后能不能马上把文件送回来。李经理说一个小时之内回来，回来后一定将材料送过来。于是回办公室向总经理报告。

（3）听完李经理解释后，叮咛地说："你可千万别说话不算数呀！"

（4）带着恳求的口气说："李经理，我求你回办公室给取一下吧，不然我没办法向总经理交代！"

（5）爽快地说："行，回来后就马上给我打电话！"

**想一想：**

1. 对于小张以上几种可能的选择，你认为哪种选择比较合适？请说明理由。并对其他几种选择进行评析。

2. 如果你是小张，遇到这样的情景，你会怎么做？

【分析】这个案例说明了，工作要顺利进行并取得成果，领导的信赖固然重要，但同事的支持和合作也必不可少。在工作环境中与人相处时，尊重十分重要。要做到尊重对方，首先要有尊重对方的意识，投入真情；其次要懂得恰当表达；再次要摆正自己的位置。

## 相关知识

在我们的工作中，大量的活动都要通过与人交往来完成，除了与上司交往，更多的是与同办公室、同部门、公司（机构）其他部门的同事打交道。与同事关系的好坏，将直接影响本人工作的小环境，并可能影响到本单位的全局性工作。

工作中如何与同事进行有效沟通？对方怎样才能与自己协作？要想与同事进行有效沟通，建立良好的同事关系，这就要求能够尊重对方，主动与对方合作，具有把握分寸的能力和实现共赢的能力。

# 一、投以情感，真诚待人

助理作为领导与部门、员工之间的信息传递者，处于职场的诸多关系之中，在各种各样的关系中游走，要想使沟通更有效，不仅需要发挥自己的"社交"天分，还要通过真诚和热情表示对对方的尊重。真诚是人际交往的最基本要求，所有的人际交往的手段、技巧都应该建立在真诚交往的基础上，因而要善于在感情上下功夫。

首先要以诚待人，以谦虚、平等的态度对待同事，用真诚的语言或行动去与对方沟通，以关心他人的态度融入人群，以礼貌与魅力赢得好人缘；其次要信守承诺，说到做到，做事卖力，讲求效率。以诚感人就是要使人动情，唤起人的真情，要做到诚与真结合，伴之以虚心，使其感动。要经常真心地表示自己对别人的感激之情，不吝啬给予赞美和鼓励，表达对他人的欣赏，这样不仅能加深双方的友情，而且能促进别人的发展；时时感恩，勇于为自己的过失承担责任，不找借口推诿，不居功，更不抢功；尊重他人就意味着不要轻视他人，不论是有意的还是无意的。当自己与别人比较，强调自己的长处、优势或直接贬低别人时，都会伤害到对方的自尊，从而影响人际关系。

# 二、表达恰当，语气平和

"说者无心，听者有意。"作为一个成熟、得体的员工，必须时刻注意自己的措辞。小小的一句话，往往学问却不小。将心比心，每天你都要和许多人说话，什么话好听，什么话你不爱听？哪些话让你愉悦地接受，哪些话让你怀疑说话者的品位，哪些话又令你反感甚至产生抵触情绪？这些问题都是你在与别人说话之前需要思考的。在语言运用上要讲求艺术性和技术性，多样性的语言有助于沟通者和不同的人对话，进行深入交流，达到沟通目的。

在和同事沟通的时候，尽量用中性词或褒义词；表达不同的意见要委婉，切忌直接否定。公司里的职位分三六九等，但人与人之间的地位是平等的。无论对方是部门领导还是普通员工，都要尊重对方，没必要低三下四，也不要盛气凌人。

无论什么时候，都要保持心平气和。注意语言的细节，如"请你……"就比"你给我……"好很多。

# 三、摆正自己的位置

作为下属，要对自己的身份有清醒的认识，上司分管的工作不是自己分管的工作，上司的部下不是自己的部下；自己本身并没有任何权力，自己仅仅是执行上司的指令。因此，在跟同事打交道时，应摆正自己的位置，平等相待，平易近人，要以谦虚、平等的态度对待同事，工作上应多体谅同事的难处，尽力给予帮助解决，这样才能以自己的诚恳打动对方；切忌打着领导的幌子，用领导的名义压人，以"二首长"身份自居。当别人需要自己的配合时，对力所能及的事情不要找各种借口推脱，也不要跟人打官腔，否则下次自己可能会得到同样的"回报"。

千万不能用上司的口吻说话，切不可代表领导向同事布置任务，不能颐指气使，发号施令。领导的权力不属于秘书，即使是领导，也不能只靠权力来进行管理。在代理上司行使权力时就是代理，代理绝对不是实权，应当以商量的口气与同事交谈。

## 拓展与提高

### 与不同性格同事相处的技巧

同事关系一般包括两种情况。第一种是指同部门内的工作人员之间的同事关系，如同级助理人员、同一办公室的人员等，他们之间在职务上往往是平等的或相近的，又在同一个空间里工作，接触频繁而直接。第二种是指同一组织机构中工作人员与其他职能部门的工作人员之间的同事关系，他们所处的工作空间不同、具体职责不同，但又相互依赖和配合，有分工有合作，共同为本组织机构的总目标服务。以下是与不同性格同事相处的建议。

1. 过于傲慢的同事

与性格高傲、举止无礼、出言不逊的同事打交道难免使人产生不快，但有些时候必须要和他们接触。这时，不妨采取以下几种措施。

（1）尽量减少与他相处的时间。在和他相处的有限时间里，尽量充分地表达自己的意见，不给他表现傲慢的机会。

（2）交谈言简意赅。尽量用短句子来清楚地说明自己的来意和要求。给对方一个干脆利落的印象，也使他难以施展傲气。

2. 过于死板的同事

与这类同事打交道，不必在意他的冷面孔，相反，应该热情洋溢，以热情来化解他的冷漠，并仔细观察他的言行举止，寻找出他感兴趣的问题和比较关心的事进行交流。

与这类同事打交道时要有耐心，不要急于求成，只要和他有了共同的话题，相信他的死板会荡然无存，而且会表现出少有的热情。这样一来，就可以建立比较和谐的关系。

3. 好胜的同事

有些同事狂妄自大，喜欢炫耀，总是不失时机自我表现，力求显示出高人一筹的样子，在各个方面都好占上风。对于这种人，许多人虽然看不惯，但为了不伤和气，尽量做到时时处处谦让他。

可是在有些情况下，这类同事会将你的迁就忍让当作一种软弱，反而更不尊重你，或者瞧不起你。对这种人，要在适当的时机挫其锐气，使他知道山外有山、人外有人。

4. 城府较深的同事

这类同事对事物不缺乏见解，但是不到万不得已，或者水到渠成的时候，他绝不轻易表达自己的意见。这种人在和别人交往时，一般攻于心计，总是把真面目隐藏起来，希望更多地了解对方，从而能在交往中处于主动的地位，周旋在各种矛盾中而立于不败之地。

和这类同事打交道，要有所防范，不要让他完全掌握自己的全部秘密和底细，更不要为他所利用，从而陷入他的圈套中而不能自拔。

5. 口蜜腹剑的同事

口蜜腹剑的人，"明是一盆火，暗是一把刀"。碰到这样的同事，最好的应对方式是敬而远之，能避就避，能躲就躲。

6. 性情急躁的同事

遇上性情急躁的同事，头脑一定要保持冷静，对他的莽撞可以采用宽容的态度，一笑置之，尽量避免争吵。

7. 刻薄的同事

刻薄的人在与人发生争执时好揭人短，且不留余地和情面。他们惯常冷言冷语，挖人隐私，常以取笑别人为乐，行为离谱，不讲道德。他们会让得罪自己的人在众人面前丢尽面子，在同事中抬不起头。

碰到这样的同事，要与他保持距离，尽量不去招惹他。吃一点儿小亏，听到一两句闲话，也应装作没听见，不恼不怒，由他而去。

# 完成任务

（1）分小组选择一种合适的解决方式模拟表演案例《催材料》。

（2）观察自己的一位同学，将所获信息填入"尊重他人"调查表（表3-3-1）。

表3-3-1 "尊重他人"调查表

| 姓名 | | 被观察者的表现 | | |
|---|---|---|---|
| 观察项目 | 以前与人沟通时的表现 | 现在在"尊重他人"方面的表现 | 1周后的反馈意见及效果（被观察者填写） |
| 神态方面 | 1. | | |
| | 2. | | |
| 语言方面 | 1. | | |
| | 2. | | |
| 行为方面 | 1. | | |
| | 2. | | |
| 其他方面 | 1. | | |
| | 2. | | |
| 备 注 | | | |

（3）在完成以上任务后填写完成任务反馈表（表3-3-2）。

表3-3-2 完成任务反馈表

| 项 目 | | 内 容 |
|---|---|---|
| 沟通前的准备 | 目的 | |
| | 态度 | |
| | 策略 | |

（续表）

| 项　目 | | 内　容 | | | |
|---|---|---|---|---|---|
| 沟通中的表现 | 沟通次数 | 沟通地点 | 1.　　2.　　3. | | |
| | 遇到的困难 | | | | |
| | 解决的办法 | | | | |
| | 最后的结果 | | | | |
| 沟通后的反思 | 得到的收获 | | | | |
| | 存在的问题 | | | | |
| | 改进的措施 | | | | |
| 被观察人意见 | | 签名 | | | |

## 自我评价

请根据自己掌握的知识，对自我进行评价，并填入表3-3-3。

表3-3-3　"尊重对方"能力达标自我评价

| 主要内容 | 自我评价等级（在符合的情况下面画"√"） | | | |
|---|---|---|---|---|
| | 全都做到了 | 大部分做到了 | 基本做到了 | 没做到 |
| 树立与同事沟通交流时尊重对方的意识 | | | | |
| 与同事交往热情真诚，一视同仁 | | | | |
| 语气委婉，言行举止恰当 | | | | |
| 能摆正自己的位置 | | | | |
| 自我评价　我的优势 | | | | |
| 　　　　　我的不足 | | | | |
| 　　　　　我的努力目标 | | | | |
| 　　　　　我的具体措施 | | | | |

# 任务二　主动合作

不管努力的目标是什么，不管他干什么，他单枪匹马总是没有力量的。合群永远是一切善良思想的人的最高需要。

——歌德

### 前后不一

职校毕业的小瑞刚到公司的时候，谦虚勤快，有求必应，大家都说她是个热心肠的人。在三个月的试用期满转正时，群众意见全是表扬她的。又几个月过去了，没人再说她是热心肠，原来，小瑞对待大家的热情从有求必应变成能推则推了。不久，小瑞发现，现在找后勤领支圆珠笔都要等几个小时；到财务部要报表，对方回答说要等几天，朱总那里着急要看时，财务部才变魔术一样拿出来。小瑞的工作也因此受到影响，并引起上司的不满。意识到问题严重性的小瑞，再想和大家修好，可她这时候发现，太难了。

【分析】我们在工作时间要与不同职能的部门及形形色色的人打交道，而且上司随时会交代一些让自己不知所措的工作，这就要求我们不仅要上知天文、下懂地理，还要经常寻求同事帮助。这个案例说明了和同事建立与维持良好的关系对于一个职场新人来说是一项很重要的工作，通常有许多事情不是只有自身做好就会有好结果的，还需要大家相互的理解、配合与支持才可能完成。

要完成主动合作的任务，就需要明确同事是否接受自己的帮助与合作、帮助与合作什么、怎样帮助与合作，同时还能让对方感受到自己的友好和真诚。

## 相关知识

## 一、让对方从情感上接受自己

俗话说"熟人好办事"，如果对方先从情感上接受了自己，事情就已经成功了一半。那么通过什么方式与同事进行情感的交流呢？实际上，在每个公司内都存在着两种形式的组织，一种是正式的，另一种是非正式的。正式的组织就是根据工作分工而出现的组织，这种组织是公开的。非正式的组织是由同事或朋友等自然关系形成的，如这几个喜欢玩游戏的男生经常扎堆聊天，那几个喜欢时装的女生经常结伴逛商店。这种组织不仅是非正式的，而且是无形的，但它同样在深刻地影响着公司里每一个人的工作。比如，你在工作中过于勤奋或过于懒惰，都可能会受到同事的排挤，那么当你主动帮助他人或者需要他人的合作时，可能双方也会产生情感的阻碍。因此，你可以在公司通过正式与非正式的组织结交朋友，由浅入深，加深彼此的了解，增进友情。情感上相互依靠，在价值观念上高度统一，在事实问题上清晰明朗，这些都可以自然而然地让你融入集体中。这样，当你主动与同事合作时，对方从情感上就首先接受了你，那么后面的沟通也就畅通无阻。

## 二、注重平时积累，有的放矢

光有热情是不够的，平时还要与不同职能部门的同事多接触，建立友好的合作关系，主动帮助同事与领导沟通交流，在职责权限允许的范围内主动帮助同事解决工作中的困难，特别要注意平等对待不同职能部门的同事，不厚此薄彼，这样关键时刻才能得到同事的积极配合与支持。

如何与领导沟通

要做到主动合作，就要做好准备工作。我们要发挥特有的职能优势，广泛搜集各方面信息。如果每次沟通前都能提供必要情况，向对方表示自己的确很重视对方并乐意与对方进行沟通与交流，这样效果会好得多。在与同事沟通之前还应该明确沟通的内容，做到勤奋尽职。所谓勤奋，一要勤于思考，和同事沟通，当遇到问题、发现问题时，首先要思考问题的原因，了解对方目前的处境、困难（问题）和需求，积极寻求解决问题的方法、对策或补救措施等；二要勤于行动，该说的要马上说出来，该做的要立即行动，切勿给对方留下沟通只是走过场的印象。

## 三、提供有效信息，求同存异

与不同职能部门的同事进行主动合作，需要充分、全面地了解与准备沟通的相关信息，及时主动地提供给同事所需要的服务信息，如领导的意图、问题及反馈意见、解决问题的资料收集等；适时适当提出有效意见或合理建议，供其参考，少施加压力，多排忧解难。有效沟通的目的是充分发挥沟通双方的自我管理、自主决策的能力。由此可见，在与同事主动合作时，沟通双方不一定局限于言行统一。另外，由于双方所处的位置、所站角度、期望值的不同，沟通时可能会有不同的看法或想法。无论怎样的沟通与理解，只要有利于增强沟通目标的实现，以政策法规为依据，办事有原则，且保证公平、公正，并最终实现个人、部门、公司三方的利益目标，就可以容许差异的存在。

### 拓展与提高

**与同事的相处之道**

1. 有了误解怎么办

由于看问题的角度不同，部门之间发生一些矛盾，造成一些误会是正常的。即使是在本公司内部，许多人也不一定了解各部门的工作。有的人以为各种报告批不批，领导想见谁不想见谁，都是某个部门说了算，一些人见不到领导或自己的申请报告得不到批复，就认为是某个下属从中作梗。当然，也有人知道这并不是某个部门的责任，但是他们又不好直接朝领导发火，就把某个部门当作出气筒。

金无足赤，人无完人。公司里每个人身上都有缺点和不足，但这些缺点和不足毕竟不会直接干扰工作，作为下属，你没有必要计较同事身上这些东西，而要与人为善。即使与同事发生误会甚至矛盾，也要给予宽容，主动想办法来化解，这样对方才会更加信赖和敬重你，彼此的关系才会更加紧密。古语有云：唯宽可以容人，唯厚德可以载物。与同事相处，有了矛盾和问题应先从自身找原因，对于自己的弱点要有清醒的认识并保持必要的敏感，对于他人的过失应客观地看待和处理，要尽量做到"得理也让人"，即学会宽容。要有宽广的胸怀和容人的气量，先做人，后做事，只有先把人做好了，得到大家的认可，然后才能顺利开展工作，这样与人为善，主动合作，工作就会轻松得多，人际关系也就不会那么冷漠。

2. 主动合作要讲求艺术性

在与同事沟通和交流之前必须搞清谈话内容和事实，要洞悉同事的脸色和行动，要尊重对方的意见；不要说对方不爱听的话，要给对方留有说话的余地。适当保持积极的心态，主动去接触同事，用自己的真情和爱心尽可能地去帮助同事，使双方的关系尽快地亲近起来。在主动与同事合作的过程中，既要忠实于领导的意图，明确原则；又要针对具体情况，及时沟通。动之以情，晓之以理，抱着谦和、学习的态度，主动请教和尽力帮助他人，积极配合对方的工作，那么，对方也就会投桃报李，双方也就能建立起信任关系，排除沟通中的各种障碍，实现有效地上传下达，从而利于沟通目标的实现。

一支常胜军队，往往也是一支令人羡慕的高效团队。在一个公司中，要使每个部门、每个员工都能够在一个共同目标下，协调一致地努力工作，就绝对离不开合作。这种合作应该是积极的、主动的，每个部门、每个员工都相互依存、依赖与支持，从而产生强大的凝聚力，最终达到共同目标。没有人能够独立完成某个项目的工作，任何一项工作都是公司的很多部门、很多同事齐心协力完成的。俗话说"山不转水转"，只要你积极主动地与大家合作，广结善缘，那么，在你需要得到帮助的时候，你就会得到援手。

3. 树立"一盘棋"的整体观念

我们必须树立整体观念，以全局利益为重，小局服从大局，"棋子"服从整盘棋的调度。我们每天面对各种各样的人和处理杂七杂八的事，难免会遇到一些问题和矛盾，如果心胸狭窄，丝毫不能容忍不同意见或别人的缺点，就难以与大多数人建立融洽的关系，更谈不上沟通顺利和目标实现。"一盘棋"的整体观念表现在个人目标的实现是基于团队目标的实现，二者是相辅相成、协调一致的，从而激励大家为了共同的目标产生一种强烈的工作欲望，这种欲望就转化为工作的积极性和主动性，更有利于个人与团队目标的实现。

4. 以德报怨，主动化解矛盾

并不是说在合作时发生矛盾就一味地不讲原则，一味地容忍。不能容忍是原则问题，而怎么处理则是方法问题，不能用原则代替方法，就算对方不"仁"，但自己不能不"义"。在同一个单位工作，彼此间免不了会有不愉快的事情发生，与同事发生矛盾后，应争取积极主动找对方沟通，抛开昔日成见，真诚和善对待对方。刚开始时，对方可能心存芥蒂，认为这是一个圈套，经过一段时间后，对方就会认识到自己的真诚，矛盾就会解决。如果能够以德报怨，用爱心去感化对方，恩怨就自然会化解。很多误会需要主动进行说服和交流，否则，误会就会越来越深，以致严重干扰和破坏双方的正常交往。当然，在与对方沟通时要注意心平气和，同时要做好被对方拒绝的准备。

从地位上来看，我们只是公司里的一般工作人员，但是在一些人的眼里，自己似乎是在"一人之下，万人之上"。因此，每做一件事的时候，都应三思而后行，否则，很容易遭人责骂。

5. 有"眼色"，做"有心人"

我们要有"眼色"，眼里有事，做"有心人"，工作有主动性。要能及时发现问题，主动与同事进行沟通与合作，改变信息阻隔现象，使信息畅通无阻，从而激励士气，减轻恐惧和忧虑，增强团队之间的向心力和凝聚力，为团队建设打下良好的人际基础。

## 完成任务

市场部想以降价的方式在国庆节期间搞促销，提高本公司产品的市场占有率，于是报告给总经理。报告转到总经理办公室的员工小张手里后，她从销售部那里了解到，降价会损害经销商的积极性，从长远来看对产品销售不利，因此小张没有把市场部的报告优先送给总经理。市场部认为这是小张在故意刁难他们，工作上针锋相对，一有机会就给小张"穿小鞋"。

这月底，小张得知市场部对全国的经销商做产品知识、销售话术和技巧、回访话术、组织市场活动等各项能力做调研和推广活动的效果不尽如人意，上司不是很满意。面对这种情况，小张应该如何处理？

小张可能的选择有以下几种。

（1）幸灾乐祸地想：活该！谁叫你们给我"穿小鞋"！

（2）直接告诉市场部，领导对这次活动不满意，并质问原因。

（3）乘机告诉领导，市场部办事效率低下，还总是故意刁难自己。

（4）找个合适的机会，主动向市场部经理了解这个活动，表现出友善和诚意，婉转表述领导的意图和想法，并拿出自己收集的相关材料及建议。

（5）在得知上司不是很满意市场部的工作时，按照对主动合作的理解，进行小组讨论，请求协助。

问题：

（1）如果你是小张，你会选择哪种处理方式？

（2）帮助员工小张更好地与市场部同事进行主动合作，并完成"主动合作"记录表，见表3-3-4所列。

表3-3-4 "主动合作"记录表

| 主要内容 | 完成"主动合作"的表现方面 | | | |
| --- | --- | --- | --- | --- |
| | 神态表情 | 语言表达 | 行为举止 | 其他方面 |
| 向对方传达"感同身受"的情感体验 | | | | |
| 与对方产生认同感 | | | | |
| 愿意进行交流，增进友情 | | | | |
| 注重双方的默契配合，有的放矢 | | | | |
| 收集确切可信、有价值的信息 | | | | |

（续表）

| 主要内容 | 完成"主动合作"的表现方面 | | | |
|---|---|---|---|---|
| | 神态表情 | 语言表达 | 行为举止 | 其他方面 |
| 提供令人信服、说服力强的意见或建议 | | | | |
| 做出解释，获得信任和理解 | | | | |
| 明确目的和责任，做到求同存异 | | | | |
| 签名：　年　月　日 | | | | |

以小张的身份来填写完成任务反馈表（表3—3—5）。

表3-3-5　完成任务反馈表

| 项　目 | | 内　容 | | |
|---|---|---|---|---|
| 沟通前的准备 | 目的 | | | |
| | 态度 | | | |
| | 策略 | | | |
| 沟通中的表现 | 沟通次数 | 沟通地点 | 1.　　　　2.　　　　3. | |
| | 遇到的困难 | | | |
| | 解决的办法 | | | |
| | 最后的结果 | | | |
| 沟通后的反思 | 得到的收获 | | | |
| | 存在的问题 | | | |
| | 改进的措施 | | | |
| 指导教师意见 | | 签名 | | |

## 自我评价

请根据自己掌握的知识，对自我进行评价，并填入表3—3—6。

表3-3-6　"主动合作"能力达标自我评价

| 内　容 | | 自我评价等级（在符合的情况下面画"√"） | | | |
|---|---|---|---|---|---|
| | | 全都做到了 | 大部分做到了 | 基本上做到了 | 没做到 |
| 意识与能力 | 与他人主动合作的意识 | | | | |
| | 主动对话的能力 | | | | |
| | 主动建立协作关系 | | | | |
| | 愿意承担各种各样的工作及较强度的工作 | | | | |
| 态度 | 理解对方需求与感受，亲切主动地合作 | | | | |

（续表）

| 内　　容 | | 自我评价等级(在符合的情况下面画"√") | | | |
|---|---|---|---|---|---|
| | | 全都做到了 | 大部分做到了 | 基本上做到了 | 没做到 |
| 态度 | 自发地工作 | | | | |
| | 把握自身的长处与短处，并努力提高自己的能力 | | | | |
| 实际成绩 | 工作效率(是否按时完成任务) | | | | |
| | 工作业绩及质量水平 | | | | |
| | 能否准确判断出问题所在并找出解决方法 | | | | |
| | 制订具有针对性的解决方法及计划，并实际地去解决 | | | | |
| 自我评价 | 我的优势 | | | | |
| | 我的不足 | | | | |
| | 我的努力目标 | | | | |
| | 我的具体措施 | | | | |

## 思考与练习

　　请调查本班的班委、课代表、组长或其他同学，他们需要你怎样配合才能使班级工作更便捷、更有效？并完成班干部调查表（表3-3-7）。

表3-3-7　班干部调查表

调查人：

| 被调查者 | 调查者填写 | | 被调查者填写 | |
|---|---|---|---|---|
| | 最困难的事 | 需要你配合的工作 | 是否符合实际 | 如果不符合,请更正 |
| 班长 | | | | |
| 学习委员 | | | | |
| 卫生委员 | | | | |
| 宣传委员 | | | | |
| 体育委员 | | | | |
| 语文课代表 | | | | |
| 数学课代表 | | | | |
| 英语课代表 | | | | |
| 专业课代表 | | | | |

# 任务三 把握分寸

使人有面前之誉，不若使人无背后之毁；使人有乍交之欢，不若使人无久处之厌。

——陈继儒

**案例导入**

### 总经理助理

公司总经理把助理小王叫到办公室，生气地问道："公司工会是怎么回事？听办公室的同事说，就差他们的学习计划没有报上来了！刚才打电话找工会主席也找不到。上次常委扩大会议工会主席也没有出席，工会这种拖拖拉拉的作风要改一改了！"小王心里明白，工会主席最近因为儿子出差，小孙子患病住院，没有参加上次会议，也耽误了报上学习计划。在总经理面前没有机会解释，他只好去问工会主席："总经理批评工会的作风拖拉，说您上次没有参加会议，学习计划也没有交。""我的小孙子住院一个多星期了，哪有时间讨论计划？上次会议我不是向办公室主管考勤的老李请了假吗？总经理也太官僚了！"工会主席抱怨道。

**想一想：**

1. 小王这样处理是否妥当？如果是你，又该如何去处理这件事？
2. 事情过后，助理小王该从中吸取什么教训？在以后的工作中又该如何去做？
3. 分组表演这一沟通过程或自己改编后的沟通过程。

【分析】这个案例表明了助理作为上司与外界的信息传递桥梁，需要把上司的指令和意见传达给公司的部门或同事，在落实上司指示的过程中要想把握好分寸，就需要做好充分的准备工作并采取有效的实施办法。

## 相关知识

## 一、充分的准备工作

1. 找准方向

与各部门同事进行沟通，主要是为了协助上司解决工作中存在的各种问题，协助上司更好地工作，承上启下，让所有员工齐心协力围绕上司的决策行动，努力淡化或消除人与人（领导与部门负责人）、人与机构（领导与职能部门）、机构与机构（领导部门、秘书部门、职能部门）之间的矛盾。要把握好分寸，就要以公司发展、为公司谋利为共同奋斗目标。事事以这一目标为指导方向，与同事之间的沟通就能顺利进行。

2. 准确定位

作为助理，要明确自己是信息传递者，只要找准自己的定位，就会知道自己应当做到以下几点。首先，要准确、忠实地转述上司的意图或指示，在信息传递过程中取得对方的信任，解除信息阻碍，使信息接收者了解真实情况，这是问题得以顺利解决的基础；其次，要了解同事的想法，体谅对方的难处，根据服务信息内容做好变换，把它们准确地汇报给上司；最后，也是最重要的，要能够乐于为对方服务，协助其完成任务。

### 3. 换位思考

在沟通的过程中，我们要站在对方的角度想问题，要了解对方目前的工作状况，理解同事的难处；同时，也要让对方能够明白与理解上司的意图，引导对方站在领导的角度去思考作为领导遇到这样的问题，希望对方如何处理。无论站在哪一方的立场上，我们都要在客观、公正的原则下进行分析，这样才能赢得理解与支持，顺利沟通。对于下属来说，没有不能沟通交流的人，只有不正确的沟通交流方式。要尊重和体谅同事，少施加压力，在工作中对待各部门的同事要一视同仁，切不可厚此薄彼，这对维护和谐的人际关系、提高工作效率都非常重要。

## 二、有效的实施办法

### 1. 及时、准确地传达上司指示

作为信息的桥梁，我们应能及时、准确、完整地传达上司的指示，消除公司内部各种沟通屏障，让上司与公司部门、员工的沟通更顺畅、更和谐。在传达上司指示时，讲述事情要清晰，格式要标准，标题要准确，语气要和谐。

### 2. 创造产生认同感的沟通情境

要赢得同事的认同，创造一个能够让对方产生认同感的沟通情境非常重要。在与同事沟通的过程中，沟通情境的刺激可形成感情的互通和互相感染，也就能产生情感上的认同。如果能深深沉浸在对方的情绪状态中，体会到对方的心理感受，进而表达出对他（她）的理解和关心，对方就会积极回应，对你产生好感。

### 3. 要会说"不"

很多时候，同事会认为，助理和领导的关系肯定比他和领导的关系近，或者觉得他自己出面很可能被领导拒绝，所以才请求于助理。从这个角度看，他其实是为了"转嫁风险"，那么，在答复对方之前要问自己"我能做到吗""我这样做有越权的嫌疑吗"。助理不是万能的，也有需要恪守的职业规范和道德规范，如果出于人情考虑答应，最后没办成事，就会得罪领导和同事。因此，在这种情况下，你应当告诉他"这件事由你去向领导说明会更清楚"，或者婉转告诉他这不是你职责范围内的事。拒绝会给对方带去一些不快，但尽可能委婉地拒绝，可以降低或者消除对方的不快。

### 4. 学会微笑和赞扬

沟通时，微笑地倾听和不失时机地赞扬对方的进步和成绩，这些都会营造一个愉快的氛围，使沟通的僵局出现转机，消除误解，使隔阂的双方握手言欢，沟通更为轻松，从而统一思想、求得共识。微笑会赢得对方的好感，赞扬使人感到你的诚意，微笑着反驳使人感到你的善意，微笑着拒绝使人体谅你的处境。

赞赏的语言

## 拓展与提高

### 职场"法宝"

1. 强化职能观念

下属虽然接近领导，辅助领导的工作，常常秉承领导的意图并传达给各部门；但实际上与公司各部门员工是相互依赖的，只不过是分工不同、具体职责任务不同、工作空间不同。在沟通时，特别是当环境变化或其他原因使问题的处理已超出授权范围时，一定要向授权者请示，并遵从其新的指示办理，主动争取同事的配合与合作；遇到授权以外的事务，不得自作主张，不得擅作决定。对本部门人员切忌因为位置的特殊就自视高人一等，以领导的名义对同事指手画脚，动辄要求同事如何做，这样做是不符合下属的身份和地位的，也极易引起他人的反感。没有同事的信赖和配合，不仅自己的本职工作无法顺利进行，整个单位的工作也将受到影响。

2. 保持"独立"

作为员工，一方面要积极主动与同事交往，扩大人际交往的范围，保持良好的人际关系；另一方面，最好不要表现出对某个团体（部门）或个人的格外亲近。身为助理，是各种利益群体（个人）争夺的对象，越是若即若离，越能保持自身的价值，一旦靠近一方，对于其他的群体（个人）来说，自己就不再是朋友，而变成敌人。因此，在与同事交往的过程中，既要在彼此以诚相待的基础上互相尊重、互相协作，又要在和谐中保持各自的独立。

3. 学会"铺垫"

在进行沟通的过程中，由于职位的高低和看问题角度的不同，双方有时会产生不同的观点。在不赞成对方观点的时候，一定要先肯定对方，如"您说的这些我非常理解，不过，我们是不是也可以这么来看问题……"这种先给对方以肯定的方式就叫铺垫。铺垫能起到一种缓冲的作用，使双方关系不会陷入紧张状态，既说明了领导的意图或自己的观点，也使对方并不会介意自己的反驳。

4. 就事论事

在沟通过程中，特别是在对方做错事情或做得不到位的时候，一定要注意就事论事。只有这样对方才容易接受；如果你讲话带有情绪性，即使对方明明知道自己错了，也不会接受你的批评。例如，策划部的促销产品活动的工作出现失误，你可以就事论事地指出来："汪经理，这个促销活动的截止时间好像有点问题，请再仔细核对一遍。"如果你带着情绪指责他："汪经理，你怎么回事?! 促销活动的时间又搞错了! 你们策划部怎么总是这么粗心大意?!"结果又会怎样？即使他不直接顶撞你，也会把你的话当作耳旁风，更不用谈所谓的合作了。

## 完成任务

员工小马的业务能力有目共睹。这天总裁办开会，讨论即将召开的董事会所需的文件。轮到小马发言时，他直言不讳："我听了刚才市场部林经理的发言，我不同意他的结论，因为我到销售部和几个门市部调查过,我的调查结果与林经理的结论相去甚远。"他本来以为自己拿出了一连串扎扎实实的数据,不是信口开河,大家都会点头称是,可结果是既没人反对他也没人赞成他,甚至可以说是根本没有人理睬他。他心里很难过,会后便问一位跟他一起进公司的同事:"上个星期我就知道了会议的议题,所以,我做了大量的准备工作,我不是无的放矢,为什么他们都不认真听我说呢?我到底错在哪里呢?"

**问题:**

(1)员工小马在会前就做了充分的准备,他的预期目标是什么?实际结果又如何?小马该如何说、怎样做才能达到预期目标?

(2)如果你是被他询问的同事,你会怎样回答他?

模拟以下情景并续写案例:

这天,总裁办开会,讨论即将召开的董事会所需的文件。当轮到小马发言时,他微笑着说:"刚才市场部林经理所提出的一些问题和意见,正是大家反映的比较多的问题,李总在上个星期就让我多做调研,我到销售部和几个门市部调查了一下,发现虽然有问题,但也并不像林经理所说的那样严重。从调查结果看,公司对于这款刚上市新产品的定位还是准确的。我个人认为,如再拓宽产品的销售渠道,并对销售人员进行新产品的培训,对于产品的市场销售和推广会有积极的作用。你们觉得怎么样?"小马随即拿出一份调查报告,放在大家面前。

结合续写的案例内容填写完成任务反馈表,填入表3-3-8。

表3-3-8 完成任务反馈表

| 项 目 | | 内 容 | | | |
|---|---|---|---|---|---|
| 沟通前的准备 | 目的 | | | | |
| | 态度 | | | | |
| | 策略 | | | | |
| 沟通中的表现 | 沟通次数 | 沟通地点 | 1. | 2. | 3. |
| | 可能遇到的困难 | | | | |
| 沟通中的表现 | 解决的办法 | | | | |
| | 最后的结果 | | | | |
| 项 目 | | 内 容 | | | |
| 沟通后的反思 | 得到的收获 | | | | |
| | 存在的问题 | | | | |
| | 改进的措施 | | | | |
| 指导教师意见 | | | 签名 | | |

## 自我评价

请根据自己掌握的知识,对自我进行评价,并填入表3-3-9。

表3-3-9　"把握分寸"能力达标自我评价

| 主要内容 | 自我评价等级(在符合的情况下面画"√") | | | |
|---|---|---|---|---|
| | 全都做到了 | 大部分做到了 | 基本做到了 | 没做到 |
| 树立与同事沟通与交流时把握分寸的意识 | | | | |
| 积极创设沟通与交流时产生认同感的情境 | | | | |
| 能及时准确地传达上司指示 | | | | |
| 能换位思考,从对方的角度思考问题 | | | | |
| 自我评价 | 我的优势 | | | |
| | 我的不足 | | | |
| | 我的努力目标 | | | |
| | 我的具体措施 | | | |

## 思考与练习

在学校或班级里做值周生,把你在这一天里所发现的不良现象和问题,发现问题后与相关老师或同学的沟通过程及最终结果记录下来,并对你认为处理得好和处理得不好的事件做出评价,总结经验和不足,完成"把握分寸"能力评价表(表3-3-10)。

表3-3-10　"把握分寸"能力评价表

| 沟通事件 | 沟通目的 | 沟通对象 | 沟通时间 | 沟通地点 | 沟通内容(对白) | 沟通效果 | 对方评价 | 自我反思 |
|---|---|---|---|---|---|---|---|---|
| 事件1:××级文秘×班的卫生问题 | | | | | | | | |
| 事件2:第×组迟到问题 | | | | | | | | |
| 事件3 | | | | | | | | |
| 事件4 | | | | | | | | |
| 签名: | | | | | | | 年　月　日 | |

# 任务四　实现共赢

人们在一起可以做出单独一个人所不能做出的事业；智慧+双手+力量结合在一起，几乎是万能的。

——韦伯斯特

### 融合的方案

　　小张经朋友介绍，到某公司就职。由于有扎实的专业知识、几年的市场实战历练、大公司里积累的工作经验，大方开朗的他深得领导青睐，很快被提升为总经理助理。但年轻气盛的小张和市场部经理的关系总是显得有点不顺畅。一次，公司在内部广征市场拓展方案，总经理在分配任务时提醒：作为尝试，除部门外，个人可以单独完成一份，也可以合作完成一份。

　　凭借着在大公司工作的经验，以及对市场行情的把握，小张决定单干。他花了整整一个星期时间，细斟慢酌，搞定了"大作"。报告上呈后，上司的评价出乎他的意料："缺少了本地化的东西，操作性不强。不过，你的宏观视野很开阔。"之后，总经理把市场部经理叫到一起，让他们分别揣摩彼此的方案。在总经理的主导下，两人将各自方案中的亮点进行了提炼和重构，结果，新方案被公司评优，列为备选的最终方案之一。

【分析】通常有许多事情，不是只有某个人或某个部门本身做好就可以的，它还需要其他部门或同事的配合与支持。或许你可能拥有全世界最棒的主意，可是你没办法说服别人，那这些事情或者主意对于你的公司或你的事业来说也是毫无益处的。这个案例说明了完成实现共赢的任务，需要建立目标导向的协作意识、具备有效讨论的能力、启发共赢的思维与宽容他人的胸怀。

## 相关知识

### 一、建立目标导向的协作意识，形成良好的沟通氛围

在沟通过程中，目标协调是首要考虑的方面，不能为了部门或某个人的利益而忽视了总体目标的实现。公司战略和公司级目标才是企业所有目标的出发点和核心，部门目标是公司级目标的分解和支撑，员工目标是企业战略的最终落脚点，而且各个目标要相互协调、相互促进。这样公司战略就成为大家一致努力的方向。当沟通双方意识到公司、部门、个人的努力方向都一致时，所有人就都会围绕着企业战略目标的实现而努力，强化自身积极主动的人生态度和协作意识，当然也就容易形成良好的沟通氛围。

## 二、具备有效讨论的能力

有效讨论的能力包括以下几点：①清楚地表达自己的观点，并提供支持的理由和根据；②认真聆听对方的意见，努力了解对方的观点及其支撑的理由；③直接对对方提出的观点做出应答，而不要试图简单地阐述自己的观点；④提一些相关问题，以便全面探究所讨论的问题，然后设法去回答问题；⑤把注意力放在增进了解上，而不要试图不计代价地去证明自己观点的正确性。

## 三、启发共赢思维，学会宽容，超越沟通障碍

宽容和忍让是人生的一种豁达，是一个人涵养的重要表现，没有必要和同事争强斗胜，斤斤计较，给别人让一条路，就是给自己留一条路。要把自己的聪明才智用在有价值的事情上面，集中自己的智力，去进行有益的思考；集中自己的体力，去进行有益的工作。不要总是企图论证自己优秀、别人拙劣，自己正确、别人错误；不要事事、时时、处处唯我独尊，不要事事、时时、处处固执己见；在非原则的问题和无关大局的事情上，要善于沟通和理解，善于体谅和包涵，善于妥协和让步。一般来说，双赢和共赢的思维特质是竞争中的合作，是寻求双方共同的利益，即你好我也好，这是一种成熟的"双是人格"。实现共赢的过程也是提高自身与团队凝聚力和竞争力的过程，养成共赢思维习惯的方法有以下几种。

（1）承认自己需要别人的帮助，养成团结协作的工作态度。

（2）双方产生分歧时，首先要立即自行处理，而不是向上级打小报告，请求上级对别人施加压力。

（3）尽可能为对方提供帮助。

（4）积极而乐观地与对方进行交流，注重对方的优点，尽量忽略对方的缺点。

（5）寻找和对方交流的切入点，既考虑自己的需要，也要尽量满足对方的需要。

（6）注重发挥理性的力量，用强有力的事实和数据，而不是个人观点来说明问题。

（7）面对竞争，要有良好的心态。

## 拓展与提高

### 实现共赢沟通的途径

尊重自己、体贴对方，与人相处才没有负担，才能听到来自不同方面和不同层次的意见和声音，从而使自己避免或减少失误，只有让合作者生活得更好，自己也才能更好地生活。知道自己要的是什么，也能够尊重对方不同的想法，彼此相处的空间就会扩大。不要要求对方，事事要如自己的意、符合自己的标准，而是要学会从对方喜欢的角度来欣赏对方，从对方需要的观点去接受对方。如果对方觉得短发好看，又何必一定要坚持让他留长发？反过来，自己认为长发好看，别人并不一定也是同样的看法。最简单的判断方式是——至少，头发长在对方身上。

孔子的"己所不欲，勿施于人"是一种精神上的双赢，它抹去了勉强别人所带来的压力，也减少了被别人勉强所带来的痛苦；姜太公钓鱼是一种行动上的双赢，他避免了垂钓人枯坐求鱼的心焦，也减少了池中鱼儿嬉闹时的忐忑，两不伤害，求的是一份静默，是一份期许和等待。于是，孔圣人成就了美名，姜子牙等到了他的伯乐。

我们在工作中须针对辅助任务的需要，按照领导的意图，与同事同心协力完成任务。要想实现共赢，就要切合实际地清楚表达出自己所要传递的信息和期望，阐明职责，消除因信息传达不清楚而造成的混乱，并用客观实际来支撑自己的观点，清楚地强调双方的诉求与愿望，这样才能够使对方产生共鸣，从而说服对方接受自己的想法和建议，实现共赢沟通。

学会说服

1. 理解与适应正常范围内的功利之心

与同事的交往和沟通大多是带有目的性的，是为了获得更多的信息、更多的支持与帮助，以便更好地完成任务。这看上去似乎有些功利，但这归根到底还是工作的需要。只要做到真诚、谦虚、乐于助人，就会有人向自己伸出他的橄榄枝。也许你本来只是希望对方能给自己的工作提供一些有用的资料，结果却从中激发出了更有效的创新方法；也许他们本来是想通过你获得一些有用的信息，最后却为你提供了更多有用的信息。共赢的核心就是利人利己。职场上完全没有功利色彩的交往和沟通是不存在的，但如果能各取所需，共同进步，在这个过程中实现双赢，那么所谓的功利也是可以理解和接受的，只是不要过度就可以。

2. "团结"与"爱"是实现共赢的基石

要实现共赢，就要让沟通双方都明白，沟通任务的完成与实现是和自己的利益息息相关、紧密相连的，每一次沟通的过程也都是自己积累经验和关系的机会。可以说，大家是一个完整的命运与利益共同体，这种命运与利益共同体可以让双方紧密团结，高度凝聚，它是一个问题得以解答、一个困难得以解决、一个企业得以快速持久发展的最大动力。其实，团结力量的产生也是在每个成员以团队为家的自觉行为中产生的，就像维系家庭和睦，家人间要彼此相爱，缺少了对公司的"爱"和对团队的"爱"的员工是不会死心塌地、忠心不渝地团结一致，并为一个企业的发展目标而共同努力的。只有团结、友爱、进取，才能让沟通双方凝聚爱和智慧的力量，让1+1>2，完成任务，实现共赢、多赢。

美国拳击手杰克每次比赛前都要做一次祈祷，朋友问道："你在祈祷自己打赢吗？""不"杰克说道，"我只是祈求上帝让我们打得漂漂亮亮的，都发挥出自己的实力，最好谁都不要受伤。"

杰克的话中渗透着双赢的智慧。双赢小到个人领域，用美德为竞争镶边着色，让折射的阳光照亮携手同行的路程，让竞争在微笑中把心灵放松，在合作中共同进步，在人与人的关爱和睦、诚实守信中描绘出一幅和谐的图景。

3. 要有积极参与的意识

每个人都应该具有奉献意识，并有责任做出自己应有的贡献。在许多的沟通或合作中，有的人喜欢让别人抛头露面，而自己却静静地坐在那里，做一个感兴趣的旁观者，这样做的结果是，你无法实现自己的沟通理想，也不能赢得对方的尊重。既然自己对沟通的最终决定负有责任，就应该有积极的参与意识，而不是保持沉默。

## 完成任务

　　公司员工小芳是刚调到来公司办公室工作的。一天，办公室主任交给她一项新任务，负责全公司的黑板报宣传工作。但是小芳不会编排版面，美术字也不过关，主任又选派了同一办公室有美术功底的阿杨负责版面编排工作，让小芳专门负责组稿、改稿等工作。阿杨很有才干，编排版面、写美术字甚至画画在公司都是小有名气的，他根本就没把小芳放在眼里。碰到他工作忙起来，就把出黑板报的事抛到九霄云外去了，弄得主任常常催促小芳："怎么黑板报又延期了？"小芳又不好明说，只好硬着头皮去催阿杨，可阿杨根本不配合，还拿冷眼对她。

　　面对这种情况，小芳该如何做才能顺利完成任务？分析以下几种选择方案中哪种更合适，然后进行小组讨论并演示。

　　（1）凭自己的关系，在公司内部另外找一个人来帮忙，按时把黑板报办好。

　　（2）把阿杨不愿合作的事直接告诉办公室主任，并向主任表明责任不在自己，看主任怎样处理。

　　（3）再次催促阿杨，并和他摊牌，告诉他："如果再这样下去，就当面到主任那里去解决。"

　　（4）过一天算一天，听之任之。

　　（5）抱着与人为善的态度，采取委婉的劝说方式，启发他与自己合作。

　　分小组，完成一份手抄报，分析在这个活动中每位成员所表现出的长处与优势，完成团队成员认同感测试表，填入表3-3-11。

表3-3-11　团队成员认同感测试表

| 序　号 | 项　目 | 符合度(符合度最高为4,最低为1) | | | |
|---|---|---|---|---|---|
| | | 1 | 2 | 3 | 4 |
| 1 | 很在意与对方沟通的情境 | | | | |
| 2 | 善于找出与对方的相似之处,与其达成一致 | | | | |
| 3 | 经常向对方传达出"感同身受"的情感体验 | | | | |
| 4 | 会采用小技巧向对方表达你对他们观点的认同 | | | | |
| 5 | 坚持自己的观点,不会无理由认同他人观点 | | | | |
| 6 | 会向对方让步以达到双赢的目的 | | | | |
| 7 | 很明确地向对方说明你做出的让步 | | | | |
| 8 | 会对对方的不满意或不合理之处做出解释,以获得理解 | | | | |
| 9 | 会适时对对方表示肯定赞美,从而获得信任 | | | | |
| 10 | 让对方感到大家的目标是一致的,并愿意共同努力 | | | | |
| 建议： | | | | | |
| | 签名：　　　　　　　　　年　　月　　日 | | | | |

在完成编写手抄报的任务后填写完成任务反馈表，填入表3-3-12。

表3-3-12  完成任务反馈表

| 项　目 | | 内　容 | | | |
|---|---|---|---|---|---|
| 沟通前的准备 | 目的 | | | | |
| | 态度 | | | | |
| | 策略 | | | | |
| 沟通中的表现 | 沟通次数 | 沟通地点 | 1. | 2. | 3. |
| | 遇到的困难 | | | | |
| | 解决的办法 | | | | |
| | 最后的结果 | | | | |
| 沟通后的反思 | 得到的收获 | | | | |
| | 存在的问题 | | | | |
| | 改进的措施 | | | | |
| 指导教师意见 | | | 签名 | | |

## 自我评价

请根据自己掌握的知识，对自我进行评价，并填入表3-3-13。

表3-3-13  "实现共赢"能力达标自我评价

| 主要内容 | 自我评价等级（在符合的情况下面画"√"） | | | |
|---|---|---|---|---|
| | 全都做到了 | 大部分做到了 | 基本做到了 | 没做到 |
| 树立与同事沟通交流时实现共赢的意识 | | | | |
| 有意识地形成良好的沟通氛围 | | | | |
| 积极有效地进行交流与讨论 | | | | |
| 向对方表达对其观点的认同 | | | | |
| 会做出让步以达到共赢目的 | | | | |
| 自我评价　我的优势 | | | | |
| 　　　　　我的不足 | | | | |
| 　　　　　我的努力目标 | | | | |
| 　　　　　我的具体措施 | | | | |

如何处理冲突

项目四

# 与客户沟通交流

## 任务一 了解客户

如果你是对的，就要试着温和地、技巧地让对方同意你；如果你错了，就要迅速而热诚地承认。这要比为自己争辩有效和有趣得多。

——戴尔·卡耐基

**案例导入**

红光公司的经理助理小敏正在为没有客户而无精打采，正在这时，一位衣着简朴的中年人来访。小敏勉强应酬，用食指和中指夹着名片递给对方，没等对方将名片接住，便放在桌上。中年客户见状，眉头微皱，但依然以礼相待，双手递上自己的名片。小敏单手接过，随便放在桌上，恰好一阵风吹过，名片像一只蝴蝶飘落在地上。小敏假装看不见，客户忍无可忍，起身离去。正在这时，总经理走出来，看见中年人，又惊又喜，握手寒暄，中年人勉强应对，借故离开。总经理对小敏说："此人有意向和我们签订300万元的合同，他怎么了？"

**想一想：**

1. 助理小敏在接待工作中的哪些不妥致使一笔300万元的生意成为泡影？
2. 作为助理，小敏在接待客户时最大的弊病是什么？
3. 如果你是小敏，你该如何接待这位客户？

【分析】这个案例说明了与客户打交道是企业员工对外沟通工作的重点，要想与客户进行有效的沟通，达到沟通的目的，应当充分了解客户及其需求，进而使沟通达到理想的效果。完成了解客户的任务，需要明确了解内容与获取信息的方法。

## 相关知识

有人把员工比作单位的商标。从某种意义上来讲，员工的形象的确就是单位的形象。作为员工，不仅需要处理好个人与上司、同事之间的关系，还必须协助上司处理好与客户的关系。企业之间经常会有工作联系、业务往来、友好访问等接待任务。来客的目的、任务、地域、人数、是否预约各不相同，员工需配合上司做好接待工作，或全面负责接待工作。员工工作的好坏将直接反映出一个企业的工作作风和外在形象，也将直接体现员工本身的素质、能力、水平和形象。

## 一、了解客户的内容

**1. 客户的基本情况**

作为员工，首先应了解有关客户的一些基本信息，一般包括其姓名、别名、年龄、性别、民族、出生地、文化程度、信仰、居住地、邮政编码、电话号码等；其次应了解客户的所属单位、职业、职务、职称、决策范围和家庭成员的价值观念、特殊偏好、购买与消费的参照单位等个性资料；最后应了解客户与上司的往来关系。

**2. 准确说出客户的名字**

每个人都希望得到别人的重视，重视别人的名字就如同重视其本人一样重要。见过几次面还经常叫错对方的名字，甚至忘记对方的职称，对方就会感觉自己可有可无、不受重视。相反，面对客户能够流利、准确、亲切、恭敬地叫出其姓、名及头衔，会立即拉近你与客户的距离。

**3. 捕捉客户的兴趣点**

与客户交谈如同演员的演出，如果只有表演者而没有观众和听众，再巧妙的技巧也毫无意义。同样的道理，如果客户对你所谈论的话题没有任何兴趣，那么不论你的沟通技巧有多么高明，也不会获得理想的沟通效果。因此，在与客户交流之前要提前了解或准备好客户感兴趣的话题。"物以类聚，人以群分"。根据人际交流中相似性的理论来看，绝大多数人对与自己有共同观点和爱好的人感兴趣，而且容易产生好感。因此，与客户谈论共同的话题，能够引起对方的交流热情和兴趣。

**4. 客户的五种类型与应对方法**

在企业往来中，客户通常包括五种类型，在沟通中应当根据客户的不同特点，选择合适的应对方法，见表3-4-1所列。

表3-4-1　客户的五种类型

| 客户类型 | 特点 | 应对方法 |
|---|---|---|
| 矫揉造作型 | 自尊心、虚荣心强，喜欢不懂装懂 | 不要指责其讲话中的缺点，而应因势利导，保持良好的气氛 |
| 吹毛求疵型 | 妄自尊大，善于诡辩 | 不要与其争辩，表示接受他的建议 |
| 讨价还价型 | 善于讨价还价 | 在开始报价时要讲究技巧，留有一定的还价余地，但态度坚定 |
| 满腹牢骚型 | 怀有强烈的不满情绪 | 充分理解对方心情，尽量帮助客户解决一些问题 |
| 豪爽干脆型 | 办事干脆利索，性格开朗，热情豪爽，容易接近，但往往缺乏耐心，易感情用事 | 谈话应开门见山、简明扼要、重点突出，当明确客户不需要时，要尊重对方的意愿，不可纠缠不休 |

## 二、收集客户信息的方法

**1. 自行收集客户信息**

自行收集客户的信息资料大多来源于客户自身的描述，也有一部分是自己与客户的沟通发现、总结出来的结果。这就需要自己有很好的沟通能力及洞察力，从而获得自己想要的信息，这样的信息收集、归类工作在日常接触过程中就可以顺便进行，有助于拉近与客户的距离，为下一步的工作奠定基础。

**2. 通过客户来访时的细节观察收集客户信息**

如果来访的客人是预约的客户，那么已经获知了来访客户的相关信息，此时可以通过进一步的谈话获得更多的信息；如果来访的客户未预约，此时要主动通过沟通获得客户信息并了解其需求。无论是哪种来访的客户，他们都知道助理是他们要见上司的通道，常理上都会积极地配合助理的谈话，此时助理应通过对细节的观察找出客户的需求，这将使自己与客户之间建立一种非常独特、深厚、别人无法取代的信任关系。

**3. 通过上司与客户的接触收集客户信息**

作为下属，应该善于从上司身上去寻找有关客户的信息。例如，通过上司交代的任务来分析客户与上司是属于业务往来还是友情交往；通过上司的态度来分析与客户交往时应积极主动还是被动应付；通过上司与客户交往的频率来判断上司与其交往关系的深浅程度等。从上司那里获得的客户信息，有利于自己与客户进行交流时"度"的把握，更有助于协调好客户与上司的关系。

**4. 通过公共信息渠道收集客户信息**

现代社会是信息社会，报纸、杂志、广播、电视及互联网等大众传媒中包含了大量的企业信息，特别是电视和互联网中关于企业信息的报道非常及时，而通过互联网还能够更加主动地选择所需要的信息。这些渠道可以使自己认识到客户代表的是个人还是企业，他所代表的企业是什么性质，客户个人或代表的企业在行业中的地位如何等。可见，通过大众传媒可以捕捉到客户的大量信息，经过提炼后把有价值的信息反馈给上司，可以协助上司做出准确判断。需要注意的是，互联网上的垃圾信息、虚假信息比较多，在收集信息的时候最好选择国内知名的经济类网站和官方网站，这些信息可靠性较高。如果客户集中在某几个行业，还可以通过订阅有关行业的专业刊物来收集信息，甚至预测客户未来的发展前景。

**5. 通过专业机构收集客户信息**

企业选择客户时要考虑他们的专业经验、人员配备、从业时间、专业化水准、服务价格等因素。通过信誉良好、执业严谨的信用调查机构收集客户信息能够提高信息的可靠程度，有利于企业做出正确的赊销决策。

# 三、与客户沟通的方法

与客户沟通时，要对客户显示出积极的态度。一般来说，自己对别人是什么态度，别人对自己就是什么态度。因此，想要尽快与客户沟通并建立联系，就应该展现出自己的态度，给客户一个良好的第一印象。对待客户的态度主要体现在以下几个方面。

**1. 自身的外在形象**

个人形象越好，对客户的态度就越显积极。

**2. 身体语言**

良好的身体语言可以帮助自己传递信息，从而与客户建立相互的理解和信任。

3. 说话的语气

你与客户交流时，如果表现得语气温和、通情达理，并且声音清楚自然，那么你已经在说话的语气上赢得了客户。

4. 保持精神饱满

如果你能精神饱满地为客户提供帮助并保持友善，客户会通过长期的合作回报你。

## 四、与客户沟通的原则

人们往往会用自己的亲身感受去影响周围的亲友，在沟通活动中，如果懂得与客户沟通的原则，就能广结良缘，协调好客户与上司的关系，促进企业的发展。若要友好地与客户沟通，应该注意以下几项原则。

1. 树立"客户是衣食父母"的观念

时至今日，"客户是衣食父母"这一观念已成为许多企业的信条和经营法宝。日本日立公司广告课长和田可一曾说："在现代社会里，消费者就是至高无上的王，没有一个企业胆敢蔑视消费者的意志。蔑视消费者，一切产品就会卖不出去。"从这个意义上来说，客户的确是企业命运的主宰。

旅游销售如何与客户沟通

2. 诚挚热情，以礼相待

助理往往是客户第一个会见的人，助理的态度和形象会影响客户对本单位的看法，甚至工作的进展。无论是贵宾，还是一般客户，助理人员都应态度诚恳，热情欢迎。以礼相待是助理接待工作的基本要求。

3. 乐于服务，坚持原则

无论何方来宾，来到公司，总有其意图和目的。尤其是上门寻求业务的，往往渴求得到业务项目。助理应该尽可能提供条件，给予方便，而绝不能给人以"门难进，脸难看"的印象。当然，乐于助人也必须同实事求是的原则统一起来，一定要按公司原则办事。在条件许可的情况下，要尽量给予帮助；对难以解决的问题，则要讲清原因，求得来宾的谅解。

4. 了解客户的需求，争取客户的信任

友好地与客户相处，首先应当考虑到客户的利益，以诚恳的态度征求客户的意见，了解客户的需求，取得客户的信任。

5. 坚持双向沟通、互利互惠的原则

从公共关系的角度来讲，仅把客户看成衣食父母还不够。这是因为，一方面，它只是把企业与客户的关系确定在单向经济利益的基础上，只考虑到了企业通过客户才能获得利润，而没有充分体现出企业应以客户利益为导向的原则；另一方面，客户既然是"衣食父母"，企业就只能被动地满足"衣食父母"的需求。无须主动地关心、体贴客户，甚至引导客户，也就没有体现出企业与客户双向沟通、互利互惠的原则。

在与客户沟通中，客户既是企业的"衣食父母"，又应当是企业的朋友。

## 拓展与提高

1. 巧妙协调客户与上司之间的约见

（1）上司主动约见客户

在给客户打电话前需要了解具体的一些资料并放在手边，如约见的时间、地点，谈话的内容、时长，有无其他与会者或特殊要求等。如果对方以要出门或很忙等理由拒绝，那么要争取见面的机会，并表达上司约见对方的愿望及诚意，不要主动放弃或表露不快、傲慢的情绪，而要表现出耐心。约见被拒绝，千万不要无礼气愤、强求或软磨硬泡，也不要撒谎。约见最佳方式为：先发信息确认，再打电话；电话安排成功，最好再写一封确认函；如果此约定是与对方秘书进行的，那么要与其秘书交朋友。

（2）处理客户的约见要求

当客户要通过你来约见上司时，会有两种情况，一种是上司愿意见，如客户、重要人物或上级之类，可马上安排约见；另一种是不清楚上司是否愿意见，此时先尽可能多了解来电人的姓名、公司、职位、来访目的等背景资料，然后告诉他，自己将和上司商定后回电话给他。此时可以安排更适合的人来约见，并搜集所需资料，如约见的时间、地点，谈话的内容、时长，有无其他人参加及特别安排等。

（3）面对不速之客

作为助理，要和上司制定原则：什么样的人没预约也可以约见，什么样的人必须预约。如果安排约见，就要告诉上司来访者的详细信息：姓名、职业、来访目的、需大约多长时间等。如果拒绝约见，则态度要委婉，建议对方重新约定时间，或向来访者要电话，说上司会打电话给他。

（4）上司忘记约见

如果可能，在客人到来之前取消约见。保持冷静，表示合情合理的关心，但不要从个人角度表示关心或感情用事。绝不要责备上司，要提供一个合适的理由向对方表示歉意，但不要太过分，建议重新安排时间。

（5）客户取消与上司的约见

得体的接受，弄清约见者的姓名、约见时间及电话。从日程上抹去该约见，并及时通知上司。约见取消时，询问对方能否另约。除非有充分的理由（最后时刻取消并给上司带来不便），否则不要询问约见取消的原因。

2. 谨慎对待不同类型来访客户

（1）固执任性的客户

有些来访者不听任何解释，死缠烂打，这时应该毫不妥协，不失礼貌而又态度坚决地反复进行解释。同时向来访者保证：如果对方写信给上司，上司就会看到这封信。

（2）进行威胁的客户

如果来访者进行威胁，就可以悄悄地告诉上司，或者给公司保安部门打电话，千万不要与来访者直接冲突。

（3）情绪激动的客户

如果来访者情绪激动，则应想办法使其平静下来。

## 完成任务

了解自己的家长或其他人，将所获信息填入"了解客户"任务表（表3-4-2）。信息要属实（两周内完成即可）。

表3-4-2　　"了解客户"任务表

<table>
<tr><td rowspan="9">个人基本情况</td><td>姓名</td><td></td><td colspan="2">性别</td><td></td><td colspan="2">年龄</td><td></td><td>民族</td><td></td></tr>
<tr><td>职务</td><td></td><td colspan="2">出生地</td><td></td><td colspan="2">政治面貌</td><td colspan="3"></td></tr>
<tr><td>文化程度</td><td></td><td colspan="2">健康状况</td><td colspan="6"></td></tr>
<tr><td>饮食习惯</td><td></td><td colspan="3">业余爱好</td><td colspan="5"></td></tr>
<tr><td rowspan="2">联系方式</td><td colspan="2">手机</td><td></td><td colspan="3">座机</td><td colspan="3"></td></tr>
<tr><td colspan="2">E-mail</td><td></td><td colspan="3">家庭住址</td><td colspan="3"></td></tr>
<tr><td colspan="3">工作单位名称</td><td></td><td colspan="3">单位地址</td><td colspan="3"></td></tr>
<tr><td colspan="3">职责范围</td><td colspan="8"></td></tr>
<tr><td colspan="3"></td><td colspan="8"></td></tr>
<tr><td rowspan="3">所在企业信息</td><td colspan="3">单位简介</td><td colspan="8"></td></tr>
<tr><td colspan="3">企业性质及特点</td><td colspan="8"></td></tr>
<tr><td colspan="3">企业在行业内的地位</td><td colspan="8"></td></tr>
</table>

在完成以上任务后填写完成任务反馈表（表3-4-3）。

表3-4-3　完成任务反馈表

<table>
<tr><td colspan="2">项　目</td><td colspan="4">内　容</td></tr>
<tr><td rowspan="3">沟通前的准备</td><td>目的</td><td colspan="4"></td></tr>
<tr><td>态度</td><td colspan="4"></td></tr>
<tr><td>策略</td><td colspan="4"></td></tr>
<tr><td rowspan="4">沟通中的表现</td><td>沟通次数</td><td>沟通地点</td><td>1.</td><td>2.</td><td>3.</td></tr>
<tr><td>遇到的困难</td><td colspan="4"></td></tr>
<tr><td>解决的办法</td><td colspan="4"></td></tr>
<tr><td>最后的结果</td><td colspan="4"></td></tr>
<tr><td rowspan="3">沟通后的反思</td><td>得到的收获</td><td colspan="4"></td></tr>
<tr><td>存在的问题</td><td colspan="4"></td></tr>
<tr><td>改进的措施</td><td colspan="4"></td></tr>
<tr><td colspan="2">被了解人意见</td><td colspan="2"></td><td>签名</td><td></td></tr>
</table>

## 自我评价

请根据自己掌握的知识，对自我进行评价，并填入表3-4-4。

表3-4-4    "了解客户"能力达自我评价

| 主要内容 | 自我评价等级(在符合的情况下面画"√") | | | |
|---|---|---|---|---|
| | 全都做到了 | 大部分做到了 | 基本做到了 | 没做到 |
| 用心观察,认真总结,全面了解客户 | | | | |
| 掌握客户特点,运用有效途径与客户沟通 | | | | |
| 能协调客户与上司之间的关系 | | | | |
| 小组活动中积极主动,协作性强 | | | | |
| 自我评价 | 我的优势 | | | |
| | 我的不足 | | | |
| | 我的努力目标 | | | |
| | 我的具体措施 | | | |

## 思考与练习

搜集本校五名教师（非本专业的任课教师）的信息，填入表3-4-5。

表3-4-5    教师信息调查表

| 姓名 | 性别 | 工作职务 | 联系电话 | 毕业院校 | 工作年限 | 工作信条 |
|---|---|---|---|---|---|---|
| | | | | | | |
| | | | | | | |
| | | | | | | |
| | | | | | | |
| | | | | | | |

认识四种人际风格上

认识四种人际风格下

# 任务二　适度关心

太阳能比风更快地脱下你的大衣；仁厚、友善的方式比任何暴力更容易改变别人的心意。

——戴尔·卡耐基

**转账变取款**

　　吉姆·史密斯的公司与同在佛罗里达的巴纳特银行之间的业务关系已经有很多年了，公司的存款在不断地增加，但巴纳特的管理层并没有在意这个客户。没有任何人打过电话，没有任何人去拜会过，也没有任何人关心过这个客户。

　　最近吉姆和助手去了一趟当地的巴纳特支行，去办理一笔大宗的电传转账。三名银行办事人员正在桌子前忙碌地接待客户。第四个经理模样的人正在打着电话，很明显那是私人电话。被激怒的吉姆来到了那个经理模样的人面前，那个人还手握着话筒，面无表情地要求吉姆签到等待。吉姆说："我们来不是签到的，我们是来把我们存在这里的180万美元取走的！"四名银行职员立刻恭敬起来，但是太晚了。后来，巴纳特银行来了一封信，要求吉姆再给他们一次机会。但是仍没有人打过电话，也没有人去拜会过他，甚至没有人在意他。

**想一想：**

1. 巴纳特银行为什么会失去像吉姆这样的大客户？
2. 如果你是巴纳特银行的管理人员或者员工，你会如何进行补救？

【分析】这个案例表明了许多客户对公司的第一印象来自下属的态度，他们往往把下属对他们的态度当作公司领导对他们的态度。因此，在与客户交往的过程中，下属一定要牢记两条原则，一是热情，二是礼貌。同时，为了公司的长远发展，下属要对公司的客户给予足够的关注、尊重和适度的关心。

## 相关知识

### 一、热情礼貌、友善对待客户

　　客户打电话或者直接上门，作为下属都要注意用语，热情接待。"敬人者，人敬之。"人与人之间都是平等的，只有首先尊敬别人，才能得到别人的尊敬，也只有这样才能获得与他人进一步沟通、交流的机会。下属在接待客户的过程中，要多尊重他人的意见，要学会多说征求性的话语，如"好吗""您看行吗""您觉得行吗"等，特别是在接待不速之客的时候，如果下属这样问对方："您找我有什么事吗？"对方会产生一种被盘问的感受。如果是个心眼多的人，还会认为你看不起他。因此，在接待不速之客时应该用这样的口气问对方："我能帮您什么忙吗？"或者"如果您不嫌弃的话……"总而言之，要让客户觉得面对的是一个非常有礼貌的人，这样他们才会愿意与你交往，乐意合作。当然，如果来访的客人是上司的深交，作为下属可以不必那么客套，给他沏一杯茶，简单问候几句就行；如果过分热情，反而会让对方反感。

## 二、关注客户的情绪，培养和谐的客户关系

作为下属，要想与客户进行良好的沟通与交流，进一步开展工作，就必须注重培养与客户的和谐关系，这就要求关心、重视客户，关注客户的情绪。作为下属，每天可能要接待一个或数个客户，来访的客户的目的各有不同，有的是主动预约的，有的是被预约的，有的是无预约的，这些来访的客户的性格、情绪、说话办事风格也迥然不同。因此，我们要学会察言观色，在客户焦急的时候，要学会急客户之所急；在客户感到伤心或情绪低落的时候，要给客户必要的安慰与关心，体现出自己的同情心；如果客户心情舒畅、情绪高涨，就要给予客户适度的赞美，满足客户的优越感。

## 三、诚心诚意地关心客户

每个客户都是企业的衣食父母，如果业务谈完之后就把客户忘掉，等到有需要时再去找对方，那么对方肯定不愿意合作了，因为他们会觉得你是一个薄情寡义之人。我们应该定期或不定期地与重要的客户联络和交流，给予适度的关心，如电话问候、信件祝贺、登门拜访等。一般关于问候和联系的时间可根据自己平时对客户的了解和需要而定。如果能够培养和维持客户对企业的好感，就等于给企业积累了一大笔财富。

## 四、尊重来访客户

（1）尊重来访客户的个性特点。例如，在接待专家、学者、各界知名人士、企业家时，要在沟通上体现对他们各自特点的尊重，他们有知识、有专长、有名气，在与他们沟通时，要尽量多地了解他们的专长，要表现出对专业知识、专业人才的尊重、敬仰。另外，要尊重他们的生活个性，给他们充分的自由空间。

（2）尊重来访客户的民族风俗习惯。在接待来访客户时，要特别注重了解来访者的风俗习惯和饮食禁忌，在沟通过程中，要体现尊重客户的民族风俗特性。对于外宾的宗教禁忌、数字禁忌、语言禁忌等要在外宾到来之前了解清楚。例如，在机场迎接外宾时，要考虑到所选的花卉是否符合外宾的习俗；为外宾安排饮食时，要考虑到外宾的饮食禁忌，如一般外国人不吃动物的内脏、头、脚等；在与外宾交谈时，不要涉及年纪、收入等隐私问题。

## 五、遵守承诺

拜访约见的人，因为是约见，相当于自己给对方一个承诺，所以一定要去。要实现这一承诺，远没有想象的那么简单，这其中有一些细节问题值得注意。

1. 再次确认

在出发之前或者前一天下班前要再次联系对方，确定对方的时间安排没有发生变化。有时候，对方可能忙中有乱，把约见的事疏漏了。提前再次打电话确定，一来能起到避免尴尬的作用，二来不至于因对方的变化而打乱自己的计划。

2. 慎重检查

出发前，一定要检查东西是否带齐。资料、文件、名片、礼物、证件等，从内容到数量再次确认，避免临时要用却找不到的尴尬。一旦有遗漏，就可能会造成难以挽回的损失。

3. 准时赴约

如果约见地点在对方的办公室，最好准时进入，太早可能会打扰对方的工作；见面后如果对方正在忙，就要安静地等待，等待中不要随便走动。如果约见地点在办公室以外的地方，最好提前几分钟到达，以表示重视和礼貌。

4. 不要迟到

如果因为客观原因要晚到，就要给对方致电道歉，并说明到达的时间，方便对方安排工作。如果因故确实不能赴约，就要提前打电话给对方，说明原因并道歉，求得对方的谅解，并约好下次见面的时间。

## 拓展与提高

### 需求层次与客户礼品往来规范

1. 发现客户需求，给予及时关注，适度表达关心

人的需求具有多维性、周期性、发展性等特性，即需求是有层次的，是可发展和转移的。了解人的需求层次有助于判断客户有哪些需求，该采取哪些方式及给予怎样的关心。

美国心理学家马斯洛认为，人的需求从低到高分为七个层次，见表3-4-6所列。

表3-4-6　人的需求层次

| 需求层次 | 说明 |
| --- | --- |
| 生理需求 | 这是人最基本的需求,是人们为了自己生存与发展的需要而对衣、食、住、行等物质产生的需求 |
| 安全需求 | 这是指人对保护人身安全与心理安全的需求。当人们的生存得到保证后,人们又开始对良好的社会治安、有效的自我保护措施有需求;对能够消除疾病、获得健康长寿等物质与措施感兴趣;对能消除后顾之忧有需求 |
| 友爱与社交需求 | 这是指人们有爱他人与被他人所爱的需求,即人们有进行情感交流的需求。人们有与他人进行交往、参与各种社交活动、加入各种人群社团并被人接受与包容的需求。这是一种人们追求精神归属感的心理需求 |
| 尊敬的需求 | 这是指人们都有自我尊重与被人尊重的需求。人们需要得到别人的重视与敬佩,因而人们对权势、名利、地位、成功与自信产生需求。这是人们在精神方面的追求 |
| 求知的需求 | 这是指人们对探索秘密、了解环境与事物发展变化规律,从而使自己更聪明、更具有智慧的需求 |

| 需求层次 | 说明 |
|---|---|
| 对美的需求 | 这是指人们对一切美好事物的追求。人们追求美好的形象;追求美好的环境;追求和谐、匀称与健美的外表;亦会产生对一切真、善、美的内涵的需求 |
| 自我实现的需求 | 这是指人们对实现自我人生价值、实现自己志向与理想、展示与显露自我潜力的追求 |

2. 礼品规范

赠送礼物给他人是联络感情的重要方式之一，已成为商业交往活动中的一项重要内容。赠送礼品作为一种文化现象，有其约定俗成的规矩。下属受上司之托代表上司或企业送礼给对方，通常要注意以下几点。

（1）除非上司特别叮嘱，否则不必赠送太昂贵的礼物。送给对方的礼物应该符合对方的身价，符合我们所求的价值。

（2）赠送的礼物应恰如其分，适用于对方。

（3）赠送的礼物应去掉包装上的标价，为郑重其事，礼物应用精美的包装纸包装，以显示礼物的珍贵。

（4）当委托他人送礼时，应在礼物外包装上附上赠送者的名片或亲笔便条。

（5）鲜花、食品、化妆品、生活用品及一些寓意深刻的小礼品是最普遍的礼物。

（6）赠送礼物应该注意场合和时间。

（7）赠送礼物是互惠行为，如果曾经收受过对方的礼品，那么也应回赠价值相当的礼品。

## 完成任务

请通过自己的行动认真完成"适度关心客户"任务表（表3-4-7），并在完成表格的基础上概括总结自己的心得体会。

表3-4-7 "适度关心客户"任务表

| 被关心的人 | 主要节日、时间、表达方式 | | | | | | | 对方情感反应 |
|---|---|---|---|---|---|---|---|---|
| | 节日 | 生日 | 元旦 | 劳动节 | 国庆节 | 所在行业节日 | 特殊节日 | |
| 你的父母 | 时间 | | | | | | | |
| | 表达方式 | | | | | | | |
| 你的班主任 | 时间 | | | | | | | |
| | 表达方式 | | | | | | | |
| 你最要好的同学 | 时间 | | | | | | | |
| | 表达方式 | | | | | | | |

（续表）

| 被关心的人 | 主要节日、时间、表达方式 | | | | | | | 对方情感反应 |
|---|---|---|---|---|---|---|---|---|
| | 节日 | 生日 | 元旦 | 劳动节 | 国庆节 | 所在行业节日 | 特殊节日 | |
| 你实习过的部门相关人员 | 时间 | | | | | | | |
| | 表达方式 | | | | | | | |

通过关心别人，我的心得体会是：_____

在完成以上任务后填写完成任务反馈表（表3-4-8）。

表3-4-8　完成任务反馈表

| 项　目 | | 内　容 | | | |
|---|---|---|---|---|---|
| 沟通前的准备 | 目的 | | | | |
| | 态度 | | | | |
| | 策略 | | | | |
| 沟通中的表现 | 沟通次数 | | 沟通地点 | 1.　　2.　　3. | |
| | 遇到的困难 | | | | |
| | 解决的办法 | | | | |
| | 最后的结果 | | | | |
| 沟通后的反思 | 得到的收获 | | | | |
| | 存在的问题 | | | | |
| | 改进的措施 | | | | |
| 被关心人意见 | | | 签名 | | |

## 自我评价

请根据自己掌握的知识，对自我进行评价，并填入表3-4-9。

表3-4-9　"适度关心客户"能力自我评价

| 主要内容 | 自我评价等级（在符合的情况下面画"√"） | | | |
|---|---|---|---|---|
| | 全都做到了 | 大部分做到了 | 基本做到了 | 没做到 |
| 能主动与客户进行关心性的沟通 | | | | |
| 能细心观察客户,给予足够关注 | | | | |
| 能友善对待客户、尊重客户 | | | | |
| 能通过不同的方式体现对客户的关心 | | | | |
| 小组活动中积极主动,协作性强 | | | | |

（续表）

| 主要内容 | | 自我评价等级（在符合的情况下面画"√"） | | | |
| --- | --- | --- | --- | --- | --- |
| | | 全都做到了 | 大部分做到了 | 基本做到了 | 没做到 |
| 自我评价 | 我的优势 | | | | |
| | 我的不足 | | | | |
| | 我的努力目标 | | | | |
| | 我的具体措施 | | | | |

## 思考与练习

请用不同的方式来关心你身边的十个人，记录关心的时间、方式及对方的回应态度，并在班内进行相互交流。

记住别人的名字

# 任务三　提供帮助

帮助他人的同时也帮助了自己。

——罗夫·瓦尔多·爱默森

## 案例导入

### 助人助己

一位老人到小鹿所在公司下属的酒店预订了两桌酒席，但由于预订人员的工作疏忽，老人预订的座位让他人占用了。小鹿知道此事后，马上查看了当天酒席预订的情况，及时向老人一家道歉，并提供一间大包间，为其消费打了八折。老人非常满意，当场把儿子结婚的酒席也预订在了本酒店。通过此事，小鹿更加坚定地认为帮助别人的同时其实就是在帮助自己。

【分析】在了解客户的现状和问题后，通过超值服务为其提供帮助，同时也留住了客户的心。对客户而言，超值服务可以增加商品的附加值，提高自己的满足感。

**相关知识**

# 一、事先做足"功课"

和客户进行沟通时，应事先做足"功课"。根据与客户沟通过程不同阶段的具体目标，有针对性地提供帮助。要弄清客户需求，进行信息的选择，为实现目标设立问题，准备所需要的资料，以及保持积极热情的心态。譬如，沟通的目的是什么，沟通的内容有哪些，自己希望达到怎样的结果，对方可能希望达到的结果，沟通时怎样表达和倾听，沟通时要注意哪些问题等。

员工最核心的素质是亲和力和专业性。亲和力不是天生就有的，而是通过长期、用心、认真的锻炼得到的。要随时保持"微笑着"的心态，不要给自己找任何理由逃避，通过话语中的语气、声调和重音等，使客户感受到自己的微笑和真诚，从而进行有效的感情传递。同时，作为一名有一定专业素养的员工，要想为客户提供帮助，就必须在业务上非常熟悉。沟通前，最好对客户资料有一定了解，有针对性地设计问题，并对沟通中可能发生的事情进行合理的、符合常规的设想。准备客户基本资料和公司资料，做出工作帮助表，以便随时找到相关资料，迅速回答客户的问题。

# 二、确认客户需求

要在沟通中了解客户的现状和需求，认真做好记录，记录每一次沟通过程，将与客户的每一次接触尽量详尽地记录下来（包括电话追踪、多次来访情况），以便掌握客户情况，尤其要询问客户的现状和潜在需求，想办法满足客户特定的利益。确认需求的方法包括陈述、介绍、询问和倾听。陈述时要注意答话及时，语速正常，保持轻松、自然，多用日常用语，少用专用名词，注意内容简明扼要，表达清晰易懂，切忌夸夸其谈，或过分卖弄文采，那样反而会引起客户的反感。

# 三、积极做出回应

对客户的反应及时做出回应，这样客户就可以看到自己公司细致的服务，满意度自然提高，从而成为公司的忠诚客户。当客户提出某项要求，而你没有能力去为他解决问题时，不要轻易说"不"，而要积极去帮他寻找解决问题的方法。比如，你可以告诉他："没问题，虽然我们没有这项业务，但我知道哪些企业有，我会尽量为您提供他们的名称和电话，如果还没有办法，请打电话给我，我会再帮您想办法的。"如果你不知道哪家公司能提供客户要求的服务，就对他说："我不知道，但让我查一查，我会免费为您找些名单。"客户看到你这么为他着想，心里会感到受重视，以后需要合作伙伴的时候就会想到你。

# 四、提供专业帮助

提出符合既定要求的建议，为一个问题提供几种解决方案，让对方选择，并实现所提出的建议。如果客户反对所提建议，则应主动询问与了解对方所需要的信息和希望提供的帮助，表现出自己的关心。这样才能获得客户的信赖与好感，促进双方关系的进一步发展。在这个过程中，让客户折服于自己的专业与敬业。答应客户的事情一定要多费心思尽量去完成，无论事情大小，都不要等客户下次问起的时候才想起去做。相反，每次见面的时候都要先提起上次答应的事情，每次走的时候也可以询问有没有什么事情可以帮助他，这样一来一往就可以建立起和谐友好的关系网络。

为客户提供帮助要以客户为中心，让客户满意是企业的宗旨，与客户建立稳固关系，以便以后更好地开展工作。

1. 日常帮助，为客户着想

与客户合作是为了追求双赢。员工为公司做事，希望做出业绩；对方也是为单位做事，他也希望自己的事情办得漂亮。因此，不要提供给客户没有用或他不需要的东西，尽量为客户着想，不要让客户做多余的投入，客户也会节省你的投入。

2. 危机帮助，出问题时沟通

当客户有为难之处时，一定要体谅对方，要善于引导和控制客户的情绪并做到不露声色。如果让客户为难，就要马上停止你的要求，询问他需要怎样的帮助，并为他做你力所能及的事情。你的善解人意会让他感动，下次有机会他就不会忘记补偿你。

3. 升级帮助，增强合作关系

开发新客户的重要性不言而喻，但是与老客户保持联系，也能为自己带来无尽的收获。曾经使用你的产品的人，虽然已不再列入现有客户名单中，但很有可能还会和你有业务往来，值得保持联络。如果你能对客户进行资料收集与分析，针对有潜力的客户提供一对一服务，加强彼此关系，维护老客户，开发新客户，根据客户的不同期望值进行定期回访，定期进行新产品的推介，就能够创造出新的利润和价值，因为这些新产品、新服务最终的买家是原有的旧客户群体。由此可见，对旧客户提供优质的服务和帮助是非常重要的。

# 五、及时跟进服务

意见达成后，应采取积极的态度，按既定措施处理，为客户提供规范化的一流服务和帮助。如果发生变化，就要及时与客户进行沟通，根据实际情况联系相关部门，督察服务开展情况，并在规定时间内进行回访，询问客户对服务的满意情况。

在为客户提供专业水准的个性化服务与帮助时，语言表达技巧是一门大学问。对语言表达技巧的熟练掌握和娴熟运用，可以在整个与客户沟通的过程中体现出最佳的企业形象。每天早上一上班，当你坐在座位上，接听到客户的来电时，语言应该立刻从"生活随意型"转到"专业型"。你在家人、朋友面前可以不需考虑，而随意表现个人的性格特点。在工作环境中就必须养成适当的修辞、择语与发音的习惯，以体现自己的专业性和逻辑性。方言中有一些表达方式，如"一塌糊涂""不会啦"等，不应带到普通话的规范表达中。不同的语言表达方式会使客户产生不同的感觉。客户是非常敏感的，运用正确的专业术语不仅能够有效地向客户陈明观点，同时又能树立起自己的专业形象，从而影响其与作为沟通另一方的自己及自己所代表的企业的关系。

## 拓展与提高

### 一、选择积极的用词与方式

在保持积极的态度时，沟通用语应当尽量选择体现正面意思的词语。例如，一个客户就产品的一个问题几次求教于你，你想表达让客户真正解决问题的意思，于是说"我不想让您重蹈覆辙"，提到"覆辙"可能会让对方感到不快，如果改为"我这次有信心让这个问题不再发生"就要顺耳得多。

又如，你想给客户以信心，于是说"这不比上次那个问题差"，按照上面的思路，应当换为"这次比上次的情况好"；即使是客户真的有麻烦，也不必说"你的问题确实严重"，而应该改为"这次的情况有点不同往常"。

### 二、善用"我"代替"你"

在习惯用语与专业表达对照表中学习用"我"代替"你"，见表3-4-10所列。

表3-4-10　习惯用语与专业表达对照表

| 不同情境 | 习惯用语 | 专业表达 |
|---|---|---|
| 指出客户的问题 | 你错了,不是那样的 | 对不起我没说清楚,但我想它运转的方式有些不同 |
| | 你做得不正确…… | 我得到了不同的结果。让我们一起来看看到底怎么回事 |
| | 听着,那没有坏,所有系统都是那样工作的 | 那表明系统是正常工作的。让我们一起来看到底哪儿有问题 |
| 向客户提出要求 | 你必须…… | 我们要为你那样做,这是我们要求的 |
| | 注意,你必须今天做好 | 如果您今天能完成,我会非常感激 |
| | 当然你会收到,但你必须把名字和地址给我 | 当然我会立即发送给你一个,我能知道你的名字和地址吗 |
| 帮客户解决问题 | 如果你需要我的帮助,你必须…… | 我愿意帮助你,但首先我需要…… |
| | 你没有弄明白,这次听好了 | 也许我说得不够清楚,请允许我再解释一遍 |

### 三、在客户面前维护企业和领导的形象

如果有客户的电话转到自己这里，抱怨他在前一个部门所受的待遇，自己已经不止一次听到这类抱怨。为了表示对客户的理解，不应该这样说"你说得不错，这个部门表现很差劲"，适当的表达方式是"我完全理解您的苦衷"。当有可能替客户想一些办法时，与其说"我试试看吧"，不如说"我一定尽力而为"。如果客户找错了人，不要说"对不起，这事我不管"，换一种方式："有专人负责，我帮您转过去"。当然，自己还必须协助上司处理好与客户的沟通，当上司对此有所疏忽和处理不当时，应该迅速给予适当的弥补，始终保持企业领导与客户之间的有效沟通。

## 完成任务

一位家长想请你为正在上小学的孩子做家教，帮助补习功课。请就功课补习做项调查，并填写功课补习调查表（表3-4-11）。

表3-4-11　功课补习调查表

| 姓名 | | | | 年级 | | | | 补习时间 | | | |
|---|---|---|---|---|---|---|---|---|---|---|---|
| 补习功课 | 目前状态 | 达到目标 | 实施方法 | | 补习进度安排及方法 | 实际效果 | 教学反馈 | | 总结与提高 | 备注 | |
| | | | 教师 | 学生 | | | 学生 | 家长 | | | |
| | | | | | | | | | | | |
| | | | | | | | | | | | |
| | | | | | | | | | | | |
| | | | | | | | | | | | |

在完成以上任务后填写完成任务反馈表（表3-4-12）。

表3-4-12　完成任务反馈表

| 项　目 | | 内　容 | | | |
|---|---|---|---|---|---|
| 沟通前的准备 | 目的 | | | | |
| | 态度 | | | | |
| | 策略 | | | | |
| 沟通中的表现 | 沟通次数 | | 沟通地点 | 1.　　　2.　　　3. | |
| | 遇到的困难 | | | | |
| | 解决的办法 | | | | |
| | 最后的结果 | | | | |
| 沟通后的反思 | 得到的收获 | | | | |
| | 存在的问题 | | | | |
| | 改进的措施 | | | | |
| 指导教师意见 | | | 签名 | | |

## 自我评价

请根据自己掌握的知识，对自我进行评价，并填入表3-4-13。

表3-4-13　"提供帮助"能力达标自我评价

| 主要内容 | 自我评价等级(在符合的情况下面画"√") | | | |
|---|---|---|---|---|
| | 全都做到了 | 大部分做到了 | 基本做到了 | 没做到 |
| 积极准备相关资料 | | | | |
| 友善地问候和自我介绍 | | | | |
| 对相关的人或物做简明扼要的说明 | | | | |

（续表）

| 主要内容 | 自我评价等级（在符合的情况下面画"√"） | | | |
|---|---|---|---|---|
| | 全都做到了 | 大部分做到了 | 基本做到了 | 没做到 |
| 及时响应对方提出的问题、要求 | | | | |
| 热情征询对方意见，确认对方交流的可行性 | | | | |
| 协助工作完成后，及时将完成情况反馈给对方 | | | | |
| 由衷地微笑、礼貌而有吸引力的声音 | | | | |
| 自我评价　我的优势 | | | | |
| 我的不足 | | | | |
| 我的努力目标 | | | | |
| 我的具体措施 | | | | |

## 思考与练习

有一位朋友打电话给你，他将于国庆期间来你所在的城市，想请你帮助在你家附近寻找合适的宾馆预订房间，请根据所学知识，做一份调查预案表，并为朋友提供帮助。

商务沟通的"七三"法则

# 任务四　保持关系

对众人一视同仁，对少数人推心置腹，对任何人不要亏负。

——莎士比亚

**案例导入**

小鹿对自己助理工作的理解越来越深刻，工作起来也越发得心应手，不仅单位内部的关系非常顺畅，而且得到了客户的好评。每到节假日，她都不忘向客户问候和祝福，公司如果有新产品或优惠让利的活动，她更是主动地告知客户。她深知与客户保持密切与长久的关系是工作的重要组成部分。

【分析】这个案例表明了维护并保持客户群是助理工作的组成部分。从公共关系的角度来看，和客户建立并保持关系是很必要的。如果你和一家公司有个人关系，有些客户甚至宁愿花更多的钱来购买你的产品或服务。完成与客户保持关系的任务，首先要遵循诚信原则，对保持关系有正确的认识和态度，其次要运用有效策略和方法与客户保持关系。

## 相关知识

## 一、遵循诚信原则

### 1. 诚的原则

要想保持客户长期的忠诚度，就必须使产品与服务符合客户的要求，然后通过以下几种方法来培养客户忠诚度以设法保持客户。首先，要尊重客户。每个人都需要被尊重，都需要获得别人的认同。对于客户给予的合作，一定要心怀感激，并对客户表达你的感谢，多说"请"或"谢谢"，而且一定要真诚。礼貌是否发自内心，别人一清二楚。有礼貌的举止行为，让客户在公司同事面前觉得有面子，他也会感到很高兴。其次，要真诚赞美。林肯曾经说"每一个人都喜欢被赞美"，每当你看到客户所做的事或所得到的成就时就要真诚而坦率地赞美。只要你的赞美是发自内心的，别人就会对你产生好感，会增加对你的满意度。再次，要宽容大度。对于客户的失误甚至过错，要表现出你的宽容，而不是责备，同时立即共同研究探讨，找出补救和解决的方案。这样，你的客户会从心底里感激你。最后，要言符其实。向客户保证或承诺的事情，要言出必行、说到做到，如果是言过其实或言不符实，就会给客户造成很大的失落感，会伤害到客户的感情。

在与客户的接触与沟通过程中，要让客户感觉到自己是诚心为他们做事，是站在他们的角度思考问题，而又能超出他们的专业范畴，同时做到言必行、行必果，绝不对客户食言。

### 2. 信的原则

"商道即人道"这句话告诉我们，信任是建立友好关系的基础。没有这个基础，任何说教都不会取得理想的效果；如果不能恪守信用，则其他任何努力都将无济于事。一个信守原则的人最能赢得客户的尊重和信任，因为满足一种需要并不是无条件的，而必须是在坚持一定原则下的满足。只有这样，客户才有理由相信你对他同样遵守了一定的原则，他们才能放心地与你合作和交往。同样一个有利于客户发展的建议或方案，如果客户相信你，他就容易接受；相反，如果客户不相信你，他接受起来就要困难得多。一个诚实、守信、守时的人往往容易获得他人的信任。

要想与客户建立并保持良好的关系，首先要从态度上来解决，把客户当成终生的合作伙伴来看待，精心经营这些关系。沟通时不掺杂任何的功利性，以真诚的心态与客户交往，建立长期的友好关系，而不是单纯的利益关系；否则，对方就会觉得你动机不纯或者太做作。应该使用不同的态度来看待沟通，感情的沟通要随缘，对生意的沟通要用心。只要你在沟通时善解人意，为对方着想，努力取悦对方，双方就会保持长久的关系。

## 二、保持关系的策略

### 1. 建立客户档案

如果有条件，就要对重要的商业客户分别建立档案；针对久未来往的客户，也应该建立一个完整的资料档案。一份全面的客户资料应该包括客户基础资料、信用资料、经营资料，以及客户动态变化情况及分析。客户资料要做到时时更新，保证客户资料的价值，以便在实际交往中能够有重点地予以关注。定期打电话给他们，但要注意不要过分打扰对方，也不要表现得不够专业；要保持平静、友善的态度，更要表现出专业的能力。如果客户目前没有需求，一两个月之后再去查询。

2. 关注客户需求

与客户保持关系的一个要素是关注客户的需要和喜好，为其提供优质的服务或产品，并努力争取超过期望值。如果对客户的兴趣爱好、愿望需求保持持续跟进，就会找到与其保持交往的方式。与客户建立起连接点，并保持对他的跟进，就如同在你和客户之间点燃了一盏灯，这盏灯照亮了你在客户心中的位置。许多时候，不能只关注收益的增长，而应建立一个好的基准，目标是为客户能做得更好，超越这个基准，客户会变为永久的客户。

3. 传递有用的信息

跟客户保持关系最好的方法之一，就是把一些对客户有用的信息传递过去。如果你的信息对于客户是有用的，他自然觉得你是个可交的朋友。另外，自己公司有什么最新的优惠政策，要第一时间通知客户，平时也要定时给客户打电话，如有客户在附近，记得安排时间去拜访。

4. 保持经常性的联络

很多情况下，我们会在有业务时与客户保持较为密切的联系，而一旦客户购买产品或服务之后，这种联系就会明显减少甚至终止，这样不利于客户忠诚的建立。只有经常地与客户保持联络，才能了解到他们真实的想法，才能更好地为他们服务，也才能尽快使彼此从客户关系转化为朋友关系。现在的沟通方式也比较多，如QQ、电话、电子邮件、登门拜访等。可以根据客户的重要程度，在合适的时机（节日、纪念日等）通过不同方式与客户进行联系，重要客户采用电话沟通（或者是多种方式都使用），一般客户则采用电子邮件或短信的形式保持联系。通过QQ、微信可以经常性地和客户保持联系，及时了解他们的需求；通过电话可以了解客户的意愿。同时也可以经常借客户的一些活动去走访，表示对他们的工作很感兴趣，甚至帮他们想一些促销的办法，提供一些竞争品牌的动向，而且在帮助别人的同时自己也学习到很多行业的新思路、新方法。

学会电话沟通

5. 多做些工作之外的事情

在逢年过节的时候，打一通慰问电话或者发一条祝福的短信给客户；在他们需要某些资料又得不到时，帮助他们搜集，甚至在他们生活中遇到一些困难时，只要得到消息又力所能及，就伸以援手。对于重要客户可以进行更多的交流，如偶尔的宴请或聚会，可以打入大多数人的圈子；而一些休闲活动，如高尔夫、保龄球等，可以提供更加放松的环境，加深相互间的了解。针对大量的普通客户可以考虑进行年度活动，既可以节约金钱，又可以达到良好的效果。这样，你与客户就不再是单纯的合作关系，而成为朋友关系。这样一来，一旦有合作机会，他们就会首先想到你。

## 三、保持联系的方式

在工作中，一个电话或者一次拜访之后，接下来的跟进工作很关键，就是要不断地和客户保持联系。通常，可以通过以下几种较为有效的方式与客户保持接触和联系。

### 1. 电话

电话是与客户保持接触和联系的最主要的工具。在打跟进电话时，务必为下一次的电话找到一个尾巴铺垫，那么下次在打电话的时候便有了一个很自然的切入点。问候电话一般是针对比较熟悉的客户，可以选择以下时机进行问候。首先，在一年结束之际以电话形式问候，简单总结过去一年的合作情况，展望未来愿景，并预祝身体健康、全家幸福。其次，在得知对方升迁或者效益增长等情况的时候，以电话的形式表达自己的祝贺。在得知客户婚丧嫁娶等消息时也要首先以电话的形式表示祝贺或者慰问。最后，注意平时的沟通问候，如天气变化、出差办事、身体染病等情况下也要给予适当的问候。

### 2. 电子邮件

通过电子邮件群发，可以与所有客户保持比较密切的联系，像节日问候、新产品介绍等都可以通过电子邮件来完成。每两周向客户发送一封电子邮件，这样做的一个好处是不让那些暂时没有需求的客户忘记自己。不过，这样做要注意以下几点。

（1）征求客户的意见。得到客户允许后才能发电子邮件给客户，提供一些客户最感兴趣的资料，可以加强与客户的关系。

（2）选择内容。邮件内容也很重要，最好是对客户有价值的信息，否则长期持续下去，自己的邮件就会变成垃圾邮件，反倒会损害客户关系。

（3）要体现出个性化。电子邮件群发要体现出个性化，要让每个收到电子邮件的客户都认为这封邮件是发给他个人的。比较容易达到这一效果的方法就是电子邮件中对客户的独特称呼，给不同人的邮件用不同的称呼开头。如果公司在客户管理这方面已经有了足够的投入，做到这一点就不难；但如果公司在这方面条件不足，最好的方法就是通过Outlook邮箱的联系人管理功能找出昵称。通过合并邮件功能可以实现个性化群发邮件，邮件发出后应发短信向客户确认。

### 3. 短信

短信也是一种比较好的与客户保持长期接触的方法。短信最普遍的应用领域是节日问候、生日祝福等。但是要注意不要过于频繁，问候时机要恰当合适；如果对方是外国人，就要考虑到其国家的习惯，尊重其宗教信仰和民族风俗。使用短信与客户交流尽量不要进行产品和服务介绍，当确实需要通过短信的方式向客户服务时，最好预先告诉客户。

### 4. QQ和微信

在印名片的时候尽量把自己的QQ号和微信号印在上面，在打电话或拜访客户的时候也可以询问对方的QQ和微信。一些不方便在电话里或见面说的话，可以通过QQ或微信交流。

### 5. 信函

信函方式是一种传统的联系方式，以这种方式进行沟通会让人产生一种亲切感。虽然目前不太常用，但是在与客户保持关系中也有着不可估量的作用。采用信函方式可以给人以与众不同的感觉，而且可以与电子邮件搭配使用。信函方式主要在两者距离比较远、内容比较多，见面和电话沟通不方便的情况下使用。例如，新年寄张贺卡表示关心，或者寄介绍本单位发展情况的说明、本单位内部制作的各种刊物等。

### 6. 邮寄礼品

节假日来临的时候，通过短信和电子邮件向客户问候的方式已非常普遍。除此以外，在条件允许的情况下，最好能给客户寄一些礼品，这是实施情感沟通中必要的一个环节。在一些重要的节日，如元旦、春节、中秋节、重要合作厂商的公司纪念日等，应在征求上司的意见之后，将礼品同贺信及时寄给对方，以维护与客户的友好关系。对方如果是女士，每年的妇女节也可以送鲜花表示问候。对方的生日也是一个沟通的好时机，祝贺生日可以把送礼品和发送短信祝贺结合起来。小小的礼品，不一定很昂贵，但会让客户觉得你是真的在关心他，在乎他，因此很容易被客户接受。

### 7. 当面拜会

出于生意或者工作的需要，到对方公司进行拜会是最佳的交流方式。这种拜会不能太多，一年两三次，最好是双方多举行一些交流活动，如研讨会、座谈会等。我们还应适时提醒上司并为其安排与客户的定期沟通活动，如一起吃饭，与客户建立经常性的沟通，以促进彼此的了解与进一步的合作。

### 8. 客户联谊

现在不少企业为了更好地为自己的客户服务，都成立了自己的客户俱乐部，定期举办各种主题的客户联谊活动，以进一步增强客户关系。这种方式特别适合那些以关系为导向的企业，而且业务地域比较明显的行业，如电信行业、金融行业等。

## 拓展与提高

### 维护客户关系原则

在实际中，不论采取何种方式与客户保持关系，都应注意以下几点。

#### 1. 遵循"做人先于做事，做事必先做人"的主原则

好的人生态度是成功的一半。在为人之道上，是信奉"厚黑学"，还是"方圆之说"呢？一个商人讲"商德"并不是挂在嘴巴上的，"商德"不可能凌驾于"人德"之上。我们不仅仅要尽可能地满足客户的欲望和需求，更要符合客户和全社会的长远利益，要变"以客户为中心"为"以社会为中心"，将客户、公司与社会利益三者结合起来，最大限度地实现客户利益、公司利益和社会利益的统一。

如何设定沟通目标

#### 2. 遵循"小成靠智，大成靠德"的原则

"小成"是"以理服人"的最终结果，而"大成"是"以德服人"的最高境界。因此，在社会中，"大成"也是商界或政界所追求的最高理想境界。成功的客户沟通不但要达到理想的沟通目标，而且应注重过程的"以情动之，以理劝之，以德服之"，即古人所云："百战

百胜，非善之善者也；不战而屈人之兵，善之善者也。"

3. 方式与技巧应具有综合性

古人云："水无常形，兵无常法。"针对不同的客户群体，在沟通方式和技巧上应既有综合性又有针对性。正如常言道"隔行如隔山"，客户的类型不同，与之相适应的沟通方式也不同，谁也不能肯定地说某种沟通方式比其他的方式要好些或最好。不论是礼貌待客式、技巧推广式，还是个性服务式，三者都有其各自的优势，既不能说个性服务式是最有效的模式，也不能排斥礼貌待客式或技巧推广式。怎样才能与客户保持长久、稳定的关系，这就要看在实践中如何运用自己手中的牌。任何一次成功的沟通，都是用汗水和努力换来的，同时也离不开谋划与智慧。

4. 要切记"三分说法，七分执行"的道理

好的沟通方式和技巧，是从实践中不断提炼出来的。在工作中，我们不仅仅代表的是个人，更代表着领导和公司的形象。在与客户的沟通过程中，要不断地去学习，不断地去提升，时刻严格要求自己的一言一行，让自己所使用的非语言服务始终与语言服务保持一致，不断提高服务水平，提高客户的满意度，将公司利益、个人利益、客户利益三者有机地结合起来。

## 完成任务

教师邀请一位学生不熟悉的学校职工到班级教室（或根据自己的生活实际，其他生活场景中遇到的情况也可以），学生结合所学知识进行接待，进行资料的搜集和整理，完成职工资料表（表3-4-14）。

表3-4-14　职工资料表

| 姓名 | | 身份 | | 联系方式 | |
|---|---|---|---|---|---|
| 相貌特征 | | | | | |
| 衣着特点 | | | | | |
| 言谈举止 | | | | | |
| 你能了解的其他信息 | | | | | |
| 你的接待方式 | | | | | |
| 对方对你的态度 | | | | | |
| 你打算如何和该人保持联系 | | | | | |

在完成以上任务后填写完成任务反馈表（表3-4-15）。

表3-4-15　完成任务反馈表

| 项　目 | | 内　容 |
|---|---|---|
| 沟通前的准备 | 目的 | |
| | 态度 | |
| | 策略 | |

（续表）

| 项 目 | | 内 容 | | | |
|---|---|---|---|---|---|
| 沟通中的表现 | 沟通次数 | 沟通地点 | 1. | 2. | 3. |
| | 遇到的困难 | | | | |
| | 解决的办法 | | | | |
| | 最后的结果 | | | | |
| 沟通后的反思 | 得到的收获 | | | | |
| | 存在的问题 | | | | |
| | 改进的措施 | | | | |
| 被了解人意见 | | 签名 | | | |

## 自我评价

请根据自己掌握的知识，对自我进行评价，并填入表3-4-16。

表3-4-16 "保持关系"能力达标自我评价

| 主要内容 | 自我评价等级（在符合的情况下面画"√"） | | | |
|---|---|---|---|---|
| | 全都做到了 | 大部分做到了 | 基本做到了 | 没做到 |
| 能遵守诚信原则 | | | | |
| 会建立客户档案 | | | | |
| 会关注客户需求 | | | | |
| 会向客户传递有用的信息 | | | | |
| 会保持经常性的联络 | | | | |
| 会与客户多做些工作之外的事情 | | | | |
| 自我评价 | 我的优势 | | | |
| | 我的不足 | | | |
| | 我的努力目标 | | | |
| | 我的具体措施 | | | |

## 思考与练习

回忆自己曾经的同学（包括小学和初中）和朋友，尽可能搜集他们的资料并进行整理，选取你认为合适的一两种方式与他们取得联系，完成朋友资料表（表3-4-17）。和你的同学比一比看谁的朋友更多。

表3-4-17 朋友资料表

| 姓名 | 性别 | 身份 | 特点 | 爱好 | 联系方式 | 联络方法一 | 联络方法二 | 联络结果 |
|---|---|---|---|---|---|---|---|---|
| | | | | | | | | |
| | | | | | | | | |
| | | | | | | | | |

# 模块四 | 服务沟通交流语言培养

**模块导读**

　　服务沟通交流主要指服务提供者与顾客之间的互动和交流，它贯穿整个接待服务过程。懂得使用好的服务语言技巧，能有效解决顾客的问题和需求，建立顾客信任和忠诚度，提高服务质量和顾客满意度，提升企业的口碑和实现企业经营目标。例如，一个客人进入一家酒店，他向服务员询问酒店的餐厅在哪里。服务员回答道："您好，您要去餐厅吗？我们酒店的餐厅在二楼，非常近，我为您带路吧。"礼貌、友好的服务语言能给顾客带去亲切感，明确的信息传递能有效解决顾客需求。

　　就个人而言，服务语言体现了一个服务提供者的专业素养和专业形象；就集体而言，它反映了一个企业的文化内涵、服务理念和价值观，是企业形象和社会认知的重要体现。掌握良好的服务语言及技巧对服务业从业者来说必不可少。

**学习目标**

1. 了解服务语言的含义及其主要表达形式。
2. 掌握服务语言的表达原则并在服务工作中有效地发挥服务语言的功能。
3. 掌握服务语言的应用条件。
4. 掌握服务语言的应用技巧并通过训练活动把握相应技巧。
5. 了解旅游服务中常见的服务场景和突发事件。
6. 能够规范且专业地使用表达问候、答谢、指引、理解等含义的服务用语。
7. 掌握服务语言的各类表达技巧，能够进行旅游服务常见场景和突发事件的处理。

# 服务语言的含义、表达原则及功能

## 任务一 服务语言的含义和表达原则

语言是赐于人类表达思想的工具。

——（法）莫里哀

**案例导入**

### "请"的艺术

在A酒店的前台，两位前台实习生正分别为两个家庭办理入住。办理入住需要客人出示身份证并做人脸识别，此时前台实习生安迪低头操作电脑并对客人说："欢迎您入住A酒店，办理入住需要您的身份证，你把你的身份证拿出来给我。"此时，客人的宝宝十分疲惫地趴在客人身上，为了尽快到房间休息，该客人看了一眼孩子，便表情严肃地将身份证递给安迪，等安迪为她办好入住后，客人便拿回身份证快速回了房间休息。

而在另一边，前台实习生悠悠双手并拢向前做出"请"的手势对客人说："欢迎您入住A酒店，请您出示一下您的身份证件办理入住。"客人从包里翻出身份证并微笑着递给了悠悠。悠悠录入客人身份信息后，双手将身份证递给客人："您的入住手续已经办理好，这是您的身份证，请您收好。"随后再双手将房卡递给客人："这是您的房卡，房间号是806，请您拿好。从您左手边的电梯就能上去。"随后，客人微笑着对悠悠说了句"谢谢"，便在礼宾员的带领下完成入住。

**分析：** 这两位客人办理完入住后的情绪如何？同样都是办理入住，如果你是客人，你更喜欢哪位前台的服务？为什么？

**相关知识**

语言是人类进行沟通与交流的表达方式，它可以帮助人们实现信息的传递和情感的表达，主要有口语和书面语两种形式。口语的主要呈现方式是语音，也是人类最早普遍应用的语言形式。书面语主要通过文字记录呈现，它是在口语的基础上形成的。所有的民族都有口语，但不一定有书面语。在职场中，服务语言是影响服务质量的重要因素，了解服务语言对服务行业工作者至关重要。

## 一、服务语言的含义

服务语言是指在服务接待中，服务人员与客人沟通交流时，为实现服务目的而使用的语言。服务语言常见的表达形式包括口头语言、副语言和形体语言。

### 1. 口头语言

口头语言也称有声语言、口语，指日常口头交谈时使用的语言。它是人们沟通与交流中最直接、使用最频繁的一种形式，主要以说、听的方式传播。在服务工作中，使用口头语言能立即接收信息，快速反馈并且进行表达的补充，形成直接的双向交流，具有直接性和瞬间性。面对面沟通、电话交谈、视频会议、座谈会、语音留言等都是常见的口头语言表达方式。

### 2. 副语言

副语言是一种有声音但无固定语义的声音信号。它包括语调、语速、重音的变化，停顿、哭、笑、咳嗽声等。副语言具有一定的强调、替代、暗示、否定等功能，在服务沟通中常用。例如，表达"您好！"时，语调上升，则表明服务意愿的强烈度。在一个多人交流情景下，其中一人假装咳嗽，这个咳嗽声具有暗示、提示的功能。

### 3. 形体语言

形体语言是一种通过肢体动作来表达思想情感的行动技巧。它包括人的面部表情、眼神、姿势、手势等。与口头语言相比，形体语言是一种无声语言，可以实现对口头语言表达的补充，使信息传递更加立体化、高效。例如，礼宾员在说"请往这边走"时，加上相应的指引手势，这将让客人能更加明确要表达的行动方向，实现有效的服务。

## 二、服务语言的表达原则

### 1. 尊重性原则

在工作中，服务人员语言上表示出对客人的尊重十分重要。尊重性的语言能使客人感到重视和友好，从而获得客人的青睐，形成良性的服务关系。服务语言的尊重性原则要求服务人员：第一，树立客人至上的观念，把客人的需求放在首位，在不违背法律法规和原则的基础上尽力满足客人的需求；第二，做到以礼待人，使用礼貌、得体、文明的语言和措辞。第三，做到以诚示人，真诚地开展各项服务接待工作。

### 2. 准确性原则

准确、真实的服务语言能清楚、有效地传达信息。在为客人服务中，表达必须符合客观事实、合情合理，切忌说大话、胡编乱造、张冠李戴。除了用词准确真实，使用服务语言时也要注意发音准确，不含糊，以免造成客人的理解偏差。

### 3. 适用性原则

服务员在职场中面临的服务场景多种多样，适用性原则要求服务人员在使用服务语言时注意根据不同场景、不同服务对象、不同时间、不同语境选取适合的语言，这也体现了语言服务的个性化。

### 4. 职业性原则

服务员在服务接待过程中使用的语言应该符合职业规范和行业标准，给人以专业的服务体验，让客人信赖自己的服务能力。避免带有负面情绪的语言和消极的服务态度，保持耐心与冷静，尊重多元文化等，都体现了服务人员的专业性、职业性。

## 拓展与提高

不同国家有着不同的文化语言，手势作为日常交流中常见的肢体语言之一，在不同国家，特定的手势所表达的意思也有所不同。作为服务人员，提前了解不同的手势含义，能尽量避免因手势不当而引起误会或冒犯。

1. V形手势

V形手势源于英国，"V"取自英文"Victory"（胜利）的首字母。在英国，人们常用V形手势表示"胜利"。此手势由食指与中指摆出"V"的形状，掌心向外且手指背向自己。但如果掌心向内，在英国、澳大利亚、新西兰则是一个不礼貌的动作，表示侮辱、轻视甚至是骂人的意思。在中国，V形手势表示胜利的意思。

但在希腊，使用V形手势时必须掌心向内和手指背向对方，否则就表示污辱，有轻视对方之意。因为在希腊一般V形手势代表了视对方为恶魔、邪恶之人的意思。

2. "OK"手势

"OK"手势在不同国家表达的意思见表4-1-1所列。

表4-1-1　"OK"手势在不同国家表达的意思

| 国家 | 表达的意思 |
| --- | --- |
| 中国、美国、英国 | 表示好的、赞成的意思 |
| 希腊、土耳其 | 有明显同性恋的意思 |
| 法国、比利时 | 表示"零"或"没有价值的" |
| 阿拉伯国家 | 表示"恶魔的眼睛"，被用于"诅咒"，有时伴随口头咒骂 |
| 日本 | 表示钱，有贿赂的意思 |

3. 竖大拇指

竖大拇指在不同国家表达的意思见表4-1-2所列。

表4-1-2　竖大拇指在不同国家表达的意思

| 国家 | 表达的意思 |
| --- | --- |
| 中国 | 表示同意、夸赞、肯定的意思 |
| 美国 | 表示搭车的意思 |
| 澳大利亚 | 表示骂人的意思 |
| 希腊和意大利 | 表示滚蛋的意思 |
| 伊朗和伊拉克等中东国家 | 表示挑衅的意思 |
| 德国、法国、匈牙利 | 表示数字"1" |

## 完成任务

你在日常生活中遇到过哪些肢体语言和副语言？它们都表示什么意思？请把它们记录下来并填入表4-1-3。

表4-1-3　日常生活肢体语言和副语言记录

| 日常所遇到的肢体语言/副语言 | 表达的意思 |
| --- | --- |
|  |  |
|  |  |

（续表）

| 日常所遇到的肢体语言/副语言 | 表达的意思 |
|---|---|
|  |  |
|  |  |
|  |  |

## 自我评价

请根据自己掌握的知识，对自我进行评价，并填入表4-1-4。

表4-1-4　"服务语言的含义和表达原则"能力达标自我评价

| 评价内容 | 自我评价等级（在符合的情况下面画"√"） | | | |
|---|---|---|---|---|
|  | 全都做到了 | 大部分做到了 | 基本做到了 | 没做到 |
| 能使用"请"字来与他人沟通 |  |  |  |  |
| 能客观地传递他人所说的话，不胡编乱造 |  |  |  |  |
| 能根据不同场景、时间采取不同的表达方式 |  |  |  |  |
| 自我评价 | 我的优势 |  |  |  |
|  | 我的不足 |  |  |  |
|  | 我的努力目标 |  |  |  |
|  | 我的具体措施 |  |  |  |

## 思考与练习

1. 什么是服务语言？服务语言常见的表达形式有哪些？
2. 服务语言表达应该遵循什么原则？

# 任务二　服务语言的功能

理性和语言是人类交往过程中的纽带。

——西塞罗

**案例导入**

　　小倩是一家高端餐厅的服务员，每当客人到店用餐时，她总能以热情而自然的态度欢迎每一位走进餐厅的客人，用温馨的笑容和亲切的问候让他们感到宾至如归。一天，一对看似犹豫不决的夫妇走进了餐厅。小倩立刻迎上前去，用热情而友好的语气问道："欢迎来到我们的餐厅！我是服务员小倩，有什么可以帮您的吗？"夫妇俩显得有些迷茫，小倩立刻察觉到这一点，于是她主动介绍道："我们餐厅有各种美味佳肴，如果您不确定要点什么，我很乐意为您推荐一些特色菜品。"在她的耐心推荐下，夫妇俩最终决定在此餐厅用餐，并对小倩的服务感到非常满意。之后，他们不仅多次光顾这家餐厅，还向朋友们推荐了这里。

【分析】服务员小倩在遇到无用餐意向的客人时，并非机械地询问："您好，您要吃点什么呢？"而是一开始就用热情的态度和友好的服务语言对客人的到来表示欢迎，并主动推荐餐厅的特色菜品帮助客人点菜。小倩热情周到的服务，不仅为客人带来了好的服务体验，还为餐厅带来更多客源及更好的口碑。由此可见，恰当的服务语言不仅能为企业带来好的服务效果，还能为企业带来潜在客户和收益。

## 相关知识

服务语言是在服务接待过程中与客人最直接的交流工具，也是一种最直接的服务方式，运用好服务语言能实现有效交流交际甚至产生经济和社会效益。因此，服务语言具有交际功能、服务功能、创效功能。

1. 交际功能

交际是人与人之间的往来接触。语言在社会活动中最重要的作用便是交流，而服务语言作为在服务工作情境下行业服务员和客人进行信息互传时使用的一种语言，必然也具有交流的作用，也就是一种基于语言开展的交际，即服务语言具有交际功能。在交际过程中，服务人员和客人互相表达互相影响，建立良好的人际关系；同时服务人员也可以通过服务语言协调客人与服务单位的关系。

在实现服务语言的交际功能时，需要注意：守宗旨，守信用，包容顾客的独特性，重视口碑效且善用可持续发展的眼光开展服务。

2. 服务功能

服务语言就是一种基于语言表达而展开的一项服务。迎客时的一句问候、指引时的一个手势、倾听时的一个眼神都是服务人员为客人开展的服务手段。服务功能作为服务语言最本质的功能，强调在服务过程中要做到以下几点：一是从客人的本质需求出发，用高效高品质的服务语言，使服务体验"增值"；二是无论何时何地，永远以饱满的热情服务客人，让客人感受到宾至如归和受尊重；三是要力求完美，用自身最大的能量去服务每位客人，给他"超高性价比"的感受。

3. 创效功能

创效的"效"指经济效益和社会效益。服务语言的交际功能和服务功能直接影响着创效功能。交际功能和服务功能发挥好能很大程度为企业带来更多的经济效益和社会效益，甚至影响整个城市的文明形象。交际功能和服务功能发挥得好能形成高品质的服务效果，高品质的服务能促进顾客的消费意向，直接为企业创收，同时为企业创造好的行业口碑和提升社会信誉；好口碑又能吸引潜在顾客进行消费，以此形成"高品质服务创造好口碑，好口碑吸引新消费群"的良性循环，实现可持续发展的经济效益。在社会影响方面，优质周到的服务语言能非常明显地传达一个企业甚至是一个城市的文明风尚，优质服务的声誉越高，产生的文明影响力就会越大，社会效益就会越好，更有助于社会主义精神文明的建设。

## 拓展与提高

### 语调　语速　音量

在应用一些服务语言时，注意语调、语速、音量的变化，以更好实现好的沟通与交流效果

1. 语调

语调主要指人们说话时音调的变化，抑扬顿挫的语调能表达出不同的情感和态度。在服务语言中，语调应该保持友好、热情和礼貌。使用升调——表达出热情和欢迎的态度；平调——表达出平和、亲切的态度；降调——表示尊重和专业的形象。正确的语调能够突出服务人员要表达的观点和信息，增强交流效果。例如，在表达"欢迎光临"时可使用升调；在表达"请您稍等"时可以使用平调。

2. 语速

语速是指说话的速度，适当的语速可以提高服务效率。在服务过程中应该保持语速适中，不能过快，也不能过慢；因为过快的语速可能导致客人无法听清和无法跟上，过慢的语速可能让客人感到不耐烦和浪费时间。保持适中的语速能有效帮助客人听清及理解服务人员所表达的内容。

3. 音量

音量指说话时声音的大小变化，视情况调节音量大小能让客人有效接受服务信息。一般而言，采用适中的音量进行沟通与交流，既能保证客人能在双方所处距离间清晰听到服务人员所说的话，又能表达对客人的尊重。因为音量过大可能导致客人受惊或感到不友好，而音量过小可能让客人难以听到或听清。根据不同的场合和情境，适当地调整音量能提高服务的质量。例如，面对老年人这类听觉功能不佳的客人或是在较为嘈杂的服务环境中，服务时建议调大音量；反之，面对小朋友这类客人或是在较为静谧的服务环境中，就可适当降低音量。

## 完成任务

以小组为单位，开展一场家乡特产展销会。请组内人员轮流选取一种家乡特产，扮演一名导游人员向游客介绍家乡特产，并填写表4-1-5。为了提高销售效果，请使用清晰且具有吸引力的服务语言，介绍特产的特点与价值，激发游客的兴趣，使其愿意购买这款产品。

表4-1-5　家乡特产推介记录表

| 家乡特产 | 你会如何推介 |
| --- | --- |
| | |
| | |

(续表)

| 家乡特产 | 你会如何推介 |
|---|---|
|  |  |
|  |  |
|  |  |

## 自我评价

请根据自己掌握的知识，对自我进行评价，并填入表4-1-6。

表4-1-6　"服务语言的功能"能力达标自我评价

| 评价内容 | 自我评价等级（在符合的情况下面画"√"） | | | |
|---|---|---|---|---|
|  | 全都做到了 | 大部分做到了 | 基本做到了 | 没做到 |
| 能与客人友好且顺畅地沟通与交流,形成良好的交际关系 |  |  |  |  |
| 能充分利用口语、手势等为客人提供服务 |  |  |  |  |
| 能通过介绍成功推销家乡特产 |  |  |  |  |
| 自我评价 | 我的优势 | | | |
|  | 我的不足 | | | |
|  | 我的努力目标 | | | |
|  | 我的具体措施 | | | |

## 思考与练习

1. 服务语言的功能有哪些？
2. 服务语言的各个功能之间有什么联系？请简单说明。

178

# 服务语言的应用条件和技巧

## 任务一 服务语言的应用条件

兼听则明，偏听则暗。

——《新唐书·魏征传》

案例
导入

　　在一家精品服装店内，顾客李女士正在挑选一件晚礼服，她试穿了几件后，对其中一件比较满意，在镜子前照了好多次，但又有些犹豫。此时，售货员张张走了过来。

　　张张："李女士，您试穿的这件晚礼服真漂亮，非常适合您！"

　　李女士："是吗？但是我觉得价格有点高，还是算了吧。"

　　此时张张立刻意识到王女士对价格有所顾虑，于是她调整了语言表达方式，以更适宜的方式来回应："李女士，这件晚礼服和您的气质真的很配，这件晚礼服确实非常精致，而且材质和做工都很好。如果您正在寻找一件高品质的晚礼服，这件确实是一个不错的选择。同时，能帮客人找到一件满意的服装是我们的荣幸，所以我们也提供一些灵活的付款方式和促销活动，您感兴趣可以了解一下。"最终在张张的推荐下，李女士用心仪的价格买到了这件晚礼服。

　　**【分析】**案例中的售货员张张根据李女士对那件晚礼服的试穿表现，对客人进行更加贴心的服务，她的表达既赞赏了李女士的选择，又针对她的顾虑提供了解决方案。这种灵活贴心且合时宜的服务语言让李女士感到被尊重和关注，也是张张成功销售的关键。

### 相关知识

　　服务人员的服务语言的使用很大程度能反映一个企业的服务是否规范。选取恰当方式和时机是开展服务工作的一大要点，只有符合一定条件的服务语言才能实现沟通与交流的有效化、高效化，才能为客人带来好的服务体验。

　　一般而言，服务语言应用过程中需要符合以下条件。

　　1. 准确明了，礼貌服务

　　服务语言作为服务人员和客人的最直接的沟通与交流方式，错误的表达会造成接待服务工作无法顺利开展，而过于专业和复杂的术语容易造成客人的疑惑甚至是不知所措，因此服务语言必须在表达上做到准确、简洁明了、易于理解。同时，使用服务语言要注意礼貌和尊重，微笑使用礼貌用语能体现出对客人的尊重和关心，展现自信且有温度的服务。

### 2. 合乎语境，有效服务

俗话说"出门观天色，进门看脸色"，在进行服务接待工作时，表达沟通上要符合语境，否则容易产生"牛头不对马嘴"的情况，无法实现有效的沟通，从而影响服务的效率和质量，甚至会让客人质疑你的服务意愿和能力。合乎语境强调"什么场合说什么话"，这就要求服务工作者要注意观察客人的外在表现（如语气的急缓、行为速度的快慢等），因为不同环境营造的语境下，客人的需求会有所不同，若要一针见血地把握客人需求，就会极大提高服务效率和质量。

以酒店礼宾服务为例，酒店大堂礼宾员小王看到两位客人背着小包准备离开酒店，并讨论着接下来外出游玩的计划，他等着客人走到门口时说："小心台阶，欢迎下次光临。"虽然这样的说法表达了他的礼貌问候，但根据客人的交谈可以判断客人离开酒店的原因是外出游玩，此时若说："小心台阶，今日阳光好，注意防晒，祝您玩得开心！"后者表述更符合当下语境，这样的说法更能体现服务人员的专业洞察力，用更体贴的问法为客人服务，给客人高效周到的服务。

### 3. 随机应变，灵活服务

在服务接待过程中，我们可能遇到形形色色的客人，不同国籍、民族、年龄、性别、职业、身份、文化背景等，根据服务对象的不同需要采用个性化的服务用语。这就要求服务人员在接待过程中不能只埋头苦干，要懂得察言观色，注意客人的变化，把握说话的时机和表达分寸，灵活反应及时处理。遇到客人情绪激动时，服务人员安抚也要学会换位思考，以退为进帮助客人解决问题。

以导游服务为例，最常见的就是根据年龄不同采取不同的问候语：迎接老年团时可以说"欢迎各位叔叔阿姨到北京地游玩"；迎接亲子研学团时可以说"欢迎各位大朋友小朋友加入本次的海洋寻宝之旅"。随机应变，因人而异地选取恰当的服务用语能使服务效果更亲切，客人也会更认可你的业务水平，留下好的印象。

### 4. 注意倾听，耐心服务

服务语言就是在接待过程中服务人员与客人的交流用语，交流强调"听"和"说"，只有听准了、听懂了，才能更好地说，更好地服务，因此用好服务语言要注意倾听。服务人员和客人初次见面时，彼此不了解，作为服务人员要想了解客人的真实需求，倾听是最常见的一种方式。在倾听过程中，要注意专心、耐心、用心。专心倾听不仅能表示对客人的尊重，还能准确听到客人表达的内容，以免遗漏信息造成无效沟通。耐心倾听能让客人感受到自己的服务态度，有时候客人在遇到紧急情况想向你求助时，因为紧张表述可能出现重复甚至是逻辑不清的情况，这时要耐心倾听，不能先入为主地听两句就随便下定论，要边听边抓住关键词进行冷静分析，准确找出客人需求，帮助客人解决问题。用心倾听要求"一心多用"，在倾听客人问题时，除了用耳朵听，也要使用形体语言给客人回应，如眼神的交流、微笑、身体稍稍前倾等，表现出真诚的服务意愿。

## 拓展与提高

若想在瞬息万变的职场里应付自如，懂得灵活处理问题就显得十分重要，在开展工作前做好一些准备工作，能帮助自己在遇见突发状况时镇静应对。

1.了解客人的需求

在有可能的前提下，提前了解客人的需求和期望，包括他们的习惯、喜好、禁忌等，以便能够根据不同客户的需求提供个性化的服务，即所谓知己知彼，百战不殆。

2. 提供多样化选择

在客人遇到困难时，可以提供更多样的选择和服务方案，实行"曲线救国"的策略，让客人可以根据自己的需求和预算进行选择，以达到服务的最终目的。同时，也要注意根据客人的不同反馈，调整服务策略，以满足客人的要求。

3. 表示理解并及时处理

当客人的需求未得到满足时，要及时反应，马上对客人所遇情况表示理解甚至是同情，并且迅速进行处理。服务人员处理问题的快慢程度能极大影响到客人所感知的服务态度，及时处理能让客人感觉到服务人员的重视程度，因此遇到类似埋怨甚至是投诉时，使用服务语言时要注意表示理解并及时处理。例如，可以使用如下表述："我十分理解您现在的心情，但是解决问题也需要一个过程，目前我们已经将问题及时反馈给相关部门，他们也正在加急处理，我们在休息室已经准备了茶水，我们边喝茶休息边等待处理结果吧。""非常抱歉，让您等候了这么长时间，我会尽快为您处理。""非常感谢您的反馈，我们会不断改进，为您提供更好的服务。"。

4. 虚心请教

就大部分人而言，瞬时的反应能力并不是短时间内就能具备的，除了通过岗前培训提高服务意识和技能，也要多向前辈请教，吸取前辈处理突发情况的优秀经验，做到"心里有数"，以不断优化服务质量和流程，这样在遇到突发情况时也能灵活反应。

## 完成任务

某五星级酒店的中餐厅内，餐厅主管让小明负责客人的点菜和用餐服务工作。如果你是小明，遇到以下情况你会怎么开展服务？请填入表4-2-1。

表4-2-1 服务用语记录表

| 场景 | 这时,你怎么做、怎么说 |
| --- | --- |
| 一对情侣正向你所负责的服务区域走来,客人走近你身旁的6号桌 |  |
| 情侣看着菜单翻了又翻都没有确定点什么菜 |  |
| 因为今天用餐人员较多,上菜较慢。情侣一方刘小姐把你喊过来说"怎么等了那么久还不上菜? 等得烦死人了" |  |

## 自我评价

请根据自己掌握的知识，对自我进行评价，并填入表4-2-2。

表4-2-2 "服务语言应用的条件"能力达标自我评价

| 评价内容 | 自我评价等级(在符合的情况下面画"√") | | | |
|---|---|---|---|---|
| | 全都做到了 | 大部分做到了 | 基本做到了 | 没做到 |
| 能简洁明了且准确地表达 | | | | |
| 在表达时能合乎时宜 | | | | |
| 能灵活处理生活中遇到的一些突发情况 | | | | |
| 能耐心倾听他人的表达 | | | | |
| 自我评价 | 我的优势 | | | |
| | 我的不足 | | | |
| | 我的努力目标 | | | |
| | 我的具体措施 | | | |

## 自我评价

服务语言应用的条件有哪些?

# 任务二 服务语言的应用技巧

善滑稽,巧发微中。

——苏轼

**案例导入**

### 问"名"

某天,某五星级酒店正承办一个精品陶瓷展览会,宴会部的小黄和小郑负责在展会大厅签到处让与会人员进行签到。小黄看到有宾客向宴会厅走来便说:"参加精品陶瓷展览会的嘉宾,请在这边签到。"嘉宾吴女士走到小黄面前问道:"精品陶瓷展览会是在这签到吗?"小黄说:"是的,这位女士你叫什么名字?"吴女士听了小黄的话微微皱眉回道:"我叫吴芳。"签字后便快速进入会场。这时正在一旁的小郑观察到吴女士的略微有点不悦的表情,在吴女士走后便提醒小黄说:"小黄呀,你询问客人的姓名,如果还用我们平时朋友间的问法,会显得有些不够尊重,你可以说:'您好,请问您怎么称呼?'这样的表述会让客人更容易接受。"小黄接受了小郑的建议，后续询问嘉宾姓名时都用："您好，这位先生/女士，怎么称呼您？"同时后续的嘉宾也均愉快地签到并进入会场，没再出现"微微皱眉"的现象。

【分析】"你叫什么名字"和"怎么称呼您"两种问法都能帮助小黄询问到嘉宾的姓名，并且引导嘉宾完成签到工作，但"怎么称呼您"更显得尊重，更容易让嘉宾乐于接受。作为服务人员开展工作时语言表达不仅要简洁、准确，还要注意技巧，好听的服务语言更能让客人接受，体现服务人员的专业服务。

### 相关知识

服务语言既要通俗易懂，也要具有艺术性。这里所提的艺术性强调开展服务时说话要有技巧，在保证客人听得懂之外还能让客人乐于接受你所表达的方式和内容。服务语言不是固定不变的模式化的语言，需要服务人员灵活运用，掌握服务语言的各类技巧有助于服务人员在开展服务工作时游刃有余。

## 一、微笑热情，主动真挚

服务的目标是让客人开心愉快，要达到此目的，作为服务人员只有先不吝啬微笑，才能给客人带来"微笑"，同时热情主动的服务、诚挚的服务都会给客人带来受重视和愉快的感受。对客人多一些赞美、多一个微笑都会让他们享受到更好的服务体验。例如，在自助咖啡厅，服务人员正送上客人刚刚点的热拿铁："女士您好，这是您点的热拿铁，请慢用。"客人却说："我现在有点热，我不要热拿铁了，请你给我换一杯冰拿铁，麻烦了。"这种情况下，明明是客人自己点的热拿铁，现在又说不要，作为服务人员要懂得服务是为了给客人带去愉快的感受，此时应微笑地回复："不麻烦，我很乐意为您换一杯。"当服务人员端来冰拿铁时，客人感激地说："真的麻烦您了，谢谢！"并且客人离开时对该服务人员说了一句："谢谢你的服务，我们今天用餐非常愉快。"俗话说"伸手不打笑脸人"，服务员用一个微笑、一句礼貌的回复，化解了一场潜在的服务矛盾，展现了服务人员良好的服务态度和精神风貌。

同时热情主动的服务也能让客人感受到受重视、受尊重。当客人到来时，热情主动地说："欢迎光临！"当看到客人紧皱眉头左顾右盼时，亲切地询问："我有什么能帮您的吗？"或者"您需要帮忙吗？"给客人关切，让客人感受到温暖和具有人情味的服务，也能为客人带去愉快的感受。多点热情、主动、关心，在语言中为客人提供附加的情绪价值，客人也会感到开心，信任和肯定自己的服务。

## 二、理解包容，巧用幽默

人与人之间的服务交往，难免会出现信息接收偏差、工作失误、客人无赖等情况导致的矛盾，从而带来不满和投诉。作为服务人员需要掌握一定的语言技巧以化解矛盾，让客人开心而来，满意而归。解决客人的不满、投诉，服务人员要学会以下两点。

（1）不斤斤计较客人的态度，专注问题所在，耐心为客人解难。在人来人往的工作环境中，不是每个客人都会带着好心情、好态度出门，作为服务人员要专注服务本身而不要过度计较客人的态度，努力做到有礼有节、冷静应对，展现出好的服务意识和服务水平，这样能巧妙地规避矛盾和化解矛盾。

（2）适时幽默，巧妙应对。美国人鲁特客先生在《幽默人生》中说："在人生的各种际遇中，幽默力量是人际关系的润滑剂，它以善意的微笑代替抱怨，避免争吵，使你和他人的关系变得更有意义；幽默力量比笑更有深度，其产生的效果远胜于咧嘴一笑。幽默力量是一切奋发向上者所必不可少的力量。"在开展服务工作中，不免会遇到一些爱抬杠的客人，当遇到这些客人时要学会包容，同时利用幽默的语言化解服务危机。例如，在导游服务工作中，地陪导游员小王带团致欢迎词时说："下面简单给大家说两句，首先……"。此时有位游客老李突然说："导游你不是说两句吗？现在都说了七八句了。"这时小王幽默回复道："开头一句、结尾一句，这不就是两句吗！"说完游客们都纷纷笑了起来。不难发现游客老李如此发言，明显有抬杠意味。如果这时小王抬杠回去："我爱说几句说几句。"这样很容易发生矛盾导致投诉。适时适当地使用幽默表达，可以化解尴尬、减少危机，同时也会让客人更信赖自己的业务水平和态度。

## 三、以正胜邪，文明说"不"

开展服务接待工作时，所遇客人的品德有好有坏，面对具有侮辱、讽刺、挖苦等意味的客人时，要坚守原则、弘扬正气，并对过分要求和不符合服务职守的情况说"不"。

坚持原则、弘扬正气要求服务人员在开展接待服务工作时要遵纪守法、不卑不亢。遵守国家法律法规，不得触犯法律和客人隐私，讲人格、讲国格。每位服务人员对外服务都代表一个国家和一个企业向社会服务，服务过程中讲文明、讲礼节，遵守原则，不做有损国家、企业利益的事，自尊但不傲慢，谦逊但不自卑。对客人出现的一些损害国家利益、挖苦讽刺他人、侮辱和诋毁他人的行为，要机智回旋和及时制止。

文明说"不"的方式有很多，可以微笑不语、婉言谢绝、顺水推舟。假如某酒店宴会厅正承接一个大型的舞会，舞会上突然一位客人向你发出跳舞的邀请，你不想跳舞但直接的说出"不行"有可能会使对方尴尬，对方甚至可能觉得失了面子，这时你可以利用表情语言，微微一笑并面带歉意地摇头。客人也就意会到你拒绝的意思，不再"纠缠"。或者说："十分感谢您的邀请，但我目前正在工作，不方便与您共舞，真是遗憾，祝您舞会愉快。"婉言谢绝既能表达拒绝的意愿，也能给客人一个台阶。顺水推舟说"不"的方式主要是抓住客人语言中的一点作为拒绝的理由。假如你是一名民宿专属管家，你周到的服务令客人十分满意，客人在离开时热情地表示要送你最喜欢的手表以表谢意，同时觉得这款手表很配你的气质，但是作为服务人员不能随便接受客人的物质馈赠，这时你可以说："给您送去满意的服务是我的本分，也是我的荣幸，这款手表看起来就很显气质，但这是您最喜欢的表，我不能夺人所爱，很感谢您的认可，您的肯定就是对我最大的感谢。"这样顺水推舟的回答既感谢了对方的信任，又表达了自己的婉拒意思，双方都有台阶下，都不会不愉快。

## 拓展与提高

### 语言的技巧

在服务接待工作中，如何艺术地发问、赞美、维持话题、安抚情绪等都是服务人员需要学习的内容。

1. 发问的技巧

（1）开放式问题。开放式问题可以引导对方深入思考并表达自己的想法和观点，如"您对这个问题的看法是什么呢""您有什么建议"等。

（2）探索式问题。探索式问题，可以引导对方更全面地表达自己的需求和问题，如"您对这个菜品的哪些方面不满意""您期望的产品特点是什么"等。

（3）关联性问题。提出与当前话题相关的问题，引导对方提供更多信息，进一步了解对方的需求和兴趣，如"您最近参加过哪些活动""您喜欢的休闲方式是什么"等。

（4）确认性问题。提出确认性问题，可以更加明确对方的需求和想法，如"相比之下，您更想了解这款产品的性能，对吗""您是说希望我们提供更加个性化的服务，是吗"等。

2. 赞美的技巧

（1）真诚且具体。只有发自内心且诚挚的赞美才会让对方感到自己真诚和认可，与事实不符、过于夸张的赞美会显得很虚假。同时赞美要具体，针对对方的某个特点或表现进行赞美，能让对方感受到被关注和认可。再者，赞美时注意注视对方的眼睛，表现出你的专注和真诚。例如：如果客人与所试衣服很匹配，就可以眼睛由上至下看一遍客人并说："这位女士，这件衣服剪裁很俏皮，与您白里透红的肤色相称，搭配起来更显活泼年轻呢！"

（2）适时且适度。在对方表现出色或有所成就时及时给予赞美，能让对方感受到鼓励和支持。同时，不过于频繁才是让人感到舒服的赞美。适时但过度频繁的赞美容易让被称赞者感到不自在或尴尬。

3. 维持话题的技巧

（1）积极回应。对于对方提出的话题，要积极回应并表达出自己的看法，让对方感受到你的关注和兴趣。

（2）提问引导。在交流过程中适时地进行提问引导，让对方更深入地谈论某个话题，从而保持话题的持续性。

（3）分享经历。分享自己的经历与对方产生共鸣，能引出更多的话题，维持沟通的热度。

（4）适时转移话题。在和对方沟通过程中，如果感受到当前话题无法继续下去，就可以适时转移话题，引出新的话题，保持沟通的流畅性。

4. 安抚客人情绪的技巧

（1）耐心倾听并表现出同理心。当客人遇到问题情绪激动时，要耐心倾听客人的抱怨和不满，并站在客人的角度理解客人的感受，表达出对客人关心，让客人感到被尊重、被理解、被支持。这样客人才有可能冷静下来进行沟通，从而解决问题。

（2）真诚道歉并提出解决方案。面对客人的不满与抱怨，要及时道歉表达歉意，并提出针对性且合理的解决方案，让客人感到被尊重、被关注、被帮助，从而理性看待问题，也会增强客人对服务人员的信任感和满意感。

（3）表达感谢。在安抚客人情绪的过程中，要感谢客人的反馈和意见，让客人再次感到受尊重，也能与客人保持良好的关系。

## 完成任务

根据所学的服务语言应用技巧的内容，面对以下服务场景时，写出你的做法，填入表4-2-3。

表4-2-3　情景任务

| 服务场景 | 你的做法 |
| --- | --- |
| 作为一名导游，你正带领游客们瞻仰烈士纪念碑，为表示对英烈们的尊重，瞻仰时不得戴帽，但你发现有的游客觉得太晒不想脱帽 | |

## 自我评价

请根据自己掌握的知识，对自我进行评价，并填入表4-2-4。

表4-2-4　"服务语言的应用技巧"能力达标自我评价

| 评价内容 | 自我评价等级（在符合的情况下面画"√"） | | | |
| --- | --- | --- | --- | --- |
| | 全都做到了 | 大部分做到了 | 基本做到了 | 没做到 |
| 能简洁明了且准确地表达 | | | | |
| 在表达时能合乎时宜 | | | | |
| 能灵活处理生活中遇到的一些突发情况 | | | | |
| 能耐心倾听他人的表达 | | | | |
| 自我评价　我的优势 | | | | |
| 我的不足 | | | | |
| 我的努力目标 | | | | |
| 我的具体措施 | | | | |

## 思考与练习

1. 服务语言的应用技巧包括什么内容？

2. 请自行利用网络搜索一些旅游服务中会用到的语言表达技巧并与同学分享。

服务语言的四个"八"

项目三

# 旅游服务场景沟通综合训练

## 任务一 旅游服务常见场景沟通训练

言语是人类所使用的最有效果的药方。

——吉普林

案例
导入

　　在某酒店的中餐厅里，客人点了一份鱼香肉丝和例汤后便与朋友边聊天边等待上菜，但不久服务员不小心将扬州炒饭送到了客人的桌子上。客人发现了这个问题，并告诉了服务员。服务员马上道歉，说："非常抱歉，由于我们的失误给您造成不便，我会立即为您更换正确的菜品。十分感谢您的热心提醒！"然后，服务员为客人更换了正确的菜品，并确保客人的用餐体验得到了改善。

　　【分析】案例中的服务员在发现上错菜后，马上对自己的错误行为进行道歉和及时改正，并对客人的提醒表示感谢。这个案例表明了在表达上礼貌且专业，可以提升客人对餐厅的印象和满意度。

## 相关知识

　　旅游业作为服务产业的重要组成部分，对于旅游行业的服务工作者而言，会经常遇到不同的服务场景，如酒店接待、餐饮服务、导游服务等都是旅游服务中常见的服务接待类型。常见的旅游接待服务场景有以下九种。

　　（1）酒店接待：为游客提供前台或在线预订平台客服进行房间预订、修改或取消，提供客房服务等服务场景。

　　（2）餐饮服务：为游客提供餐位预订、修改或取消，引导客入座及点菜，推荐菜品，特殊餐饮要求等餐饮服务场景。

　　（3）导游服务：为游客提供景区景点的历史沿革、文化特色、风土人情等讲解服务，解答游客的问题，与游客商讨行程安排、集合的时间和地点等导游服务场景。

　　（4）售票登机和安检服务：为游客提供机/船票售卖及验证、行李托运、引导安检等服务场景。

　　（5）交通接送：为游客提供机场或车站接送服务、联系车辆租赁等服务场景。

　　（6）旅行社咨询：为游客提供咨询旅游线路、价格、服务咨询等服务场景。

　　（7）游客投诉与问题解决：解决游客向旅行机构或酒店提出投诉或问题的沟通服务

场景。

（8）旅游信息查询：为游客提供旅游中心、旅游指南、景点开放时间、门票价格、旅游政策等旅游信息查询场景。

（9）旅游购物：必要时协助游客购物、提供产品介绍、价格谈判等服务场景。

在不同的场景下需要运用不同的服务语言灵活对客，以达到"因人而异"的个性化服务需求。好的服务沟通能力并不是一朝一夕就能练成的，需要长期积累习得。

## 拓展与提高

为在旅游服务中更好地展现服务人员的服务专业性，了解常见的服务用语十分重要。

1. 问候语

在服务过程中，问候语往往是开启服务人员与客人话题的第一步。在使用问候语时应注意礼貌称谓、时间感、微笑状态及热情友好的态度；必要时可以辅以鞠躬进行问候，表示对对方的尊重。例如，询问姓名时说"先生/女士，怎么称呼您"，表示欢迎时说"先生/女士，早上好，欢迎光临/欢迎来到我们酒店/餐厅/景区"，表示可以帮忙时说"请问我有什么可以帮到您吗"或"如有需要，您可以随时呼叫我"等。

2. 拒绝语

使用拒绝语时注意先肯定后拒绝，委婉说明原因，客气拒绝。避免直接说"我不能""不可以"。可以说："不好意思，十分开心得到您的认可，但+拒绝的原因。""您好，非常感谢您的好意，但+拒绝的原因。""顾客对不起，我们这边禁止+禁止的行为，希望您能配合，我们将万分感谢！"等。

3. 答谢语

在整个接待服务过程中，有时客人会对我们的服务表示感谢，我们可以在客人表示答谢时，也真诚地表示感谢。注意与客人的眼神交流和诚挚的语气。例如，可以说："我们也十分感谢您选择我们的服务！""能为您提供满意的服务也是我们的荣幸，欢迎您再次光临。""谢谢您的夸奖！""谢谢，祝您在我们这里度过愉快且美好的时光。"等。

4. 指示语

在旅游接待服务过程中，难免会出现一些客人询问目的地路线、找人或物品，或者是服务人员需要客人配合工作等情况，这时服务人员可以使用一些指示语同时辅以肢体引导帮助客人解决此类问题。值得注意的是，在指示客人寻找某个地方或做某件事时，建议以客人为参考系进行指示。例如，可以说："您好，请出示一下您的证件。""××地方/物品就在您的左手边100米处。""请您跟我来，我给您带路。""请您在我手指的位置签字。"等。

## 完成任务

以小组为单位，综合所学的服务语言沟通内容，组内自行组织一场服务场景（餐饮服务/导游服务/酒店服务/邮轮服务等）的模拟练习，组内成员各自记录服务人员与客人的对话过程，并分析服务人员服务语言的沟通应用是否合理，记录服务沟通时的亮点、不足及改进意见。

模拟服务场景的主题：

服务场地：

小组成员：

| 服务场景简述 | | | |
|---|---|---|---|
| 角色分工 | 沟通对话内容 | 沟通的亮点/欠缺 | 欠缺部分改进意见 |
| | | | |
| | | | |
| | | | |
| | | | |

## 自我评价

请根据自己掌握的知识，对自我进行评价，并填入表4-3-1。

表4-3-1　"旅游服务常见场景沟通训练"能力达标自我评价

| 评价内容 | 自我评价等级（在符合的情况下面画"√"） | | | |
|---|---|---|---|---|
| | 全都做到了 | 大部分做到了 | 基本做到了 | 没做到 |
| 能礼貌且友好的使用问候语、答谢语、拒绝语等 | | | | |
| 能恰当且规范的使用服务语言，体现职业专业性 | | | | |
| 能灵活处理客人问题并达到好的服务效果 | | | | |
| 自我评价 | 我的优势 | | | |
| | 我的不足 | | | |
| | 我的努力目标 | | | |
| | 我的具体措施 | | | |

## 思考与练习

1. 健身房泳池外，一位客人正穿着带有沙子的拖鞋向泳池走来并准备走进泳池。泳池有规定不能穿有沙子的鞋进入泳池，以免不小心将沙子弄进泳池。这时康养经理叫你去提醒客人，你会怎么说？

2. 咖啡馆里，客人非常欣赏店里摆放的特色摩卡咖啡杯，提出要用个人收藏的咖啡杯的交换请求，作为服务人员你会怎么回复？

3. 餐厅里来了一位客人，点名要吃红烧狮子头，说曾经在本店参加宴会尝过一次便一直怀念至今，今日出差便顺路过来品尝，但该菜是套餐的菜品不得单点。新来的服务员小芳便回复客人："不好意思，这道菜是宴会套餐特有的，单点没有。"客人又说："我是出差路过的，明天就要离开了，能不能帮问问后厨今天能不能单独做一份？"小芳确认此菜品不在单点列表便再回复客人："这个单点菜单没有，下不了单，真的点不了，没出单后厨也没办法做。"客人听了马上生气道："你问都不问，什么服务态度，把你们这里的经理叫过来！"面对如此生气的客人，作为经理，你会怎么做？如果你是小芳，在客人提出单点要求时，你又会怎么回复？

# 任务二　旅游服务突发场景沟通训练

> 冷静的心在任何环境里都能建立了更深微的世界。
>
> ——冰心

**案例导入**

2023年7月30日，受2023年第5号台风"杜苏芮"影响，京津冀地区持续强降雨，导致北京丰台至沙城铁路（丰沙线）严重水害，并且前方发生塌方，当日12时50分乌海西开往北京丰台的K396次列车被要求紧急停在丰沙铁路落坡岭站，滞留数十个小时。7月31日清晨，由于停留时间较长，许多车厢旅客情绪快达崩溃边缘，逐步向餐车聚集，人越来越多，列车长杨龙带领乘务班组人员一边发放物资，一边安抚旅客。乘务员赵阳哽咽向大家喊话："领取物资千万不要拥挤""我是个女人，也是别人家的孩子，我穿了这身衣服，我得对得起大家"。在乘务员的安抚下，旅客的情绪得以逐步平复。经过各方全力救援，8月3日凌晨，K396次列车最后一批滞留旅客与列车乘务组平安抵达北京丰台站。对于赵阳哽咽安抚旅客的一幕，在网上一经发布，网友们纷纷发来留言。有人不禁感慨："这一番话让大家心中的不安和怨气瞬间消失了。"

【分析】案例中的K396次列车因恶劣天气导致列车滞留，由于滞留被困时间过长，列车上的乘务员立即行动分发物资、安抚旅客情绪，特别是乘务员赵阳真诚、推己及人的服务语言和给人以安全感的坚定表述，深深感染了旅客，维持了秩序。乘务组人员坚守岗位、团结奋战，果断启动应急预案，耐心安抚旅客情绪，设法解决旅客困难，全力保障旅客安全，科学组织旅客疏散，赢得了旅客、社会各界的认可，更交出了一份让人民满意的答卷。旅游服务过程中难免遇到突发事件，但作为服务人员只有保持镇静、耐心且真诚地安抚游客情绪，不怕艰辛、团结协作才能共克难关。

## 相关知识

旅游服务过程中难免遇到突发情况，当情况发生时，服务人员往往会成为游客的依靠。了解旅游中常见的突发情况，做到心中有数有助于更好地应对此类突发事件。

## 一、旅游交通事故

旅游交通是旅游服务中的重要环节，主要包括航空旅游交通、铁路旅游交通、公路旅游交通、水路旅游交通等内容。在旅游过程中，存在由于天气或人为因素引发的交通事故，如交通堵塞、航班取消、车辆相撞、车辆翻滚等情况，可能导致行程计划变更和时间压力。

## 二、旅游设施事故

旅游设施包括旅游中各种娱乐、餐饮、住宿等场所和设施，如果这些设施的建设方不按要求进行维修、管理，将会给游客带来安全隐患。

## 三、天气突变和自然灾害

天气突变和自然灾害是不可预测的事件。例如，暴雨、暴风雪等恶劣天气可能影响户外活动和交通安全；地震、洪水、台风等自然灾害可能会对旅游者和旅游设施造成严重损害。

## 四、公共卫生事件

公共卫生事件包括传染病疫情、群体性不明原因疾病、食品安全问题等，如遇到此类情况，服务人员需要寻求医疗救助，配合相关工作人员开展救助或采取隔离措施。

## 五、社会安全事件

社会安全事件包括政治动荡、战争、恐怖袭击、抢劫、盗窃等犯罪行为，这些事件会影响旅行安全和计划。

## 六、其他突发事件

在旅游过程中还可能发生游客丢失或盗窃财物、被困或迷路、文化冲突或不尊重等情况，服务人员需要寻求救援并组织游客安全撤离。

### 拓展与提高

**突发事件处理事件要领与安抚客人服务用语**

1. 突发事件处理

当突发事件发生时，游客可能会惊慌且情绪激动，作为服务人员应该保持冷静，时刻关注游客的安全和需求，并根据实际情况灵活调整处理策略，确保最大程度地保护游客和自身的安全。

（1）保持冷静和专业。在突发事件发生时，游客很可能出现惊慌且对服务人员有一定依赖性。服务人员要尽量保持冷静和专业，不要惊慌失措，以便能理性且快速有效地寻找处理方法。

（2）关注安全。生命安全第一，在遇到突发情况时，服务人员要把确保自身和游客的安全放在首位。评估环境的安全性，并采取必要的安全措施，如疏散游客或寻找避难所。

（3）寻求支持与帮助。在突发事件发生时，服务人员可与所在单位的有关部门联系处理；如有需要，可寻求其他员工或管理层的支持和协助，必要时可立即联系当地医院、警察、消防队或紧急救援部门，并按照他们的指示行动。

（4）保持沟通和安抚游客。要尽量保持与游客的沟通，安抚游客情绪，减少恐慌造成的场面混乱，同时向游客及时提供相关信息（如疏散指示、避难地点或紧急联系方式等）。必要时还可进行指导和帮助，维持秩序并等待救援。

（5）记录和报告。事件发生后，应记录突发事件的细节及处理过程，并及时向上级或相关部门报告，以便进行后续的评估和改进。

2. 安抚顾客情绪常用的服务用语

在游客遇到突发事件时，往往出现情绪波动大的情况，利用好服务语言有利于让游客冷静下来，更高效率地解决突发事件。在表述时应注意态度诚恳、礼貌和耐心，展现出对游客的关心和重视，以缓解他们的情绪并建立信任关系。不同意图对应的服务用语举例如表4-3-2。

如何管理客户情绪

表4-3-2　不同意图对应服务用语举例

| 意图 | 服务用语 |
|---|---|
| 表达理解和同情 | (1)我非常理解您的不满/困扰/失望。<br>(2)我非常抱歉给您带来这样的不便/困扰。<br>(3)很遗憾您遇到了这个问题,我能理解您的不满情绪 |
| 提供解决方案 | (1)我们将尽快解决这个问题/找到合适的解决方案。<br>(2)我会马上联系相关部门/管理层,以解决您的问题。<br>(3)我肯定会尽力帮助您,确保问题得到妥善解决 |
| 提供安抚和保证 | (1)我会亲自跟进此事,确保您得到满意的解决方案。<br>(2)感谢您的意见,我会向相关人员转达您的意见,以改进我们的服务质量。<br>(3)我保证您的反馈会得到重视,并采取措施避免类似情况再次发生 |
| 提供补偿或优惠 | (1)作为补偿,我们将为您提供相应的优惠/折扣。您看是否愿意接受?<br>(2)我们将为您提供额外的服务或升级您的体验,以弥补这次的不满 |
| 表示感谢和感激 | 感谢您的耐心和理解,我们将竭尽全力满足您的需求 |

## 自我评价

请根据自己掌握的知识，对自我进行评价，并填入表4-3-3。

表4-3-3　"旅游服务突发场景沟通训练"能力达标自我评价

| 评价内容 | 自我评价等级(在符合的情况下面画"√") | | | |
|---|---|---|---|---|
| | 全都做到了 | 大部分做到了 | 基本做到了 | 没做到 |
| 能掌握处理突发事件的基本办法 | | | | |
| 能使用恰当且规范的服务语言,体现职业专业性 | | | | |

（续表）

| 评价内容 | 自我评价等级(在符合的情况下面画"√") | | | |
| --- | --- | --- | --- | --- |
| | 全都做到了 | 大部分做到了 | 基本做到了 | 没做到 |
| 能安抚和稳定游客情绪,解决突发事件 | | | | |
| 能总结突发事件的原因并总结出规避和处理经验 | | | | |
| 自我评价 我的优势 | | | | |
| 我的不足 | | | | |
| 我的努力目标 | | | | |
| 我的具体措施 | | | | |

## 思考与练习

1. 在一次登山旅行中,一名游客因好奇而离开团队,独自去探索山区。当团队准备返回时,发现该游客不见踪影。导游立即组织队员分头寻找,并报警求助。经过几个小时的努力,终于在山脚下找到了走失的游客,游客因迷路和惊吓而身体状况不佳。作为导游,你会如何做?

2. 在三亚飞北京的飞行过程中,一名乘客因过度焦虑和紧张而突然出现呼吸急促、手脚抽搐等症状。该名乘客周边的乘客看到此情景也表现出担忧和紧张的情绪。作为飞机乘务员,你此刻会怎么做?

# 模块五 个人沟通能力提升

## 模块导读

在当今社会，沟通能力已成为职场成功和个人成长的重要因素。在我们的日常生活和工作中，沟通能力的重要性不言而喻。良好的沟通能力，可以帮助我们更好地了解他人的性格特点，可以让我们准确表达自己的想法和观点，学会倾听他人的意见和看法。通过倾听和理解他人的需求和诉求，可以增进彼此之间的理解和信任，从而更好地与他人相处，建立良好的人际关系。提升沟通能力对于提高工作效率也非常重要。在工作中，我们需要明确目标，制订计划，分配任务和责任，并与其他成员进行有效的协作和沟通。只有具备良好的沟通能力，才能确保各项任务的顺利进行，提高工作效率。提升沟通能力对于个人的自我发展也非常有益。因此，我们应该重视沟通能力的培养，不断提高自己的沟通能力，以更好地适应社会的需求和发展。

## 学习目标

1. 了解抗压能力的定义。
2. 了解提升抗压能力的途径。
3. 掌握调动情绪的方式
4. 了解提高交际心理素质的方法。
5. 掌握提高表达能力的方式。
6. 了解逻辑思维。
7. 掌握提高逻辑思维的方法。
8. 掌握提升基本沟通能力的途径与方法。
9. 掌握应对职场沟通的技巧，学会提升职场沟通能力的方法。

**项目一**

# 提高语言交际的心理素质

## 任务一　抗压能力提升

困难就是一只砂轮，它能砥砺勇进者奋斗的利刃，也能磨去怯懦者不多的棱角。

——苏格拉底

**案例导入**

### 压力与动力

2023 年 5 月，杭州成功举办了 OPEC（Organization of the Petroleum Exporting Countries，石油输出国组织）高峰会议。在这个重要的国际会议中，具有高品质和特色的大型酒店——杭州 A 酒店被选为接待酒店。小刘作为餐饮部的经理承受着巨大的压力，因为他要负责的是会议的晚宴，宴会主题既要有中国特色，又要兼顾国际包容性。如果这次负责的晚宴成功，则对他的职业发展来说是一大助力；如果这次晚宴出现纰漏，就是他职业档案中灰暗的一笔，对他以后的职位晋升会不利。但是作为一个部门的经理，组织过很多大型的活动，每次都是有压力的，经过一次次的磨炼，小刘已经学会了保持积极心态，将压力转化为动力。这次是他负责过的最重大的一次宴会，在对接过程中出现了问题，他也承受着前所未有的压力，遇到问题时他并没有慌张，在与人沟通解决问题时情绪也没有失控，遇到问题他积极寻求解决方案，与上级和下属进行有效沟通，及时反馈项目进展情况，并向上级争取更多的支持和资源，向下属合理分配任务，确保团队协同作战，并在团队中分享积极的信息和情绪，鼓舞团队士气。通过周到的安排和专业的服务，杭州 A 酒店成功地展示了其接待能力，赢得了与会者的一致好评。餐饮部圆满完成宴会接待任务，获得了酒店的嘉奖。

【分析】这个案例说明了面对职场上的任务，有时候我们会觉得压力倍增。案例中的小刘负责一个大型的国际宴会，有各国代表参与，压力倍增。但是小刘扛住了压力，他将压力转化为动力，对上对下都能进行有效的沟通与交流，最终圆满完成了晚宴接待，获得了嘉奖，为自己的职业晋升增加了砝码。

**相关知识**

人际沟通是人与人之间交流信息、传递意思和理解对方的过程。在人际沟通中，有许多因素会影响沟通的效果和结果。

## 一、抗压能力的定义

压力这个概念最早是由加拿大生理学家汉斯·薛利提出来的，他认为，压力就是当生活环境不能满足个人需要，个人需要和经验与现实生活的要求不一致时，所导致的生理或心理失去平衡的一种紧张状态，也称应激状态。抗压能力是指一个人在面对各种压力和困难时，能够保持稳定的心态和积极的应对方式的能力。

## 二、抗压能力主要体现

（1）抗压能力体现在个人心理的稳定性上。一个拥有良好抗压能力的人，能够在面对挫折和困难时保持冷静和理智。他们不会轻易受到外界因素的影响，而是能够自我调节和控制情绪，以平和的心态应对问题。这种心理的稳定性可以帮助个人更好地面对压力，避免被压力所淹没。

（2）抗压能力体现在个人的适应能力和应对策略上。一个拥有较强抗压能力的人，能够迅速适应环境的变化，并采取合适的应对策略。他们能够分析问题、制订计划，并勇敢地面对困难。同时，他们还能够灵活调整自己的思维方式和行动方式，以应对不同的情况和挑战。这种适应能力和应对策略的灵活性使得他们能够更好地解决问题，克服困难。

## 三、抗压能力的提升

抗压能力包括个人的自信心和积极性。一个拥有良好抗压能力的人，对自己充满信心，并且积极主动地面对压力。他们相信自己有能力克服困难，并且不会轻易放弃。他们会积极寻求解决问题的方法，不断努力和进取，以达到自己的目标。这种自信心和积极性使得他们在面对困难时更加坚定和有动力，不易被挫折击倒。

抗压能力与个人的心理素质和人际关系有关。一个具有良好抗压能力的人，通常拥有较强的心理素质，能够应对各种复杂的情绪和心理变化。他们能够正确对待他人的评价和批评，不会轻易受到他人的影响而产生消极情绪。同时，他们还能够与他人建立良好的人际关系，通过与他人的交流和合作来缓解压力和解决问题。这种良好的心理素质和人际关系能够为个人提供更多的支持和帮助，使得他们更加坚强和自信。

（1）良好的心理素质表现。自信——相信自己的话肯定有道理，有意义；相信听众——相信听众会听懂自己的想法，会认可自己的想法；喜欢自己的声音——努力让别人听见自己的声音；坚信自己的思路，不要被别人的消极态度干扰；运用自己认为有感染力的表达手段（包括表情、手势、姿态等）。

（2）培养乐观的心态，积极面对挑战和困难。这是提高抗压能力的重要方法之一。乐观的人更容易应对挫折和困难，他们相信自己可以克服困难，从而更有动力去实现目标。在工作中应对挑战和困难，可以从以下几个方面入手：保持积极的心态，不要轻易放弃，相信自己可以克服困难，学会分析问题，找出问题的根源，制订解决方案；学会沟通，与同事、上司和下属进行有效的沟通和协作；学会管理时间，合理安排工作和生活，避免过度压力；不断学习和提高自己的能力，增强自己的竞争力。

## 拓展与提高

### 如何提升抗压能力

1. 挫折训练

心理学家研究指出：当人们遇到挫折时，高达九成以上的人会选择五种反应，即攻击、退化、压抑、固执与退却，而正面思考者的比率低于10%。大多数人在遇到挫折时，很容易陷入负面情绪，总是将失败的想法归咎到负面的事物上，习惯对自己一味地责备和否定，不懂得如何去调整负面情绪。心理学家马斯洛认为，挫折未必总是坏的，关键在于对待挫折的态度。一个能笑看一切的人的抗打击能力必定会比一般人的强。

2. 韧性心理的培养

韧性是指个体面对生活逆境、创伤，以及其他生活压力下的良好适应。对于一个口才家来说，其韧性表现为不怕失败，不怕打击和挫折，敢于和善于从口语交际失败中一次次地崛起，从挫折中一次次地挺直腰杆走上讲台，有意识地在顺境、逆境、胜利、失败等各种环境中经受锻炼和考验，以此来培养自己坚强的韧性。

3. 自控力的培养

自控力的获得，既不能靠父母的遗传，也不是短期速成的，而需要长期的磨炼和涵养。

在遇到听众不愿听或提出责备的情况下，要对恐慌情绪加以抑制，通过冷静的分析，找到真正的原因。头脑不冷静，就发现不了问题，场面就会失控。因此，口语交际中不论出现什么情况，首先需要的是沉稳、冷静。只有冷静，才会有适当的自控。

## 完成任务

请根据自己的情况，分析在学习、生活中遇到的压力，你是怎么样去应对的，并填入表5-1-1。

表5-1-1　个人遇到的压力及解决办法

| 序号 | 事件 | 原因分析 | 解决办法 |
|---|---|---|---|
| 1 | | | |
| 2 | | | |
| 3 | | | |
| 4 | | | |
| 5 | | | |

## 自我评价

请根据自己掌握的知识，对自我进行评价，并填入表5-1-2。

表5-1-2　"抗压能力提升"能力达标自我评价

| 评价内容 | 自我评价等级（在符合的情况下面画"√"） | | | |
|---|---|---|---|---|
| | 全都做到了 | 大部分做到了 | 基本做到了 | 没做到 |
| 能够分析自己的压力来源 | | | | |
| 知道怎样去应对压力 | | | | |

（续表）

| 评价内容 | | 自我评价等级（在符合的情况下面画"√"） | | | |
|---|---|---|---|---|---|
| | | 全都做到了 | 大部分做到了 | 基本做到了 | 没做到 |
| 知道怎样去调整自己 | | | | | |
| 能够有意识地培养自己的韧性心理 | | | | | |
| 自我评价 | 我的优势 | | | | |
| | 我的不足 | | | | |
| | 我的努力目标 | | | | |
| | 我的具体措施 | | | | |

## 思考与练习

1. 什么是抗压能力？
2. 抗压能力的主要体现有哪些？
3. 请你说出提升个人抗压能力的方式方法？

# 任务二　情绪调动

一个人如果能够控制自己的激情、欲望和恐惧，那他就胜过国王。　　——约翰·弥尔顿

**案例导入**

### 良好情绪带来的转折

马克是一位酒店销售员，他总是在寻找新的方法来推销他的服务。有一天，他看到了一则关于一位成功企业家发表演讲的报道，这个企业家谈论了他是如何通过积极的态度和沟通技巧来克服困难的。马克受到启发，他决定尝试同样的方法。在一次销售交易中，马克遇到了一些困难。客户是一对夫妇，他们非常希望在酒店的兰花宴会厅办婚礼，但是由于一些经济问题，他们无法下定决心订下这个宴会厅。马克了解到这个情况后，他决定尝试用他在那篇报道中学到的东西。他邀请这对夫妇坐下，然后开始向他们描述这套宴会厅的优点，以及为什么它适合他们。他向他们表达了他的热情和信心，并

鼓励他们克服目前的困难。他向他们展示了其他一些更便宜的宴会厅，但是这对夫妇并不感兴趣。然后，马克决定采取进一步的行动。他向这对夫妇讲述了自己的故事，他如何开始销售业务及他面临过的一些挑战。他告诉他们，他理解他们的处境，并希望帮助他们实现愿望。最后，这对夫妇被打动了。他们感到被理解和被关注，他们相信马克可以提供他们需要的东西。他们签署了购买协议，并邀请马克与他们共进晚餐以表示感谢。通过使用高昂的情绪和人讲话，马克成功地改变了这个困难的局面，并与这对夫妇建立了长期的合作关系。这个经验让他更加确信，积极的态度和有效的沟通技巧可以带来转折和成功。

【分析】这个案例说明了积极的态度和有效的沟通技巧可以带来转折和成功。如果案例中的马克遇到退缩的客户采用的是消极的态度和方式去应对，得到的结果就不会是圆满的。良好的情绪、积极乐观的态度，可以感染身边的人，给人带来美好的希望。

## 相关知识

《心理学大辞典》中指出，情感是人对客观事物是否满足自己的需要而产生的态度体验。阿姆斯特丹大学的研究人员发现，生气、轻视、厌恶、害怕、忧伤、惊讶这些情感更多的是通过说话的语气而不是面部表情来传递的，但面部表情能更准确地传递愉快、自豪、尴尬这些情感。

在与人沟通交流的时候，尤其要注意不同情感的传递。个人所使用的语气、语调、音量、语速及面部表情，都是态度最直观的体现。同样的句子，语调、语速、语气，以及讲话的表情、态度、姿势不同，其表达的含义是不同的，有时甚至可能是相反的。

### 一、语调

语调，即说话的腔调，表示语句中语音高低、快慢、升降的变化。语调能显示说话的态度。在沟通过程中，我们常会发现，交谈双方的语音和语调会渐渐趋于一致。如果一方大声说话，那么另一方也会提高嗓门，这样双方传递情感会越来越激动，甚至会引发争吵；而如果一方声音和顺柔婉，那么另一方也会用和顺柔婉的声音说话。语调就像音乐，能影响人们的情绪。"我真的很开心"，用开心和快乐的语调说，与用沉闷和悲伤的语调说，所传达的情绪是截然不同的。在日常生活中，要选择合适的表达方式，使对方接收到传递的真诚与友好。

### 二、语速

语速，即文字或人类表达意义的语言符号在单位时间内所呈现的词汇速度。个体的语速受社会文化、社会环境、个人思维和表达能力等方面的限制。

语速受到说话人的感情、朗诵的内容等多种因素的影响。一般来说，热烈、欢快、兴奋、紧张的内容速度会快一些；平静、庄重、悲伤、沉重、追忆的内容速度则会慢一些；而一般的叙述、说明、议论则用中速。

## 三、语气

语气是语言中用于表达情感、态度和语调的调子或方式。语气通常与特定的情感或意图相关联，可以传达说话人的情感、意图或态度。语气可以是肯定、怀疑、害怕、愤怒、快乐等，通常通过声音的音调、音量、速度和音色等因素来表达。语气也可以通过特定的词汇和短语、语言的语法和结构及语言的非语言特征（如面部表情和身体语言）来表达。

总之，语气是语言使用中非常重要的一个方面，它可以影响沟通的效果和听者的情感反应。语气和情绪通常紧密相连。我们可以通过改变说话的语气，改变听者的感知，从而影响他们的情绪。我们的语气对别人的情绪有很大的影响。当我们想要调动某种情绪时，应当有意识地控制自己的语气。语气对情绪的调动举例如表5-1-3所示。

表5-1-3　语气对情绪的调动举例

| 语气 | 具体对人的影响 | 举例解释 |
| --- | --- | --- |
| 语气的强度 | 语气的强度会影响情绪 | 比如,当我们非常生气或非常开心时,我们的声音会变大;而当我们感到沮丧或疲惫时,我们的声音可能会变小 |
| 语气的平稳性 | 语气的平稳性会影响别人的情绪 | 如果我们的语气一直在变,那么可能会让人感到我们很紧张、不安或者烦躁。相反,如果我们的语气很平静、稳定,那么我们传达的情绪可能就是平静、自信或者放松 |
| 语气的诚实性 | 语气是否诚实会影响别人的情绪 | 当我们明显在说谎或者有所隐瞒时,别人可能会感到愤怒、失望或者伤心 |

## 四、表情

表情是指人类通过面部或姿态来表达情感、情意、思想感情，或者某种情绪的状态和表现方式。表情包括面部表情、语言声调表情和身体姿态表情三种方式。其中，面部表情是最常见的表情表达方式，可以通过眉头、眼睑、脸颊、嘴巴等部位的肌肉运动来表达喜怒哀乐等情感；语言声调表情则通过声音的音调、音量、速度等的变化来表达情感；而身体姿态表情则通过身体动作和姿势来表达情感。

在人类的交往中，表情是一种非常重要的非语言交流方式。它不但能够传递出人们内心深处的情感和感受，而且能够表达出比言语更加真实、直观的信息。因此，在社交场合和文化交流中，了解和学习不同文化背景下的表情表达方式和文化差异是很重要的。

## 五、态度

态度是指一个人对特定对象（人、事物或事件等）所持有的认知、情感和行为倾向。

态度通常包括认知、情感和行为三个方面的要素。认知是指一个人对特定对象的看法、理解和信念；情感是指一个人对特定对象所持有的情感反应和情感体验；行为是指一个人对特定对象所持有的行为倾向和实际行动。

人们往往会通过态度来影响自己的行为和决策，因此态度在人类的交往和行为中具有重要的作用。态度可以影响一个人的人际关系和社交圈子。同时，态度还可以影响一个人的学习、工作和生活方式，甚至可以影响一个人的人生观、价值观等。因此，对于个人来说，了解自己的态度并对其进行调节和改变是很重要的。这可以帮助自己更好地适应不同的环境和情境，更好地实现自己的目标和价值。

# 六、姿势

姿势是指人体在不同的位置和活动中所呈现的身体姿态和肢体动作。它是一种表现形式，可以反映出人的情感、性格、心态和身体健康状况等方面。

从身体各部位的训练入手，如肌肉的锻炼和拉伸、脊柱的保健、正确的坐姿和站姿等，可以养成良好的姿势习惯，有助于保持身体健康，促进正常的生理和心理发展。姿势不良会给身体带来负面影响，如肌肉和关节的疲劳、损伤，肩膀和颈部的疼痛等，长期保持不良姿势可能会引发身体健康问题。

## 拓展与提高

### 调动情绪的方式

适当的方法可以帮助自己调动积极的情绪，让自己更加快乐、自信和成功。情绪是可以调整和控制的，通过积极的思维和行为来激发积极情绪是可行的。

1. 学会表达感激

表达对生活中积极事物的感激之情，如感谢家人、朋友、同事或生活中的美好经历。这有助于将注意力转移到积极的事物上，从而提升情绪。

2. 积极心态

专注于积极的事物，避免接收太多负面新闻或批评。寻找生活中的美好时光，如与家人共度时光、旅游、阅读好书、品味美食等。保持乐观的心态，关注未来的积极可能性。学会从困难中吸取经验教训，并将其视为成长的机会。提醒自己保持积极心态。即使遇到困难或挑战，也要相信自己具备克服困难的能力。积极的心态可以帮助自己调动内在资源，更好地应对问题。

3. 学会释放压力

与积极向上、支持自己的人保持联系，与快乐、鼓舞人心的人在一起，可以促进积极的情绪状态。学会应对压力，如通过放松技巧（深呼吸、冥想、瑜伽等）、合理的休息和放松时间，以及减少日常压力源等方法。

4. 悦纳自己

接受自己的缺点和不足，不过度苛求自己。关注自己的优点并发挥所长，对自己有善意和理解的态度。寻找自己感兴趣的活动或爱好，如绘画、音乐、园艺、运动、旅行等。这些活动可以帮助自己放松心情，提高情绪。

## 完成任务

请完成语气语调练习把相关内容填入表5–1–4。

表5-1-4　语气语调练习

| 练习 | 不同的展现语气语调 | 表达含义 |
|---|---|---|
| 一个"好"字有很多含义,在进行沟通时,会用"好"表示赞同。学生两人一组,模拟一个情景来进行表示赞同回答,仔细体会"好的"这句话的不同说法所表达的含义 | 好的 | |
| | 好 | |
| | "OK"手势 | |
| | 好哒 | |
| | 好啊 | |
| | 好呀 | |
| | 好吧 | |

## 自我评价

请根据自己掌握的知识,对自我进行评价,并填入表5–1–5。

表5-1-5　"情绪调动"能力达标自我评价

| 评价内容 | 自我评价等级(在符合的情况下面画"√") | | | |
|---|---|---|---|---|
| | 全都做到了 | 大部分做到了 | 基本做到了 | 没做到 |
| 能够通过语调的改变来调动情绪 | | | | |
| 能够通过语速的改变来调动情绪 | | | | |
| 能够通过语气的改变来调动情绪 | | | | |
| 能够使用恰当的表情姿态来调动情绪 | | | | |
| 自我评价 | 我的优势 | | | |
| | 我的不足 | | | |
| | 我的努力目标 | | | |
| | 我的具体措施 | | | |

## 思考与练习

1. 影响情感传递的因素有哪些?
2. 你认为可以采用什么方式来调整自己的情绪?
3. 请结合所学,如果碰到挑剔的客人,你应该怎样去调整自己的情绪状态?

管理情绪四部曲

# 提升个人语言修养

## 任务一　表达训练

承受压力的重荷，喷水池才喷射出银花朵朵。

——格拉西安

### 案例导入

#### 表达的重要性

　　马云是阿里巴巴集团的创始人和前首席执行官。他以出色的表达能力而闻名，能够把复杂的商业理念和战略用简单易懂的语言传达给听众。在一次演讲中，马云用生动的比喻和故事向观众解释了阿里巴巴集团的目标和愿景。他强调了互联网时代开放、透明和协作的重要性，并呼吁人们拥抱变革。马云的演讲风格自信而流畅，他的用词简单易懂，但意义深远。他成功地传达了阿里巴巴集团的核心价值观，激发了听众的热情和信念。马云的表达能力也在其他场合得到了体现。例如，在一次投资者会议上，他详细阐述了阿里巴巴集团的商业模式和战略。他用简洁明了的语言解释了阿里巴巴集团如何通过平台模式和数据驱动的决策来创造价值，同时也强调了持续创新和客户至上对于公司成功的重要性。他的演讲内容深入浅出，逻辑清晰，让听众对阿里巴巴集团的未来充满信心。除了正式的演讲，马云还善于通过社交媒体与受众进行互动和沟通。他在微博等平台上发表短文，分享自己对商业、科技和社会的见解。他的观点独到且具有前瞻性，能够引起公众的广泛关注和讨论。马云的表达能力使他在中国乃至全球范围内都具有广泛的影响力，为阿里巴巴集团塑造了一个成功的企业形象。

　　【分析】这个案例表明了出色的表达能力可以为公司和个人带来很多优势。能够自信、流畅、简单明了地表达思想和战略，不仅可以增强公司的品牌形象和市场竞争力，也可以帮助个人在职场和生活中建立信任、扩大人脉，提高影响力。对于想要提高表达能力的人来说，可以借鉴马云的案例，学习用简洁、生动、有说服力的语言来表达自己的想法和目标。

### 相关知识

　　表达能力又叫表现能力或显示能力，它是指一个人把自己的思想、情感、想法和意图等，用语言、文字、图形、表情和动作等清晰明确地表达出来，并善于让他人理解、体会和掌握。出色的表达能力是由多种内在素质综合决定的，它需要冷静的头脑、敏捷的思维、超人的智慧、渊博的知识及一定的文化修养。为此，需要努力学习和积累有关理论、知识和经验。努力学习和掌握相应的技能、技巧，积极参加各种能增强表达能力的活动，如演讲会、辩论会、班会、讨论会、文艺晚会、街头宣传、信息咨询等活动，要多讲多练。表达训练是提高个人沟通能力的关键，包括语言技巧、肢体语言、口语表达、写作能力、听力理解、沟通策略、情绪管理等方面。

## 一、语言技巧

语言技巧包括词汇、语法和发音等方面。掌握丰富的词汇量、正确的语法和清晰的发音是提高表达能力的基础。在训练过程中，要注重积累词汇，学习语法规则，并不断练习发音。可以通过多听、多说、多读、多写，提高自己的语言技巧。

## 二、肢体语言

肢体语言包括表情、动作和姿态等方面，对于表达效果具有至关重要的作用。肢体语言可以增强表达的情感和感染力，也可以在无声中传达很多信息。在训练过程中，要注重自己的肢体语言，学会用表情和动作来传达自己的意思，同时要保持自信、大方、得体的姿态。

## 三、口语表达

口语表达是日常生活中最为常见的表达方式。提高口语表达能力，需要掌握一定的技巧和方法。首先，要学会朗读，通过朗读训练来培养语感和表达能力。其次，要多背诵，通过背诵优美的文章和语句来丰富自己的表达素材。最后，要不断练习口语，多与他人交流，提高自己的口语表达能力。

学会微演讲

## 四、写作能力

写作能力是通过文字表达自己思想的能力。提高写作能力，需要掌握写作的基本技巧和方法。首先，要多写，通过不断地写作来锻炼自己的表达能力。其次，要反复修改和润色自己的文章，使文章更加精练和优美。最后，要注重结构布局，使文章更具逻辑性和条理性。

## 五、听力理解

听力理解是与人沟通的重要组成部分。提高听力理解能力，需要掌握一定的技巧和方法。首先，要选择优质的听力素材，如新闻、演讲、访谈等，通过不断听来提高自己的听力水平。其次，要学会跟读模仿，通过模仿对方的发音和语调来提高自己的听力理解能力。最后，要学会概括总结，从所听内容中提炼出关键信息，提高听力理解的准确性。

## 六、沟通策略

沟通策略是指在沟通过程中采取的措施和手段。掌握良好的沟通策略有助于提高表达能力。首先，要根据不同的场合和对象选择合适的表达方式，如正式场合采用正式的表达方式，非正式场合采用轻松的表达方式。其次，要学会倾听，给予他人充分的时间和空间来表达自己的想法。最后，要灵活运用不同的沟通方式，如口头、书面、肢体等，以便更好地达到沟通效果。

## 七、情绪管理

情绪管理对于表达效果具有至关重要的作用。学会情绪管理有助于提高表达能力。首先，要认识自我，了解自己的情绪特点和发展规律。其次，要学会应对压力，采取积极的方式来减轻压力对自己的影响。最后，要调整心态，保持冷静、自信和乐观的态度，以便更好地进行表达。

### 拓展与提高

锻炼表达能力要有刻苦精神，要持之以恒。以下是锻炼表达能力的几种方式。

1. 练习朗诵

提高语言表达能力的训练最好从朗诵开始，朗读要以普通话为标准音。朗诵是富于表现力的艺术语言，要求字正腔圆、语句熟练、表情达意。朗诵的锻炼是由生活语言过渡到艺术语言的桥梁。经常朗诵的人，吐字发音会更加准确有力，声音会更加响亮优美，语调会更加富有感情，口语能力会明显提高。有的人说话声音不好、口齿不清、语调平淡，只要经过朗诵训练，这些问题就能逐渐得到改正。

2. 练习绕口令

绕口令的最大特点是拗口。它是学习语言艺术（如相声、快板等）的必修课，可以锻炼"舌""唇""齿"之间相互配合的技巧，被形象地称为"口腔体操"。

3. 练习演讲

找一个安静的地方，面对镜子进行自我演讲。可以提前准备一个话题，也可以即兴发挥。这种方式可以锻炼自己的表达、逻辑和思考能力。

4. 参加辩论比赛

参加辩论比赛可以帮助自己提高快速思考、组织语言和表达的能力。可以参加学校或社区的辩论比赛，也可以加入在线辩论群体。

5. 讲故事

选择一个有趣或富有寓意的故事，用自己的方式讲述。这不仅可以提高自己的表达能力，还可以帮助自己更好地理解人性、情感和社会问题。

### 完成任务

学生以2~3人为一组，完成以下的串词成句训练内容，词卡可以自己准备，或使用教师准备的词卡，词卡盒内含词卡约100个，完成后记录每次的完成情况，并填入表5-2-1。

表5-2-1　语言表达训练一

| 训练内容 | 规则 | 完成情况 | |
| --- | --- | --- | --- |
| 串词成句 | 从含有词卡的盒子中抽出三张,拿到卡片后,不超过10秒即用一句或几句话来包含这三个词。顺利完成后,可增加训练的难度,可以将卡片的抽取数量从三张增加到五张 | 1 | |
| | | 2 | |
| | | 3 | |
| | | 4 | |
| | | 5 | |

学生以 5~6 人为一组，完成以下的成语接龙训练内容，记录能够接龙的成语数量，并填入表 5-2-2。

表 5-2-2　语言表达训练二

| 训练内容 | 规则 | 完成情况 | |
| --- | --- | --- | --- |
| 成语接龙 | 第一个学生开始说一个成语，第二个学生的成语必须是以前一位学生的结尾字为开头。例如，第一位说"归心似箭"，下一位接"箭无虚发" | 1 | |
| | | 2 | |
| | | 3 | |
| | | 4 | |
| | | 5 | |

## 自我评价

请根据自己掌握的知识，对自我进行评价，并填入表 5-2-3。

表 5-2-3　"表达训练"能力达标自我评价

| 评价内容 | 自我评价等级（在符合的情况下面画"√"） | | | |
| --- | --- | --- | --- | --- |
| | 全都做到了 | 大部分做到了 | 基本做到了 | 没做到 |
| 知道表达训练的方式 | | | | |
| 能够通过练习朗诵、练习演讲等方式做表达训练 | | | | |
| 能够控制自己的情绪，做出有效表达 | | | | |
| 自我评价　我的优势 | | | | |
| 我的不足 | | | | |
| 我的努力目标 | | | | |
| 我的具体措施 | | | | |

## 思考与练习

提高表达能力的方式有哪些?

如何提升自己的表达能力

# 任务二　逻辑训练

逻辑是推理的学问，因此，它是思考的基础。

——约翰·杜威

## 对　比

一位名叫小王的青年在一家超市购物。他注意到一个特别便宜的电视，但同时也发现，这台电视的图像效果并不是很好。经过进一步的观察，小王发现同一品牌的其他电视价格虽然更高，但是图像效果更好。

小王对电视的图像效果非常重视，他考虑到最便宜的电视的图像效果不佳，而同一品牌的其他电视价格更高，图像效果却更好。因此，他推断这个品牌对电视的图像效果和价格定位进行了关联，即图像效果越好，价格越高。

小王决定购买一台价格适中、图像效果较好的电视。经过仔细挑选，他最终选择了该品牌的另外一款电视，这款电视的价格比特别便宜的电视高一些，但是图像效果大大改善。

【分析】案例中的小王表现出了较强的逻辑思维能力。他能够从多个因素中分析出因果关系，并且运用这些关系来指导自己的购买决策。这些因素包括电视价格、图像效果、品牌定位等。小王能够考虑到这些因素之间的相互关联，并且综合分析出哪个因素最为重要，从而做出明智的决策。有时候我们可以通过运用逻辑思维来分析问题并解决问题，从而更好地指导我们的生活和工作。

## 相关知识

逻辑是一种规范的思维方法，在处理问题时，能避免逻辑谬误和错误推理。运用逻辑推理规则，我们能从已知的前提中得出合乎逻辑的结论。这对于分析和解决复杂问题，做出明智的决策等都非常重要。在辩论和交流中，运用逻辑思维可以更好地理解和评估复杂问题，从而更有效地表达和说服他人。逻辑是帮助我们把话讲清楚的基础。

金字塔原理是一种逻辑思考和表达的框架，它强调在表达观点时，首先呈现总结性的结论或评价，然后逐步展开具体内容。金字塔原理的核心理念是：重要的信息应该在表达的开始阶段就呈现出来，以便听众或读者能够理解全貌。

在金字塔原理中，先谈结果的好坏再谈原因和方式，有助于使思考和表达更有条理，让听众或读者更容易跟随和理解讲话者的思路。通过首先呈现核心信息，再逐步解析具体内容和细节的方式，能够使表达更有说服力，同时也能提高沟通的效率。

运用金字塔原理时需要遵循三大原则，包括结论先行、自上而下、控制数量。

## 一、结论先行

结论先行的核心理念就是突出重点，任何时候，总是把结论、解决方案旗帜鲜明地亮出来。

运用金字塔原理时需要结论优先，因为按照人类的思维习惯，会把最先接收到的主题，在头脑中产生一个框架，之后把论点论据往里面分类摆放。大脑在处理信息的时候，遇到它熟悉的认知框架会比较容易接受。人与人之间传递信息时最好结论先行，即把要传递的信息先告诉对方，让对方的大脑在听说之前可以自动匹配相关的认知框架，加快对后续信息的理解与归类。如果一开始就接收各种细节类的信息，容易让人的思维产生混乱，导致沟通效果欠佳。

麦肯锡的电梯理论认为，在进电梯的30秒之内，让自己的方案得到客户的认可。时间这么短，不仅不能说言之无物的话，还需要简洁明了地传递信息，因此第一句话就要亮出核心观点、聚焦解决方案，然后阐述它为什么是最佳的选择。

## 二、自上而下

自上而下的结构就像写论文，首先是核心论点，接下来是支持核心论点的分论点，然后是二级分论点，依次向下演绎。

先讲结论，如果一开始就能抓住别人的注意力，然后一层一层论证，听的人就会很清楚。然后基于中心思想（或问题）进行归纳和演绎，将要点/问题进行拆解和组合、展开分析和说明，形成金字塔状。

在自上而下组织论据时，论据之间还应该遵循MECE（Mutually Exclusive Collectively Exhaustive，不交叉重叠、不遗漏）法则。ME指相互独立；CE指完全穷尽。MECE，即每个论点下面支撑的论据都应当是彼此相互独立，但又完全穷尽的，这样论证才是清晰有道理的。

## 三、控制数量

根据统计分析，一般大脑可以一次性记住的事情是七件左右，记忆效果最好的是三件，也就是人们常说的："多就是少，少亦是多。"在日常生活和工作中沟通时，很多人在发言时爱讲三点或三条，交流者也会感觉这种方式更容易接受、沟通效果更佳。

### 拓展与提高

#### 锻炼逻辑表达的方式

想要提高逻辑表达能力，多说多练，是有效的方式。说话必须具有逻辑性，要经过组织，一是一，二是二，主次分明，重点突出，这样的表达才能取得效果。

1. 经常思考说话之间的关联性

听一段话，读一篇文章，不要只留意表面的内容，最好揣摩这段话要表达的核心观点，思考这篇文章的上下文，是怎么构成有机的整体的。找到这段话或者这篇文章的逻辑脉络，想一想换做自己，可以怎么说出来。当有了这些动脑筋的经验之后，下一次面对类似的情况，就会知道怎么表达了。

2. 多阅读，多朗读

朗读可以提升大脑的语感。有些话之所以能够脱口而出，找到表达的载体，而没有语法错误，是因为语感在起作用。想要让自己的表达流利顺畅，提升语感是有效的方式。你想提高论述的表达能力，就多读一读论说文；想提高抒情方面的表达能力，就多读一读抒情文。这样就会积累到相关的语感，从而有助于提高逻辑表达的能力。

3. 写下要表达的内容

写文章的表达，跟说话的表达，不是一回事。即使写作能力再强，如果不去开口锻炼口才，口头表达能力也是不会取得进步。但是，写作能够强化我们的思维能力，让大脑中形成思考如何表达的习惯。当有了这种思维习惯后，只要经常把思考的结果转化为口头语言，不断开口去讲述思考的结果，我们的思维就会跟嘴巴连在一起，从而形成强大的有机"表达体"。

## 完成任务

请根据要求完成以下思维小游戏，锻炼自己的逻辑思维。

1. 她们分别买了什么

小丽、小玲、小娟三个人一起去商场里买东西。她们都买了各自需要的东西，有帽子、发夹、裙子、手套等，而且每个人买的东西不同。有一个人问她们三个人都买了什么，小丽说："小玲买的不是手套，小娟买的不是发夹。"小玲说："小丽买的不是发夹，小娟买的不是裙子。"小娟说："小丽买的不是帽子，小娟买的是裙子。"她们三个人，每个人说的话都是有一半是真的，一半是假的。那么，她们分别买了什么东西？

2. 他们的职业分别是什么

小王、小张、小赵三个人是好朋友，他们中间其中一个人下海经商，一个人考上了重点大学，一个人参军了。此外，还知道他们以下条件：小赵的年龄比士兵的年龄大；大学生的年龄比小张的年龄小；小王的年龄和大学生的年龄不一样。请推出这三个人中谁是商人，谁是大学生，谁是士兵。

3. 谁做对了

甲、乙、丙三个人在一起做作业，有一道数学题比较难，当他们三个人都把自己的解法说出来以后，甲说："我做错了。"乙说："甲做对了。"丙说："我做错了。"在一旁的丁看到他们的答案并听了他们的意见后说："你们三个人中有一个人做对了，有一个人说对了。"请推出，他们三个人中谁做对了。

## 自我评价

请根据自己掌握的知识，对自我进行评价，并填入表5-2-4。

表5-2-4　"逻辑训练"能力达标自我评价

| 评价内容 | 自我评价等级(在符合的情况下面画"√") | | | |
|---|---|---|---|---|
| | 全都做到了 | 大部分做到了 | 基本做到了 | 没做到 |
| 能够运用金字塔原理来进行逻辑训练 | | | | |
| 能够通过多阅读、多朗读提高自己的逻辑表达能力 | | | | |

（续表）

| 评价内容 | | 自我评价等级（在符合的情况下面画"√"） | | | |
|---|---|---|---|---|---|
| | | 全都做到了 | 大部分做到了 | 基本做到了 | 没做到 |
| 能够写下并整理自己所要表达的内容 | | | | | |
| 自我评价 | 我的优势 | | | | |
| | 我的不足 | | | | |
| | 我的努力目标 | | | | |
| | 我的具体措施 | | | | |

## 思考与练习

1. 金字塔原理主要遵循的原则有哪些？
2. 假设你要做一个产品方案的推销，根据金字塔原则，你会怎样去做你的产品介绍？

# 沟通能力训练

## 任务一　基本沟通能力训练

我们沟通得很好，并非决定于我们对事情述说得很好，而是决定于我们被了解得有多好。

——安得鲁S. 葛洛夫

**案例导入**

### 解决团队合作冲突

在一家五星级连锁酒店，王明是一个销售团队的经理。他的团队负责重要的周年庆销售项目，但最近团队成员之间出现了沟通和协作方面的问题，导致进展受阻。王明决定采取行动来解决这个问题，他首先与每个成员进行个别会议，以了解他们的看法和问题。通过聆听每个人的观点和意见，王明意识到存在以下问题。缺乏明确的沟通渠道：团队成员普遍感到自己没有足够的机会分享自己的想法和建议。经过分析，某些成员对其他人的意图和期望产生了错误的假设，导致误解和冲突。产生这种现象的原因是团队中有些人喜欢直接交流，而另一些人更倾向于在书面文档中表达自己的意见。基于这些认识，王明制订了以下计划来改善团队的沟通和协作。

定期的团队会议：王明安排每周举行一次团队会议，为成员提供一个集中讨论项目进展和问题的平台。每个人都有机会分享自己的意见和建议，并与其他成员进行互动。

清晰的角色定义：王明确立了每个成员的角色和职责，以消除不必要的重叠和冲突。他还促使团队成员相互理解彼此的工作方式和偏好。王明鼓励团队成员直接交流，避免过度使用电子邮件。

【分析】这个案例突出了王明作为领导者在解决团队沟通问题时展现的职场沟通能力。他通过倾听、理解和采取积极的行动，帮助团队成员找到了沟通障碍的原因，建立了积极的沟通渠道，最后工作得以顺利推进。

**相关知识**

## 一、基本沟通能力的重要作用

在人们的日常生活和工作中，沟通无处不在。良好的沟通能力可以帮助人们更好地与他人增强彼此之间的信任和理解，建立良好的人际关系。在团队和组织中，有效的沟通是实现有效合作的关键。通过清晰的沟通，团队成员可以更好地了解彼此的想法、意见和需求，从而更好地协调工作，促进有效合作。在生活和工作中，人们难免会遇到各种问题和误解。良好的沟通能力可以帮助人们更好地了解问题，澄清误解，找到问题的解决方案，因此良好的沟通能力能够帮助人们解决问题和消除误解。良好的沟通能力可以帮助人们更好地了解自己和他人，发现自己的优点和不足，从而更好地实现自我提升和发展。同时，通过与他人交流，人们可以获得更多的信息和知识，拓展自己的视野和思路，因此良好的沟通能力可以促进个人和团队的发展。

## 二、提升基本沟通能力的技巧

### （一）善于聆听

学会倾听别人说话，善于让别人多说一些，自己提出独特的见解，这样可以锻炼自己的听取能力，从而使自己能够更加投入沟通表达中。

作为服务人员应当特别善于倾听，在服务过程中，"倾听"其实比"劝说"更加重要，更能有效解决问题。善于倾听的服务人员能充分调动对方的积极性，让对方产生如遇知己的感觉。通过倾听来引发客户表达的欲望，从而产生沟通。

### （二）学会提问

学会提问，可以为有效沟通打下良好的基础。以下是一些向别人提问的技巧：尊重他人的隐私和感受，避免过于私密或带有情绪的提问；不要自我为中心，不要一味地索取或抄袭他人的成果，而是要主动思考和实践；注意提问的场合和语气，礼貌地提出自己的疑问和目的，让对方感受到自己的好学和上进；善于利用提问来搜索和挖掘信息，从不同的人身上获得多种多样的思想和智慧。

### （三）增强理解能力

一个人的理解能力和知识储备有直接联系，增强理解能力就是要增加知识储备。通过大量的阅读、学习和实践增加知识储备，积累更多的知识，这是高效理解的基础。

（1）培养情绪认知能力。了解各种情绪的特征，提高识别情绪的能力，有助于理解他人的感受。这可以让自己更加关心他人，增进人际关系。

（2）增强工作记忆能力。工作记忆是指大脑在高速运转时，通过注意力系统的信息筛选之后，大脑中的"工作记忆"系统就会进行即时的信息处理。因此，增强工作记忆能力可以提高理解能力。

### （四）锻炼思维能力

多思考问题，锻炼自己的思维能力，从事物的另一面考虑，将自己的沟通思维发展到极致。快速转动自己的大脑，训练思考和沟通交流的能力。

## 拓展与提高

### 有效沟通的八大原则

1. 对事不对人

针对事件本身的沟通方式关注的是问题产生的原因及寻求问题解决的方法。针对个人的沟通方式单纯地把责任归咎于具体的人，容易激发对方的防御心态，或使对方产生自我否定的消极心态。

2. 真诚不虚伪

沟通如果不被感知为是相互信任和尊重的，就不具有支持性。双方对彼此存有疑虑或提防，是无法真正相互认同的。

3. 描述不评价

评价式沟通是以指导者的高度对他人的行为做出总结或裁定。例如，"你做得太差劲了"或"你肯定错了"都属于这一范畴。这样的交流难免令人反感，引发争执和关系的恶化。

4. 鼓励不贬低

有效沟通会使人觉得自己得到了承认和重视。如果不停强调自己的权威性，一味否认他人的看法和意见，通过贬低别人抬高自己，极易给人不通情理和幼稚的印象。这样的沟通是自我标榜，没有任何实际意义。

5. 特定不泛指

为了使沟通中的另一方能迅速了解自己要表达的全部思想，必须选择主旨鲜明的陈述方式。

6. 连贯不中断

沟通需避免一方无休止的说，在谈话过程中要适时留给对方发表意见的机会。在交谈中把握好时间，不要长时间停顿或沉默。话题也不宜跳跃性太大，或插入过多不相关的内容。

7. 承担不推诿

说话人对自己的言论内容负责，并承认思路的来源是本人而非其他人。如果把自己说的话归因为一些未知的外源，回避对内容负责，就很难让人产生认同感。

8. 聆听不独断

好的沟通者必须首先是好的倾听者。有效沟通要求倾听，而非单向的信息传递。在倾听的过程中根据他人的陈述做出合适的反应。

## 完成任务

请根据要求完成有效沟通技巧实践的训练任务，见表5-3-1所列。

表5-3-1　有效沟通技巧实践的训练任务

| 任务名称 | 有效沟通技巧实践 |
|---|---|
| 任务目的 | 通过这个任务，练习并提高沟通技巧，包括听力、口语、阅读和写作。这个任务将帮助自己理解如何有效地表达自己的观点，同时倾听他人的意见，并做出恰当的回应 |

（续表）

| 任务名称 | 有效沟通技巧实践 |
|---|---|
| 任务内容 | (1)听力训练:观看一个时长为10分钟的讲座或对话,内容可以是关于你感兴趣的任何主题。在播放期间,尝试理解并记住讲座中的主要观点。<br>(2)复述训练:在听完讲座后,花5分钟时间,用自己的话总结讲座中的主要观点。确保你的总结准确无误,且语言流畅。<br>(3)回应训练:基于你对讲座的理解,生成一个关于你如何应用讲座中的知识或技能的计划。您需要对这个计划进行简单的解释,并针对可能出现的问题制订解决方案。<br>(4)写作训练:将你的回应以书面形式写下来,并分享给你的训练伙伴或指导教师。请他们提供反馈,然后根据反馈进行修改 |
| 任务提示 | (1)在听力训练中,尝试理解讲座中的每个观点,而不仅仅是主旨。<br>(2)在复述训练中,确保你的总结全面且准确,避免使用笼统或模糊的语言。<br>(3)在回应训练中,思考并解决可能出现的问题,如应用新知识时可能遇到的困难或挑战。<br>(4)在写作训练中,注意你的语气和措辞,以确保你的回应是深思熟虑且具有建设性的 |

## 自我评价

请根据自己掌握的知识，对自我进行评价，并填入表5-3-2。

表5-3-2　"基本沟通能力训练"能力达标自我评价

| 评价内容 | 自我评价等级(在符合的情况下面画"√") | | | |
|---|---|---|---|---|
| | 全都做到了 | 大部分做到了 | 基本做到了 | 没做到 |
| 能够熟练运用沟通能力提升技巧 | | | | |
| 能够有效运用沟通原则 | | | | |
| 能够完成有效沟通技巧实践的训练任务 | | | | |
| 自我评价 我的优势 | | | | |
| 我的不足 | | | | |
| 我的努力目标 | | | | |
| 我的具体措施 | | | | |

## 思考与练习

1. 基本沟通能力的重要作用有哪些?

2. 基本沟通能力的提升技巧有哪些?

3. 有效沟通应该遵循哪些原则?

主动沟通的语言技巧

# 任务二　职场沟通能力训练

企业管理过去是沟通，现在是沟通，未来还是沟通。

——松下幸之助

## 相关知识

作为一名新进职场人，在职场上学会沟通，能让自己更快适应工作并融入职场环境。良好的职场沟通首先是学会倾听，尊重他人的观点，并在交流中表达自己的想法。其次是多与人交流，学习沟通技巧并将其应用于实践中。练习表达自己的想法，让别人明白自己的意思。学会控制情绪，避免情绪化的言辞和行为。

## 一、职场沟通能力的重要性

（1）建立良好的职场关系。在职场中，建立良好的人际关系是至关重要的。通过良好的沟通能力，可以有效地与同事、上司和客户建立良好的关系，增强合作和提高效率。

（2）促进问题的解决。在职场中，常常会遇到各种问题和挑战。良好的沟通能力可以帮助人们更好地理解问题，澄清误解，促进团队合作解决问题。

（3）提高工作效率。通过清晰明确的沟通，人们可以更好地理解工作的要求和目标，可以减少误解和错误，节省时间和资源，提高工作效率。特别是在需要协调多个部门或团队的情况下，良好的沟通能力可以确保工作的顺利进行。

（4）增强领导力。在职场中，作为一名领导者，需要有效地传达信息，带领团队向着共同目标前进。良好的沟通能力可以帮助领导者更好地与团队成员交流，明确目标并确保团队成员的理解和行动。

（5）提升职业发展前景。在职场上，具有良好的沟通能力对于个人的职业发展至关重要。通常，能够更好地与他人合作、解决问题并展现出领导能力的人，在职场中更有竞争力，更容易获得晋升和成长的机会。

## 二、得升职场沟通能力的技巧

### 1. 善于运用礼貌语言

礼貌是对他人尊重的情感的外露，是谈话双方心心相印的导线。人们对礼貌的感知十分敏锐。无论是对你的前辈还是对同期进入单位的人员都应该注意使用礼貌语言。

### 2. 谨记谈话目的

谈话的目的不外乎有以下几点：劝告对方改正某种缺点；向对方请教某个问题；要求对方完成某项任务；了解对方对工作的意见；熟悉对方的心理特点；等等。为此，应防止离开谈话目的东拉西扯。

### 3. 耐心倾听，表示兴趣

谈话时，应善于运用自己的姿态、表情、插语和感叹词。例如，微微地一笑、赞同地点头等都会使谈话更加融洽。切忌左顾右盼、心不在焉，或不时地看手表、伸懒腰等厌烦的表示。

#### 4. 做出反应

倾听别人的反馈是职场中的一项关键能力。通过倾听反馈，可以更好地了解自己的不足，从而有针对性地提高职业能力。如果谈话的对方为某事特别忧愁、烦恼，就应该首先以体谅的心情说："我理解你的心情，要是我，我也会这样。"这样，就会使对方感到你对他的感情是尊重的，才能形成一种同情和信任的气氛，从而你的劝告也容易奏效。

#### 5. 换位思考

人类具有相信"自己人"的倾向，一个有经验的谈话者，总是使自己的声调、音量、节奏与对方相称，就连坐的姿势也尽力给对方在心理上有相容之感。比如，并排坐比相对而坐在心理上更具有共同感。直挺着腰坐要比斜着身子坐显得对别人尊重。

#### 6. 善于观察

（1）观察对方的气质性格。例如，若与"胆汁质"类型的人交谈，就会发现对方情绪强烈，内心活动显之于外；与"黏液质"类型的人谈话，会发现对方持重寡言，情感深沉；与平时大大咧咧的人谈话，会发现对方满不在乎，漫不经心。针对不同气质和性格的人，应采取不同的谈话方式。

（2）观察对方的眼神。在非语言的交流行为中，眼睛起着重要作用，眼睛是心灵的窗户，眼睛最能表达思想感情，反映人们的心理变化。高兴时，眼睛炯炯有神；悲伤时，目光呆滞；注意时，目不转睛；吃惊时，目瞪口呆；男女相爱时，目送秋波；强人作恶时，目露凶光。

（3）观察对方的面部表情。人的面部表情固然可以皮笑肉不笑，但只要仔细观察，便会发现眼睛不会"笑起来"。也就是说，人的眼睛很难做假，人的一切心理活动都会通过眼睛表露出来。为此，谈话者可以通过眼睛的细微变化，来了解与掌握人的心理状态和变化。如果对方用眼睛注视你，一般是对你重视、关注的表示；如果不看你，则表示一种轻蔑；如果斜视，则表示一种不友好的感情；如果怒目而视，则表示一种仇视心理；如果是说了谎话而心虚的人，则往往避开你的目光。

### 拓展与提高

#### 常见沟通方式

沟通方式的选择取决于你想要传达的信息的性质和你与接收者之间的关系。不同的场合采用不同的沟通方式才能达到自己的效果。以下是一些常见的沟通方式：

#### 1. 当面沟通

当需要传达重要信息或需要进行复杂的讨论时，最好选择当面沟通，这是一种自然、亲近的沟通方式，这种沟通方式往往能加深彼此之间的友谊，加速问题的冰释。如下的几种情境宜采用当面沟通的方式进行。

（1）彼此之间的办公距离较近时。

（2）彼此之间存有误会时。

（3）对对方工作不太满意，需要指出其不足时。

（4）彼此之间已经采用了电子邮件的沟通方式但问题尚未解决时。

需要特别注意的是：沟通双方如果距离不是很远，优先采用当面沟通的方式。

2. 电话沟通

如果需要快速解决问题或需要进行简单的讨论，电话交谈可能是更好的选择。如下的几种情境宜采用电话沟通的方式进行。

（1）彼此之间的办公距离较远但问题比较简单时。

（2）彼此之间的距离很远，很难或无法当面沟通时。

（3）彼此之间已经采用了电子邮件的沟通方式但问题尚未解决时。

需要特别注意的是：在成本相差无几的情况下，建议优先采用当面沟通的方式。

3. 电子邮件沟通

电子邮件是一种最经济的沟通方式，沟通的时间一般不长，并且不受场地的限制，因此被广泛采用。这种方式一般在解决较简单的问题或互相知会一些信息时采用。在计算机信息系统普及应用的今天，我们很少采用纸质的方式进行沟通，因此以下只针对电子邮件的沟通方式进行总结。如下的几种情境宜采用电子邮件沟通的方式进行。

（1）就小问题沟通时。

（2）复杂问题需要借助"书面"才能表达清楚时。

（3）需要对方先思考、斟酌，短时间不需要或很难有结果时。

需要特别注意的是：在电子邮件来回多次而问题尚未得到解决或甚至引起误解时，一定要及时终止电子邮件这种沟通方式，改用电话沟通或当面沟通的方式进行。

## 完成任务

请根据要求完成职场演讲和职场沟通模拟训练任务，见表5-3-3和表5-3-4所列。

表5-3-3 职场演讲训练任务

| 名称 | 职场演讲 |
|---|---|
| 目的 | 提高职场演讲技巧,增强表达能力和感染力 |
| 内容 | 以小组为单位选择一个与职场相关的主题,如如何提高工作效率,团队建设、领导力等。准备一个简短的演讲稿,包括引言、主体和结论。<br>面向一小组成员练习演讲,注意表达的流利度和清晰度,同时调整语速和音调。在演讲过程中,注意观察听众的反应。如果听众显得困惑或失去兴趣,则暂停并反思演讲内容或方式是否有改进的空间 |

表5-3-4 职场沟通模拟训练任务

| 名称 | 职场沟通模拟 |
|---|---|
| 目的 | 提高解决冲突的能力,以及与不同类型的人相处的能力 |
| 内容 | 与小组成员进行模拟职场冲突场景,如工作分配、团队合作、决策等。在模拟过程中,尽量展示不同的沟通风格和技巧。在模拟结束后,小组内讨论进行反馈和总结,以便改进在解决冲突和处理人际关系方面的表现 |

## 自我评价

请根据自己掌握的知识，对自我进行评价，并填入表5-3-5。

表5-3-5　"职场沟通能力训练"能力达标自我评价

| 评价内容 | 自我评价等级（在符合的情况下面画"√"） | | | |
|---|---|---|---|---|
| | 全都做到了 | 大部分做到了 | 基本做到了 | 没做到 |
| 能够熟练运用职场沟通能力提升技巧 | | | | |
| 能够根据情境选择正确的沟通方式 | | | | |
| 能够完成训练任务 | | | | |
| 自我评价 | 我的优势 | | | |
| | 我的不足 | | | |
| | 我的努力目标 | | | |
| | 我的具体措施 | | | |

## 思考与练习

1. 职场沟通能力的重要作用有哪些？
2. 职场沟通能力的提升技巧有哪些？
3. 怎样去选择沟通方式？

# 参 考 文 献

[1] 麻友平. 人际沟通与交流 [M]. 3版. 北京：清华大学出版社，2016.
[2] 莫林虎. 商务沟通与交流 [M]. 3版. 北京：中国人民大学出版社，2019.
[3] 李雅乐. 商务沟通与谈判 [M]. 3版. 北京：科学出版社，2020.
[4] 杨秀丽，刘凤芹. 沟通能力训练 [M]. 3版. 北京：科学出版社，2022.